Luis Sebastián Aranguren Lizcano

JOHN Q. HEJDUK. EL UNIVERSO EN UN CUBO
Tres series de casas

Aranguren Lizcano, Luis Sebastián
John Q. Hejduk. El universo en un cubo. Tres series de casas / Luis Sebastián Aranguren Lizcano. - 1ª ed . - Ciudad Autónoma de Buenos Aires : Diseño, 2023.
252 p. ; 21 x 15 cm. - (Textos de arquitectura y diseño / Camerlo, Marcelo)

ISBN: 978-1-64360-749-8

1. Arquitectura . 2. Teoría. 3. Investigación.
CDD 720.1

Textos de Arquitectura y Diseño

Director de la Colección:
Marcelo Camerlo, Arquitecto

Diseño de Tapa:
Liliana Foguelman

Diseño gráfico:
Cecilia Ricci

Hecho el depósito que marca la ley 11.723

La reproducción total o parcial de esta publicación, no autorizada por los editores, viola derechos reservados; cualquier utilización debe ser previamente solicitada.

© de los textos, Luis Sebastián Aranguren Lizcano
© de las imágenes, sus autores
© del Prólogo, Carlos Barberá Pastor
© 2023 de la edición, Diseño Editorial

ISBN: 978-1-64360-749-8
ISBN EBOOK: 978-1-64360-750-4

Septiembre de 2023

Luis Sebastián Aranguren Lizcano

JOHN Q. HEJDUK. EL UNIVERSO EN UN CUBO
Tres series de casas

JOHN Q. HEJDUK. EL UNIVERSO EN UN CUBO
TRES SERIES DE CASAS

Para Andrea, mis padres y mis hermanos.

ÍNDICE

9   **AGRADECIMIENTOS**

10   **JOHN HEDJUK, EL HÉROE CITEREO.
LUIS ARANGUREN, EL HIJO DE VENUS**
de Carlos Barberá Pastor

20   **INTRODUCCIÓN**

44   **EL CENTRO NO ES UN PUNTO,
EL CENTRO ES UNA AUSENCIA**
45   La definición de un orden interior
45   La retícula y el *Lineamenta* de Alberti
54   El esquema formal de los nueve cuadrados
59   Orden y contradicción interna en la *Casa Texas 1*
73   Orden en la disposición de las partes
73   La relación entre las partes en Aristóteles y Alberti
78   Indivisibilidad exterior en una casa de Ledoux
85   Inversión de la relación en la parte y el todo (*Casa Texas 7*)
104   La pérdida de centro, ruptura del orden interno
104   La variación y su relación con el orden
107   Negación del orden interior en Piranesi
110   La pérdida de centro (*Casa Diamond A*)

124   **UNA LÍNEA QUE VIBRA**
125   Coincidencia del orden interno con el borde
125   El límite en la arquitectura clásica
129   Alberti y el concepto de *area*
132   La problematización de la unidad por la inclusión del borde en el interior del proyecto (*Casa Texas 3*)

148	El límite como espacio no determinado
149	El concepto de área virtual
154	Transgresión del límite
160	Incorporación del espacio exterior al interior (*Casas Diamond*)
181	La eliminación de la idea de borde
182	Las tres concepciones espaciales
186	Eliminación de la idea de borde en las terrazas de las *Casas Diamond*
195	La eliminación del interior (Wall House 1)
208	**EL UNIVERSO EN UN CUBO**
209	Taxis y tiempo
209	Una pieza de Steve Reich
220	Materialización del orden en un objeto
220	Orden y realización
228	El universo en un cubo
228	Dos concepciones del origen de la arquitectura relacionadas al orden
233	El tabernáculo
239	El universo en un cubo
244	**BIBLIOGRAFÍA**

Agradecimientos

A mis padres por tantos años de apoyo.

A la Universidad Nacional de Colombia, y al equipo docente y administrativo de la maestría en Arquitectura por otorgarme la beca que me permitió desarrollar esta investigación.

A mi director Juan Carlos Aguilera Rojas por su dedicación y apoyo desde el comienzo de esta investigación y por enseñarme la reflexión y el diálogo constante.

Al profesor Carlos Barberá Pastor por su generosidad en brindarme información valiosa, así como por sus investigaciones sobre Hejduk.

A la profesora Tatiana Urrea por abrirme las puertas de su biblioteca.

Al profesor Ricardo Daza y al equipo Víctimas por compartir conmigo la experiencia de una obra de John Hejduk.

Finalmente, quiero agradecerle a amigos y colegas que de diferentes maneras han ayudado a que esta investigación pudiese desarrollarse; a Sebastián Uribe por compartir conmigo su conocimiento del mundo clásico, a Nikolás Niño que inadvertidamente me obsequió una pieza bibliográfica especial, a Juan Camilo Cuervo por su amistad, a Nicolás Martínez Achury y Sergio Meluk por innumerables conversaciones sobre estos temas, a mis compañeros de la maestría, Sofía Blanco, Camilo Rubiano, Paula Guayara, Andrés Rengifo, quienes han compartido y acompañado todas las etapas de estos estudios, y a Andrea Ramos por su apoyo incondicional y ayuda en la revisión y culminación de este documento.

JOHN HEDJUK, EL HÉROE CITEREO. LUIS ARANGUREN, EL HIJO DE VENUS

"Eneas –el héroe Citereo, el hijo de Venus– escapa de la ciudad y de la muerte. Carga sobre los hombros a su viejo padre, Anquiases; lleva en los brazos las imágenes sagradas que protegieron la ciudad y toma de la mano a Ascanio, su hijo. Consigo lleva lo pasado, lo presente y lo porvenir. Consigo lleva su memoria personal, la esencia de la tribu, y un futuro que ya no será el suyo.

Quizás llevar esa triple carga sea también condición de cualquier obra de arte o, más aún, de toda obra humana: porque cualquier nuevo trabajo no solo se abre como promesa, sino que conserva la presencia custodiada de todo cuanto ha sido hecho" (Quetglas, 2021, p. 21).

Así empieza el escrito *Eneas en Canaveses* de Josep Quetglas, publicado en el libro *A Casandra. Cuatro charlas sobre mirar y decir*. Iniciar con este fragmento el prólogo, en cierta manera, trata de relacionar el libro de Luis Aranguren —sobre la arquitectura proyectada por John Hejduk entre los años 50 y 70— con el sentido de escapar de la ciudad que expresa el pasaje. Porque al huir, al alejarse, al apartarse, se exterioriza una cierta proximidad, no tanto desde la nueva distancia medible sino desde aquella que hubo y es sentida siempre como próxima.

John Q. Hejduk. El universo en un cubo. Tres series de casas, escrito por Luis Aranguren, cita a varios arquitectos y humanistas que pasaron tiempo en Venecia como estudiantes. Giovanni Battista Piranesi, Leon Battista Alberti, Andrea Palladio, Le Corbusier o John Hejduk visitaron la ciudad italiana en algún momento de sus vidas de tal modo que la experiencia de salir de una ciudad para llegar a otra nos lleva a razonar, previamente a la lectura del libro de Aranguren, la ineludible necesidad de sentir, desde la distancia, la proximidad de la arquitectura y la ciudad cuando esta es abandonada.

La ciudad contemporánea ubicada a las afueras de Venecia en la que podemos situar, literalmente, el pasaje citado sobre Eneas es *The New Town for the New Orthodox,* proyectada en 1.979 por John Hejduk. Ubicar, literalmente, no es disponer de las palabras escritas del pasaje en algún lugar de la nueva ciudad, tal como disponemos de ellas en el inicio de este prólogo. El fin no es generar un emblema, un símbolo que ocupe la pared de un muro para que sea leído o sea dejado de leer. Por las explicaciones que ahora veremos sobre la propuesta, *The New Town for the New Orthodox* es quien podría alojar a su protagonista cuando huye, es quien podría acoger al héroe que lleva tras de sí su derrota y en la que tratará de trasladar la memoria, la esencia y lo por venir.

Sobre la nueva ciudad, si es el lugar al que va Eneas, podríamos decir que una cosa también podría llevar a la contraria. Por el hecho de plantear que *The New Town for the New Orthodox* puede ser la ciudad a la que el héroe puede llegar, no obliga a decir que no sea la ciudad de la que huye. Por los tiempos que corren, ¿Quién no nos dice que Eneas huya despavorido de la nueva ciudad de hoy? Pensemos pues, en primer lugar, que *The New Town for the New Orthodox* es la ciudad a la que Eneas arriba y después comprobaremos si es el lugar del que sale.

Al ubicarse en la nueva ciudad deberíamos, primero, tratar de ver porqué el héroe troyano, tras los combates, iba a elegir hospedarse en la metrópoli propuesta por Hejduk. La ciudad, que lleva en el nombre la doble palabra 'nueva' —nueva ciudad, nuevo ortodoxo— nos alienta de varias cosas. Una, que la ciudad aparece primero. Al ser creada para un nuevo ortodoxo existe un orden de prioridad, ubicándose en primer lugar la ciudad y no al revés. Si alteramos el orden de la frase el sentido de la ciudad cambia. Cuando primero se nombra al nuevo ortodoxo, para ser conformada la ciudad después, sus habitantes quedan subordinados a la ortodoxia: a un reglamento que se ha de cumplir como requisito para habitar. Tal y como es descrito el proyecto de John Hedjuk, la ciudad queda conformada con antelación y después la nueva ortodoxia. De este modo, la ciudad no se doblega a las pautas que establecen sus preceptos. Las instrucciones no son quienes conformarán la urbe.

Con este planteamiento de la nueva ortodoxia presuponemos nuevos argumentos impulsados a sus habitantes, a quienes imaginamos anhelantes de transformaciones que dejen de lado los intereses que normalmente provoca el poder.

Apreciar si es el lugar donde puede ubicarse el héroe, por otro lado, nos lleva a estudiar la nueva ciudad y si el nuevo ortodoxo no doblegará a sus ciudadanos. Si esto es así, ¿cuál es, pues, la nueva ortodoxia con la que el héroe troyano se alojará en la nueva ciudad tras los combates? Si la ciudad y su configuración puede convencer para guarecer la triple carga, no menos será requisito conocer la nueva ortodoxia. Veamos.

La ciudad que propone John Hejduk, según la conversación que mantuvo con Peter Eisenman, publicada en *Mask of Medusa*, es una ciudad que por el número de casas —18.000— y el mismo número de ataúdes que alberga su cementerio, deberá ser abandonada una vez acabe repleta su necrópolis. ¿Es este el arranque de la nueva ortodoxia? Si es así, que parece que es el requisito fundamental de la ciudad, la ortodoxia no impone la rectitud de un dogma que exige un cumplimiento tras estar la ciudad formada. Más bien, más que una pauta a seguir, la nueva ortodoxia nos descubre el poder de la arquitectura para alojar en sus espacios los acontecimientos y los hechos de su único habitante en cada una de las viviendas. Es una manera de transmitir la condición propia del espacio, que nunca se libra de lo allí acontecido.

Al quedar abandonada, la ciudad se convierte en recadera de las memorias de quienes vivieron en ella. En este caso, si *The New Town for the New Orthodox* es la ciudad de la que sale Eneas, no huiría de ella, sino que la dejaría para mantener inscritos en sus límites urbanos los hechos y acontecimientos de sus habitantes. ¿Qué mejor resguardo para alojar la memoria? Allí, en el interior de las habitaciones, ahora no habitadas tras quedar abandonados sus espacios, es donde coincide vida y muerte. Conviven los acontecimientos y el recuerdo. Es donde la casa cumple la función de acarrear las efemérides de su único morador, otorgándole al espacio la importancia de los eventos que se dan en ella y también de que la casa sea quien los resguarde. En este caso, la memoria no deberá ser trasladada por quien abandona la ciudad, como ocurre con Eneas, sino que la ciudad es portadora de los recuerdos. Sus paredes quedarán impregnadas no solo de los hechos sino de la responsabilidad de sus únicos moradores para ubicar qué eventos en el espacio, convirtiéndose la arquitectura en la protectora de las presencias custodiadas desde el compromiso de sus moradores.

Ahora bien, si recordamos el momento en el que John Hejduk proyecta las 7 casas que propuso en Texas —como parte de una trilogía compuesta por la serie de las Texas Houses, las Diamond Houses y las Wall Houses a las que alude Luis Aranguren en el libro—, en esta relación con el pasaje, podríamos llegar a pensar que John Hejduk se convierte en Eneas, el héroe Citereo, cuando nos fijamos en el transcurso de los acontecimientos de su trilogía. El proyecto de la nueva ciudad, *The*

New Town for the New Orthodox, es creado en Nueva York, después de su estancia en Texas. Como buen arquitecto —y a buen arquitecto me refiero al compromiso que supone ser consecuente con unos principios y no subestimarlos por llegar a alcanzar logros—, John Hejduk "escapa de la ciudad y de la muerte" y "consigo lleva lo pasado, lo presente y lo porvenir". Si John Hedjuk huye, ¿de qué ciudad se evade al convertirse ahora, de forma alegórica, en el personaje principal de la caída de Troya? ¿Huye de Roma tras su estancia en la capital italiana, o es de la ciudad de Austin, en Texas, lugar al que acude tras su residencia en Europa?

John Hejduk estuvo en Roma en el año 1954 con el apoyo de una beca Fulbright cuando tenía 25 años. Tras su estancia en la Universidad de Roma se traslada a la escuela de Arquitectura de la Universidad de Texas, en Austin. Allí, cuando Harwell Hamilton Harris era director de la Escuela, un grupo de jóvenes se acercó a enseñar arquitectura entre 1951 y 1956. John Hejduk compartió al final de esos años, entre 1954 y 1956 — junto a Bernhard Hoesli, Colin Rowe, Robert Slutzky, Lee Hirsche, John Shaw, Lee Hodgden, Wemer Seligmann, además de otros profesores—, un programa de enseñanza excepcional y sin precedentes que provocó una reacción por parte de la vieja guardia. Es cuando se ven obligados a abandonar Austin para continuar sus enseñanzas en otros lugares.

Obviamente, John Hejduk escapa de Texas tras sus proyectos de los años 50 —que Luis Aranguren estudia en *John Q. Hejduk. El universo en un cubo. Tres series de casas*—. Escapa del lugar en el que un grupo de arquitectos ensayaban esa búsqueda del sentido y esencia de la arquitectura y que, justamente, por un intento por romper con lo convenido —con la pretensión que tratan de instaurarse algunos mediante el poder— nos hacen ver, una vez más, la tergiversación que trata de hacerse al sentido de la arquitectura desde quienes la desconocen, cuando tratan de imponer sus propios beneficios. Hejduk acabó huyendo de la ciudad de Texas. Me lo imagino abandonando la ciudad y llevando tras de sí la memoria de todo lo trabajado. Es cuando se instala en Nueva York, en la Cooper Union. Es cuando propone la nueva ciudad que proyecta en 1.979: *The New Town for the New Orthodox*. No obstante, Hejduk no huye de Texas para ubicarse en Nueva York. No sale de la ciudad para instalarse en otra, sino que funda una nueva ciudad. Crea una nueva ortodoxia desde la constitución de la urbe, para que sea capaz de acoger la conjunción de la vida y la muerte desde un modo de atender los polos opuestos, y desde la intención de nombrar la arquitectura desde su sentido más básico: habitar. Porque habitar conlleva la conjunción de la vida y la muerte, la tradición y el cambio, la fuerza de la gravedad y la ligereza, lo masculino y lo femenino: el espacio y el cuerpo. Si algo nos muestra esta dualidad sobre la vida y la muerte de un modo casi instintivo es la obra *Esperando a Godot* de Samuel Beckett, quien alude a una mujer dando a luz en sepulturas recién excavadas, en una borrosa alegoría que expresa el nacimiento y el enterramiento.

> *¿No ha terminado de envenenarme con sus historias sobre el tiempo? ¡Insensato! ¡Cuándo! ¡Cuándo! Un día, ¿no le basta?, un día como otro cualquiera, se volvió mudo, un día me volví ciego, un día nos volveremos sordos, un día nacimos, un día moriremos, el mismo día, el mismo instante, ¿no le basta? (Más calmado.) Dan a luz a caballo sobre una tumba, el día brilla por un instante, y, después, de nuevo la noche. (Tira de la cuerda) ¡En marcha!*

En la nueva ciudad —donde también todo brilla por un instante y, después, de nuevo vuelve la noche—, ¿por qué John Hejduk decide fundar *The New Town for the New Orthodox*? ¿Cuál es, concretamente, el carácter de esta nueva ortodoxia sobre el número de habitantes y de ataúdes? Para responder, deberíamos volver al escrito *Eneas en Canaveses*. Deberíamos estudiar aquello que Quetglas habla sobre el origen de la arquitectura, porque quizás, ahí sí, esté la esencia de la tribu y de sus habitantes cuando a la ciudad se le otorga tal ocupación. Dice:

> *"El dolmen cuenta la transformación de la losa de piedra, tan pesada, pero que, al conseguir ser izada, se libera de la atracción del suelo y levanta su proa, se sostiene por sí misma y se eleva. La arquitectura del dolmen es la voluntad del dolmen en ser también menhir, pasar de lo horizontal a cuatro patas a lo vertical en pie.*
>
> *Este es el origen de la arquitectura. La arquitectura tiene su imagen primera en la consciencia del peso, en el sentimiento y sensación de la gravedad."*

Y luego añade:

"Pero no según el principio de la firmitas romana, adecuado solo para la construcción, que es un principio receptivo, pasivo. La arquitectura parte de la gravedad, la mantiene, para componerla con su opuesto. Lo opuesto a la construcción, a la firmitas, no es la infirmitas, sino la arquitectura. La arquitectura siente y conserva la gravedad, pero la usa para hacer aparecer la ligereza" (Quetglas, 2021, p. 21)

La sensación que nos está ofreciendo la piedra, al flotar en el aire, es como si fuese también nuestro origen, cuando ocupamos por primera vez el espacio al salir del vientre de nuestra madre. No caemos sobre el suelo tras la delicadeza de quienes nos acompañan al nacer. Como en la piedra, en la corporeidad humana no hay expresión de la gravedad en los casi 3 o 4 kilos que pesa el cuerpo.

Ahí, en esta derivación sobre el sentido de una cosa u otra, sobre el sistema constructivo y la piedra flotando —en el cuerpo que pesa y la ausencia de la sensación de gravedad— es cuando el orden de las palabras es relevante. El nuevo dolmen para la nueva arquitectura sigue un proceso: construimos la piedra para la finalidad de hacerla flotar y este es el nuevo sentir, la nueva sensación, su ortodoxia. No se trata de expresar la construcción sino de trasmitir cómo nos estremece.

Llegados a este punto, ¿qué tiene que ver el pasaje de Eneas en Canaveses con el libro *John Q. Hejduk. El universo en un cubo. Tres series de casas*, además de las alusiones que relacionan el pasaje con la propuesta de la nueva ciudad de John Hejduk y el análisis que su autor hace de una parte de su obra? Tratar de ver estas relaciones puede aclararse por aquello que diferencia a las autorías. En relación con esta triada entre Josep Quetglas, John Hejduk y Luis Aranguren, si Josep Quetglas dejó Barcelona y John Hedjuk dejó Texas, el autor de *John Q. Hejduk. El universo en un cubo. Tres series de casas*, me atrevo a decir que no ha dejado la ciudad.

Independientemente de cómo hayan sucedido los acontecimientos, dejar una ciudad no quiere decir pasar de un lugar para vivir en otro. Dejar la ciudad supone renunciar a las acciones que uno realiza por creer en ellas. Si es así, ¿es necesario que Luis Aranguren abandone su ciudad? Nos preguntamos si realmente es imprescindible sentir en las carnes la rabia de dejar el lugar donde uno trata de conformar arquitectura para demostrar que se es consecuente con ella. La quizás contradicción de entender el sentido de las cosas desde su opuesto, como dice Quetglas —y entender las nuevas cosas desde lo opuesto no es deducir lo contrario—, es porque en nuestra educación como arquitectos podemos, a la vez, entender los conceptos de las cosas de diferentes maneras. De igual modo que se nos han enseñado a comprender que una piedra se sostiene y parece que flote desde dos concepciones distintas, como arquitectos nos enseñan a saber, además, que un acontecimiento que se da en el espacio puede tener un sentido estético. Su opuesto es lo que hacía el colectivo Fluxus, desarrollando —después de la segunda mitad del XX— performances artísticas para dejar tras de sí el rastro de los acontecimientos.

En esta búsqueda de los principios de la taxis que hace Aranguren, como búsqueda de los preceptos que rigen la lectura del libro y que nos acerca a entender qué reglas en la obra de Hedjuk plantean los proyectos en esos años, ¿cómo podrían leerse estos principios de otro modo?, ¿cómo podríamos invertir los principios para entender la arquitectura, tal como se rige el orden de la ciudad hejdukiana? Cómo podríamos leer una narración que exponga lo opuesto de la taxis, como hace Quetglas con la firmitas y que aclare este origen de los sentidos que nos hace concebir en nuestras carnes la arquitectura, podría ser una nueva ortodoxia.

Josep Quetglas, en referencia a Walter Benjamin, dice que llevar tras de sí la memoria, como lleva Eneas, no es buscar lo acontecido simplemente, sino que para que "lo nuevo se acompañe de la redención de todo lo pasado", habría que liberarse del peso de cuánto conocemos —y esto no quiere decir olvidar sino descargar la cólera de cómo se nos han explicado las cosas—. Redimir, en este caso, podría significar rescatar la taxis de su cautiverio, sería rescatar la norma que se ha tenido en cuenta en toda la historia de la arquitectura y que nos lleva a establecer, a repetir y a aludir al orden como requisito, desde la acepción que tiene darle le vuelta. ¿Cómo se puede redimir... o cómo podría rescatarse de la taxis este discurso arquitectónico para entender la arquitectura desde la emoción o el delirio? Es lo que Hejduk planteó mediante, justamente, el orden. Pero, más que referirnos al orden como un reglamento, el orden concierne a la colocación de cada cosa en el lugar que le corresponde.

Y colocar cada cosa en su lugar no es necesario que nos lleve primero a que sea la ciudad y después la nueva ortodoxia como hemos visto, sino el de establecer un orden en importancia, el orden de una cosa tras otra. Sería el hecho de llegar a conocer el valor que tiene entender la arquitectura cuando la alejamos de la adversidad, de todo cuanto queda descifrado de ella, para concebir en sí la arquitectura. Esta es la condición con la que Luis Aranguren se convierte en el hijo de Venus.

REFERENCIAS

Hejduk, John. *Mask of Medusa.* New York: Rizzoli, 1985.

Quetglas, Josep. *A Casandra. Cuatro charlas sobre mirar y decir.* Madrid: Ediciones asimétricas, 2021.

Beckett, Samuel. *Esperando a Godot.* Barcelona: Tusquets, 1985.

Carlos Barberá Pastor

INTRODUCCIÓN

Esta investigación expande uno de los conceptos fundamentales de
la disciplina arquitectónica; orden. El concepto de orden está tomado
específicamente en su articulación griega; taxis. La taxis permite la
estructuración de un orden interno, por ende, establece una lógica de
organización de elementos y espacios en el interior de una obra arquitectónica. Estos son concebidos como un sistema finito, definido y no
contradictorio. La taxis, además, determina un comienzo y un final de la
estructura organizacional, de la cual depende su diferenciación. Es decir,
la taxis, define una clara diferencia entre interior y exterior de una obra
arquitectónica.

La hipótesis sostenida en esta investigación es que en tres series de
casas desarrolladas por el arquitecto norteamericano John Q. Hejduk,
entre los años 1954 y 1974 (FIG. 1), existe una expansión de la definición de
taxis, a favor de una utilización abierta de estos conceptos que complejiza la definición tanto de la organización interior como de la determinación de los límites del proyecto arquitectónico.

Las tres series de casas están compuestas por las Casas Texas, Casas
Diamond y Casas Muro. Las Casas Texas son una serie de siete proyectos
teóricos, ninguno construido, desarrollados entre 1954 y 1963[1] iniciados
durante la estancia de John Hejduk como profesor de la Universidad de
Texas[2]. Los siete proyectos consisten en casas unifamiliares dibujadas
sobre terrenos hipotéticos, con excepción de la Casa Texas 7 que no presenta ninguna información acerca del lugar. Las casas de esta serie están divididas en dos categorías; la primera, que contiene las Casas Texas
1 y 3 (FIG. 2, 3, 4, 5), está caracterizada por la disposición de la totalidad
los espacios de la casa en una única planta; consecuentemente el corte

---

[1] Ver: Hejduk, John. "Introduction to the Texas Catalogue". En Mask of Medusa: Works 1947-1983, editado por Kim Skapich, 1a ed., 39–43. New York: Rizzoli International Publications, 1985.
[2] El tiempo de permanencia de John Hejduk como profesor de la Universidad de Texas (1954-1956) coincide con una aglomeración de arquitectos en esta institución que impulsaron una innovación de la enseñanza de la arquitectura a mediados del siglo XX. Entre los arquitectos y artistas que hicieron parte de esta escuela están: Bernard Hoesli, Colin Rowe, John Hejduk, Robert Slutzky, Lee Hirsche, John Shaw, Lee Hodgen, Werner Seligman, etc. Este grupo fue posteriormente conocido bajo el nombre de los Texas Rangers. Sobre la historia de los Texas Rangers véase: Alexander Caragonne, The Texas Rangers: Notes from an Architectural Underground, 1a ed. (Cambridge, Massachusetts: MIT Press, 1995).

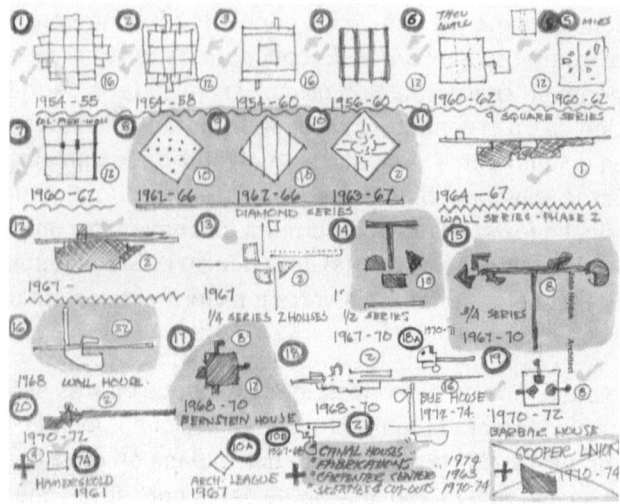

Fig. 1. John Hejduk, cronología de proyectos por John Hejduk: 1954-1974, entre 1974 y 1979, tinta naranja, negra y azul y fluido corrector blanco sobre papel pre-impreso, 21,59 x 27,94 cm. DR1998:0084:001. John Hejduk fonds. Canadian Centre for Architecture. © CCA

Entre las casas recogidas en este diagrama, desarrolladas por Hejduk entre 1954 y 1974, las tres series estudiadas en esta investigación son identificables con los siguientes números; del 1 al 7 están representadas las *Casas Texas*. De la 8 a la 10 están dibujados los tres proyectos de la serie *Diamond*. Y con el número 16 está identificada la *1968 Wall House* mientras que la Casa Muro 2, identificada con el número 21, está nombrada en este diagrama como *Bye House 1972-74*. La Casa Muro 3 no está representada.

de estas casas está definido por la extrusión de elementos definidos en la planta. Por otro lado, la segunda categoría, que contiene la *Casa Texas 7* (Fig. 6, 7)[3], está caracterizada por la utilización de las mismas herramientas organizativas de las plantas para estructurar el apilamiento de múltiples niveles. Todas las casas presentan una organización interna definida por la utilización de retículas espaciales y una configuración específica de esta herramienta; la retícula de los *nueve cuadrados*.

Una retícula, aunque no la de los *nueve cuadrados*, es utilizada en la organización interna de la segunda serie de casas, desarrolladas entre 1963 y 1967;

---

[3] Los dibujos corresponden con las tres casas de esta serie estudiadas a profundidad en esta investigación: *Casa Texas 1, 3* y *7*.

Fig. 2. **Casa Texas 1, axonometría general**
La casa mantiene la uniformidad del esquema interior y la variación consiste de la adición de espacios complementarios exteriores al esquema formal. Las Casas Texas 1 y 3 mantienen un desarrollo horizontal. Ambas con variaciones de altura con respecto a una planta principal.

Texas House 1, axonometría general – basado en el plano "DR1998 0047 003 002" (Centro Canadiense de Arquitectura), Fuente: Elaboración propia

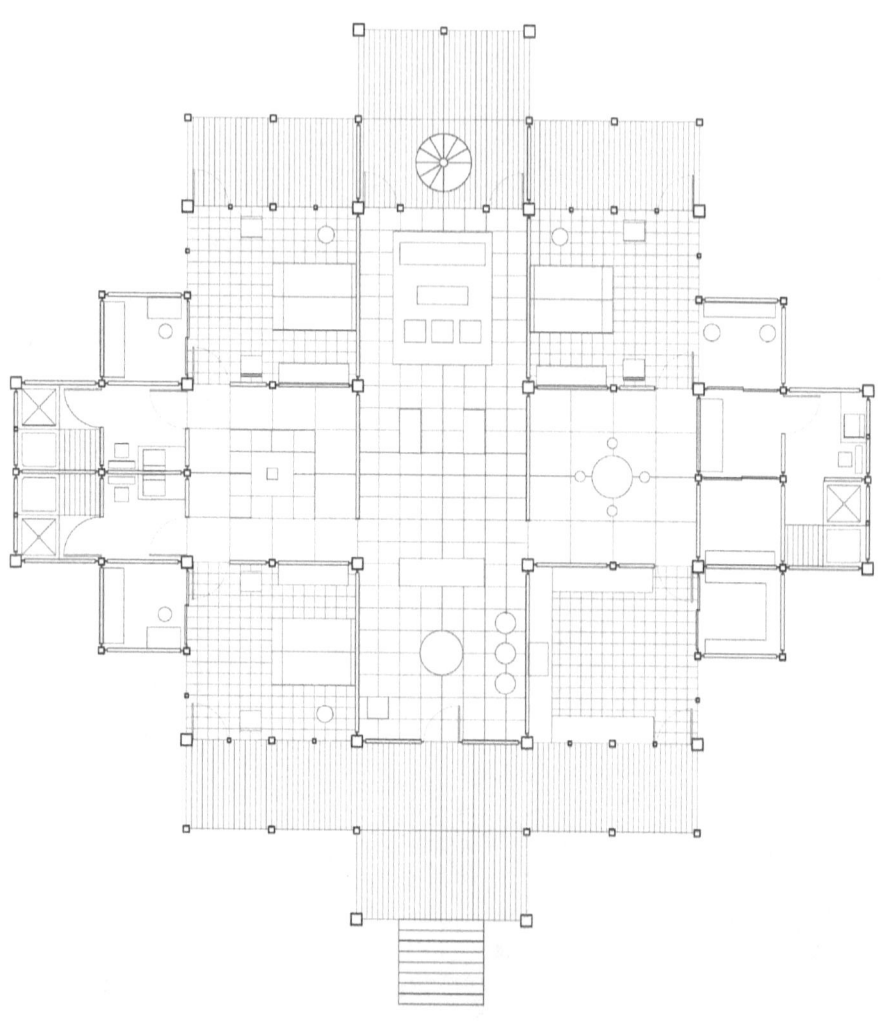

Fig. 3. **Planta Casa Texas 1**
Texas House 1, planta principal – basado en el plano "DR1998 0047 003 002" (Centro Canadiense de Arquitectura), Fuente: Elaboración propia.

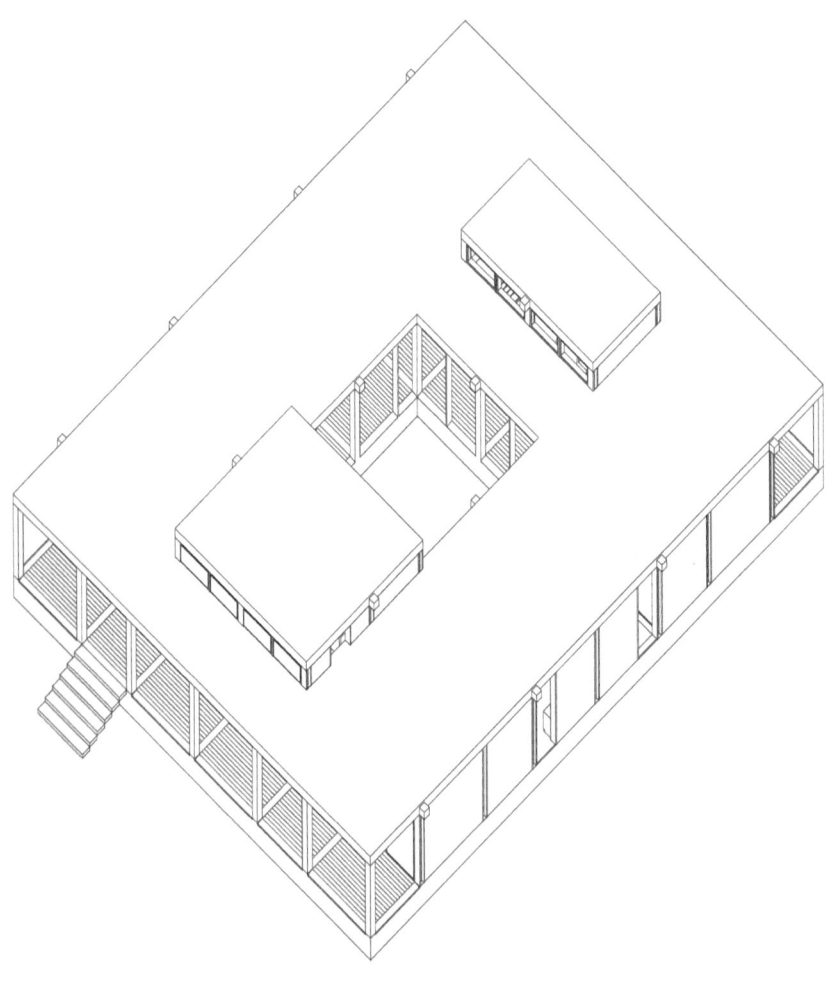

Fig. 4. **Casa Texas 3, axonometría general**

La casa mantiene el desarrollo espacial en una única planta. Esta planta es unificada por una cubierta continua con dos variaciones de altura, el centro de la casa es vacío.

Texas House 3, axonometría general – basado en el plano "DR1998 0049 002 001" (Centro Canadiense de Arquitectura). Fuente: Elaboración propia.

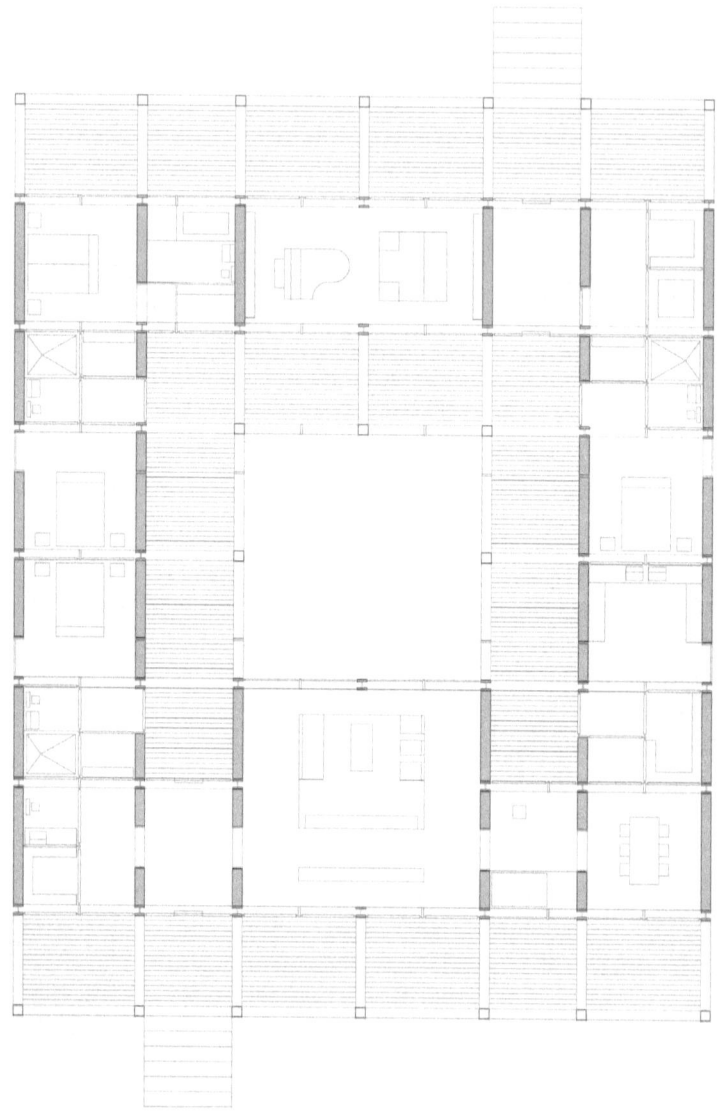

Fig. 5. **Casa Texas 3, planta**

En la Casa Texas 3 las partes constituyentes del esquema formal de los nueve cuadrados varían sus dimensiones dependiendo su posición, complejizando la lectura del esquema formal.

Texas House 3, planta principal – basado en el plano "DR1998 0049 001 008" (Centro Canadiense de Arquitectura). Fuente: Elaboración propia.

Fig. 6. **Casa Texas 7, axonometría general**

La Casa Texas 7 introduce variaciones en altura. El esquema formal de los nueves cuadrados es trabajado tanto en planta como en alzado, evidente en la aplicación de este esquema formal a las fachadas. La Casa Texas 7 es la única que mantiene estrictamente el esquema formal de los nueve cuadrados, la variación ocurre en altura.

Texas House 7, axonometría general - basado en el plano "DR1998 0053 009" (Centro Canadiense de Arquitectura). Fuente: Elaboración propia.

las *Casas Diamond*⁴. Las *Casas Diamond A y B*⁵ consisten en casas unifamiliares de cuatro niveles (Fɪɢ. 8, 9). Así como en las *Casas Texas,* una retícula espacial determina la organización de elementos y espacios internos; con una definición contrastante de elementos estructurales entre las dos casas. En la *Casa Diamond A* (Fɪɢ. 10) el sistema organizativo indica el posicionamiento de columnas de planta circular; a diferencia de la *Casa Diamond B* (Fɪɢ. 11) en donde la organización interna, así como la estructura, están definidas por el posicionamiento de muros longitudinales sobre los ejes de la retícula. La configuración de esta serie como *diamantes* está dada por la incongruencia entre la orientación de la organización interna de estas casas con respecto a la definición de los bordes; configurados como cuadrados rotados 45° con respecto a la orientación interior. A diferencia de la primera serie de casas ninguna determinación acerca del lugar, hipotético o concreto es dada, condición que es repetida en la última serie.

La tercera serie de casas son las *Casas Muro,* desarrolladas entre 1967 y 1974⁶. Las tres casas que componen esta serie están caracterizadas por la

---

⁴ Hejduk realiza la presentación y comentarios sobre los tres proyectos de la serie *Diamond* en el libro *Mask of Medusa* y en la publicación *Three Projects* de 1969. Esta última recoge la obra de Hejduk que hizo parte de la exposición de 1967 *The Diamond in Painting and Architecture* realizada en conjunto con el pintor Robert Slutzky. Ver: Hejduk, John. "Introduction to the Diamond Catalogue". En Mask of Medusa: Works 1947-1983, editado por Kim Skapich, 1a ed., 48–49. New York: Rizzoli International Publications, 1985. Y John Hejduk, *Three Projects*, ed. Galen Harley, 1a ed. (New York: Cooper Union School of Art and Architecture, 1969).
⁵ En la serie *Diamond* existe un tercer proyecto titulado *Diamond Museum C*. A razón de que este proyecto sea de una escala mayor, de un programa diferente y que esté descrito únicamente en una planta y una axonometría parcial, este proyecto no ha sido incluido en los análisis sobre la serie *Diamond* de esta investigación.
⁶ La presentación y comentarios realizados por Hejduk acerca de las *Casas Muro* están contenidos en *Mask of Medusa*. Al igual que la serie *Diamond* las *Casas Muro* no presentan ninguna información acerca del lugar con excepción de la *Casa Muro 2* que fue proyectada para el también profesor de la Cooper Union, Edgar Bye en Ridgefield, Connecticut. El proyecto original fue abandonado hasta que en el año 1990 inicia el proyecto para la construcción de esta casa en la ciudad de Groningen, Países Bajos. Además de la relación de la *Casa Muro 2* con Ridgefield, Connecticut, Hejduk incorpora la *Casa Muro 3* en su proyecto para la ciudad de Venecia titulado *Cemetery for the Ashes of Thought*. Para la presentación realizada por Hejduk de las *Casas Muro* ver: John Hejduk, "Frame 4: 1968-1974", en *Mask of Medusa: Works 1947-1983*, ed. Kim Skapich, 1a ed. (New York City: Rizzoli International Publications, 1985), 57–78. Sobre la *Casa Muro 2* construida en Groningen ver: Carlos Barberá Pastor, "Una visita a la Wall House 2 construida en Groningen", en *Variaciones sobre la Bye House de John Hejduk*, 2008, 40–78.

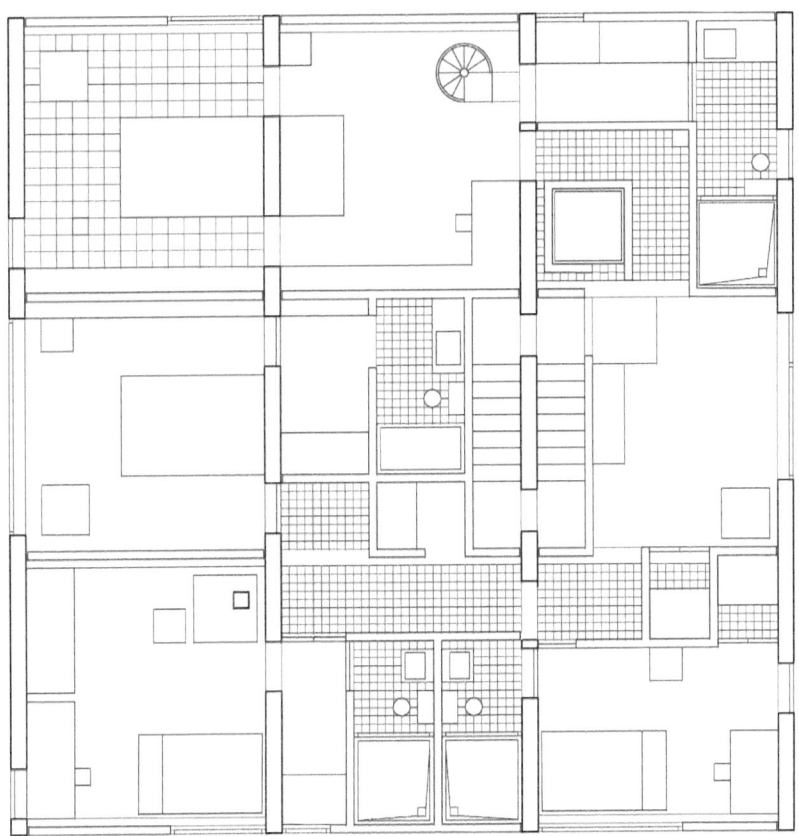

Fig. 7. **Planta nivel acceso Casa Texas 7**
Texas House 7, planta nivel 1 – basado en el plano "DR1998 0053 008" (Centro Canadiense de Arquitectura). Fuente: Elaboración propia.

Fig. 8. **Casa Diamond A, axonometría general**
Diamond House A, Axonometría general – basado en el plano "DR1998 0060 003" (Centro Canadiense de Arquitectura). Fuente: Elaboración propia.

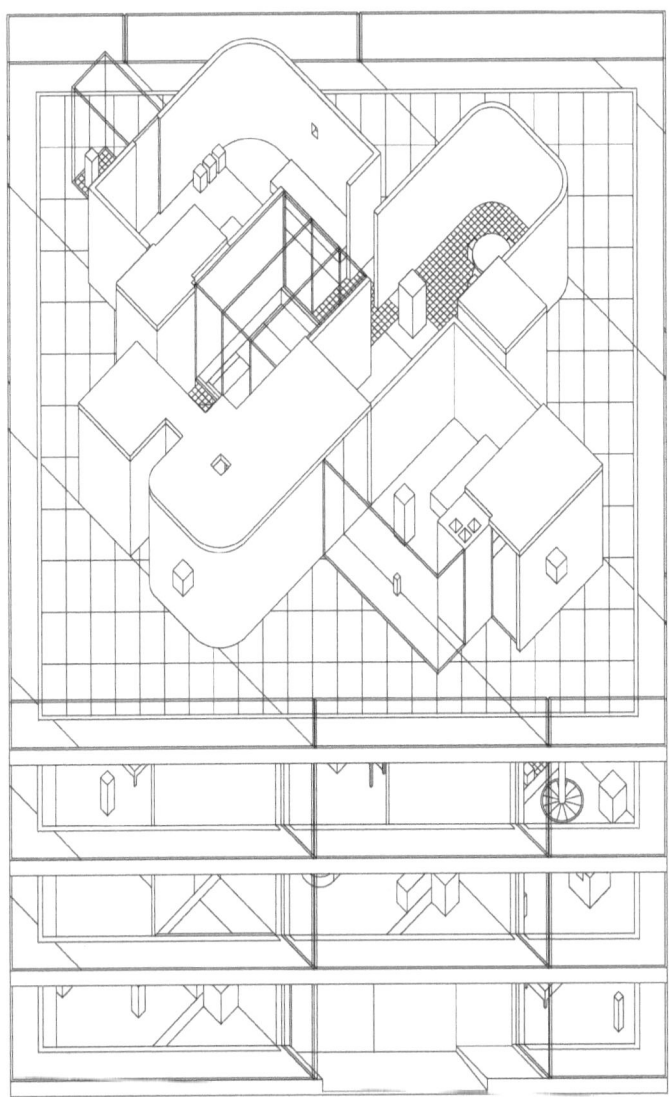

Fig. 9. **Casa Diamond B, axonometría general**
Diamond House B, axonometría general – basado en el plano "DR1998 0061 001 01" (Centro Canadiense de Arquitectura). Fuente: Elaboración propia.

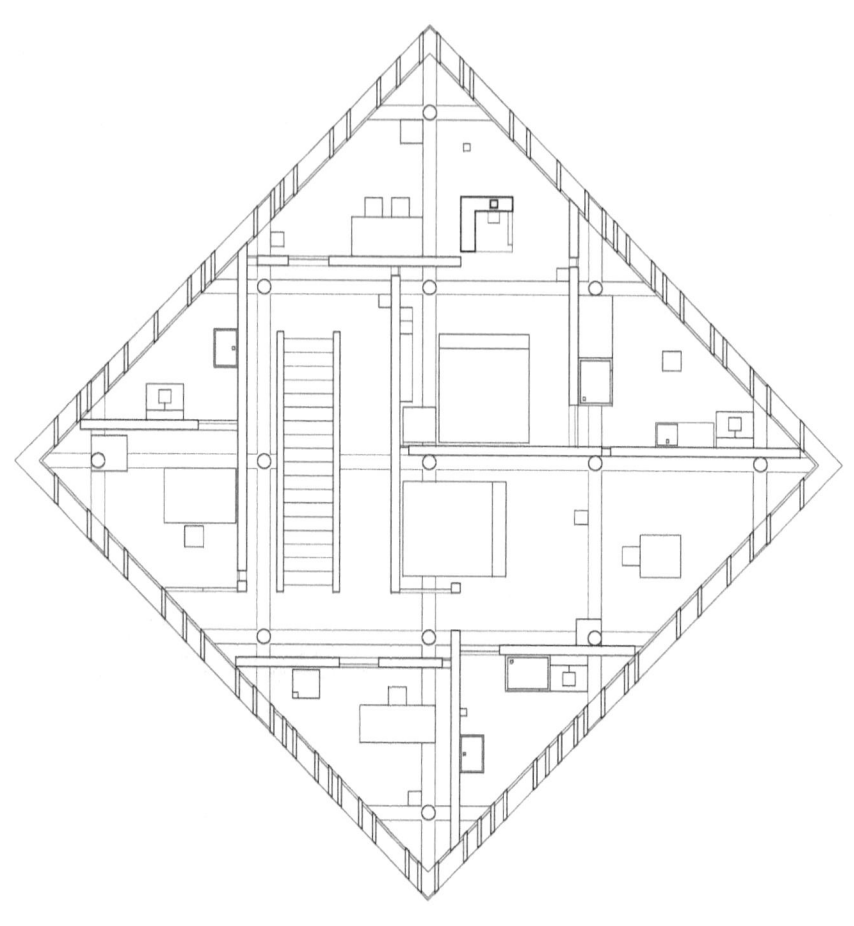

Fig. 10. **Casa Diamond A, planta nivel 2**
Diamond House A, planta nivel 2 – basado en el plano "DR1998 0060 003 002" (Centro Canadiense de Arquitectura). Fuente: Elaboración propia.

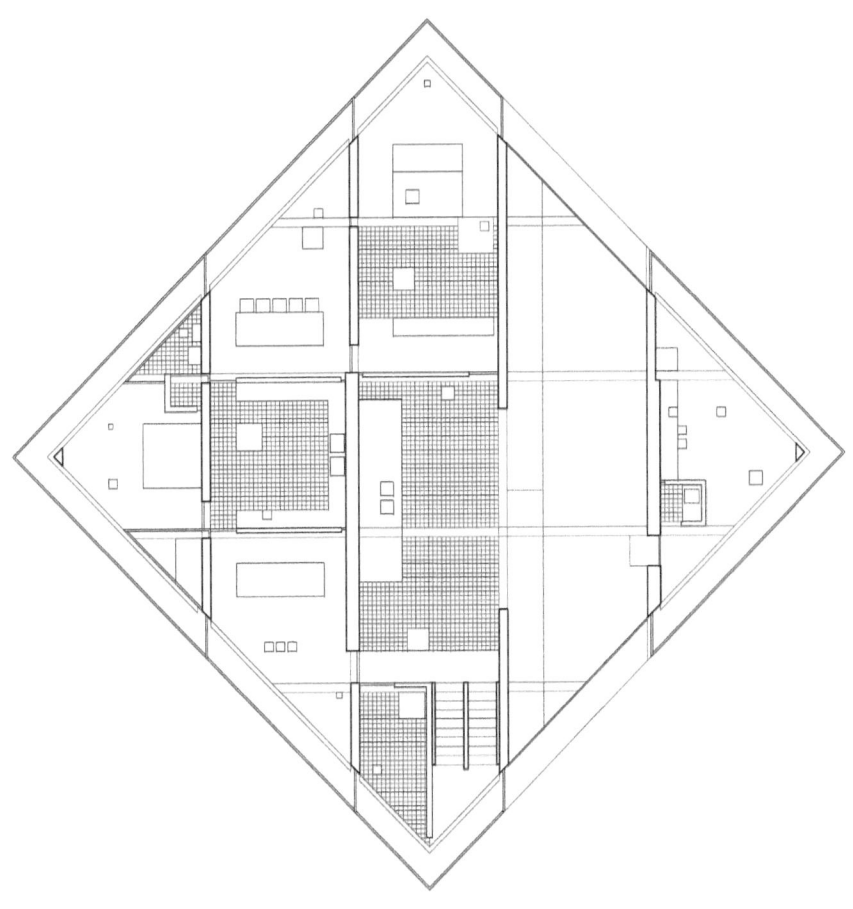

Fig. 11. **Casa Diamond B, planta nivel acceso**
Diamond House B, planta nivel 1 – basado en el plano "DR1998 0061 001 012" (Centro Canadiense de Arquitectura). Fuente: Elaboración propia.

utilización de un muro exento que determina la organización de la casa (Fig. 12, 13, 14, 15). Este muro no encierra los espacios internos de estas casas ni determina los límites entre interior y exterior en ellas, este muro divide en dos las plantas y organiza los espacios sobre las superficies opuestas. Si bien, la utilización del muro como elemento determinante para la organización de espacios en esta serie niega la presencia un sistema abstracto de organización, la organización de la casa en ambos lados del muro permite una articulación de la *taxis* como orden secuencial de espacios. Las tres series de casas permiten la articulación de tres configuraciones de *taxis*; la organización interna de espacios dentro de una obra arquitectónica, la determinación de bordes y la organización secuencial de espacios.

Taxis es un término griego que significa orden u organización[7]. De acuerdo con el filósofo Anthony Preus el significado del término *taxis* en el griego común se refiere a la organización de fuerzas militares, pero también identifica la utilización de este término en Anaximandro, los Pitagóricos, Platón y Aristóteles, y realiza una breve descripción del sentido de *taxis* en cada uno:

"En el fragmento de Anaximandro, las cosas que devienen en el ser pagan por su injusticia "de acuerdo con la taxis del tiempo." Los pitagóricos aparentemente usaron la palabra para describir el "orden" de los cuerpos astronómicos (DK 1.452, 18, et al.). En Platón, Timeo 30A, los Demiurgos imponen taxis sobre el desorden (ataxia). Aristóteles está interesado en todas las formas de orden, del orden de los elementos entre ellos (Meteor I.3, 339b5), al orden de las partes de los animales (HA I.6, 491a17), al orden de las magistraturas en el estado (Pol. III.6, 1278b9), al eterno orden del universo (Cael. II.14, 296a34, Metaph. XII.10, 1075a12)."[8]

---

[7] "Taxis. Order, arrangement. In ordinary Greek, taxis is normally the arrangement of military forces." (Traducción por el autor). Anthony Preus, *Historical Dictionary of Ancient Greek Philosophy*, 1a ed. (Lanham, EE. UU.: Scarecrow Press, 2007).p.258.

[8] "In the Anaximander fragment, things that come into being pay for their injustice "according to the taxis of time. "The Pythagoreans apparently used the word to describe the "ordering" of the astronomical bodies (DK 1.452, 18, et al.). In Plato, Timaeus 30A, the Demiourgos impose taxis on disorder ataxia). Aristotle is interested in all forms of order, from the ordering of the elements in relation to each other (Meteor I.3, 339b5), to the ordering of the parts of the animals (HA I.6, 491a17), to the arrangement of magistracies in the state (Pol. III.6, 1278b9), to the everlasting arrangement of the universe (Cael. II.14, 296a34, Metaph. XII.10, 1075a12)." (traducción por el autor). Ibid.p.258.

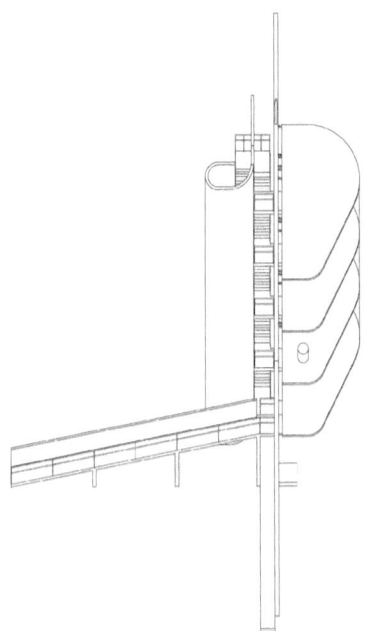

Fig. 12. **Casa Muro 1, axonometría general**
Wall House 1, axonometría general – basado en el plano "DR1998 0077 025" (Centro Canadiense de Arquitectura). Fuente: Elaboración propia.

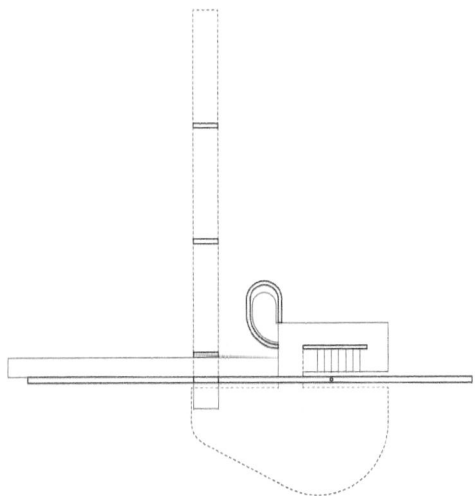

Fig. 13. **Casa Muro 1, planta nivel acceso**
Wall House 1, planta nivel 1 – basado en el plano "DR1998 0077 002" (Centro Canadiense de Arquitectura). Fuente: Elaboración propia.

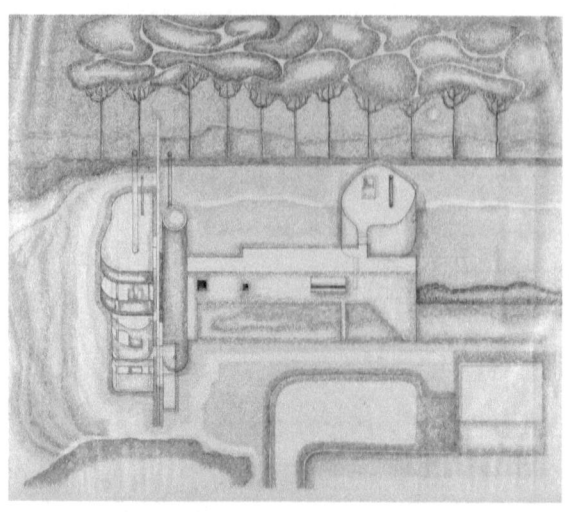

Fig. 14. **John Hejduk (1929-2000), Bye House, 1973.**
Grafito y lápices de color sobre papel translúcido montado, 876x1054 mm. Cortesía de la Frances Loeb Library, Harvard Graduate School of Design.

Aristóteles también utiliza el término *taxis* en la *Poética,* aunque este no es mencionado por Preus en el comentario citado. Sin embargo, para hablar del sentido de *taxis* en arquitectura Alexander Tzonis y Liane Lefaivre recogen el desarrollo del término realizado por Aristóteles en la *Poética*. La importancia de esto radica en que Aristóteles define el efecto generado por la utilización de este concepto en una obra artística, y este efecto está en el centro de esta investigación. Tzonis y Lefaivre lo explican de la siguiente manera:

"...lo que caracteriza cualquier obra – una tragedia, una pieza musical, un templo- ensamblado de acuerdo con las reglas de composición que surgieron de la poética y retórica clásica es su identificación como algo "completo y total," "perfecto," cuyo orden particular lo diferencia de sus alrededores (Aristóteles, Poética, C. VII, para. 2-4). Es, nuevamente, como un "organismo," distinto de su entorno por su constitución interna y la contundente demarcación de sus límites (ibid.). Toda obra clásica es, de alguna manera, un temenos, recortado del resto del universo en virtud

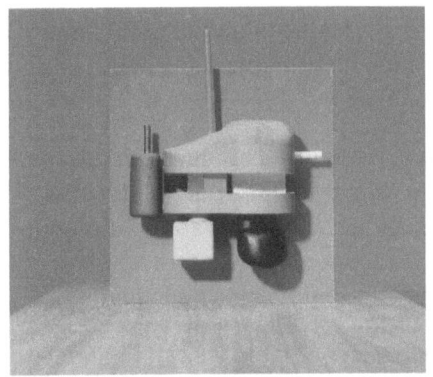 

Fig. 15. John Hejduk, Wall House 3: modelo, 1974, pintura, madera, plástico, papel, 19,05 x 23,2 x 72,2 cm. DR1998:0079:004. John Hejduk fonds. Canadian Centre for Architecture. © CCA

de su orden particular. Elaborar esta obra es crear un mundo dentro del mundo."[9]

La manipulación del orden en arquitectura no es, entonces, un acto neutro o exclusivamente entendido por necesidades funcionales. En la manipulación del orden, por lo menos en la tradición clásica, radicaba la cualidad que permitía su identificación como algo separado del mundo exterior. Y, es esta separación y consolidación como algo "completo y perfecto", un *temenos,* lo que permitía la expresión de un contenido poético o sagrado. Pero más allá de las asociaciones religiosas o clásicas, el interés de esta investigación radica en la nueva interpretación del término *taxis* que hace John Hejduk mediante el desarrollo de tres

[9] "Indeed, what characterizes any work – a tragedy, a musical piece, a temple- put together according to the rules of composition that originated in classical poetics and rhetorics is its identity as something "complete and whole," "perfect," whose particular order sets it off from its surroundings (Aristotle, Poetics, ch. VII, para. 2-4). It is, again, like an "organism," distinct from its environment because of its internal constitution and the strong demarcation of its limits (ibid.). Every classical work is, in a sense, a temenos, cut out from the rest of the universe by virtue of its special order. To fashion this work is to make a world within a world." (Traducción por el autor). Alexander Tzonis y Liane Lefaivre, "Logos Opticos", en *The Poetics of Order*, 5a ed. (Cambridge, Massachusetts: MIT Press, 1986), 1–6.p.5.

series de casas. Y como, al utilizar la *taxis*, Hejduk ilumina problemas de orden que han estado presentes desde el principio de la disciplina arquitectónica.

El orden "particular" que diferencia la obra de sus alrededores, como es mencionado por Tzonis y Lefaivre, es la *taxis* trabajada por Aristóteles para describir la relación de las partes de la tragedia. Y Tzonis y Lefaivre identifican los dos componentes de este concepto; el orden particular que constituye las partes internas y la clara definición de sus límites.

El concepto de orden tiene una incidencia en operaciones tan fundamentales y básicas del ejercicio arquitectónico que es frecuentemente pasado de alta en discusiones contemporáneas. La atención prestada en este documento a este problema tiene que ver con retomar el asombro por una de las herramientas más poderosas de la arquitectura: su capacidad de *ordenar*. Françoise Choay lo afirmaba en otras palabras:

"La creación de una diciplina específica, autónoma para la construcción del espacio es una empresa cuya rareza y audacia son fácilmente pasadas por alto por su presente universalidad y banalidad."[10]

Esta preocupación por la *taxis*, es decir por el origen de las concepciones de orden en arquitectura, tiene una relación inevitable con las primeras reglas y principios que arquitectos han articulado sobre este tema. En este documento especial atención es dada a los primeros principios establecidos por León Battista Alberti[11] en su tratado *De re Aedificatoria*.

---

[10] "The creation of a specific, autonomous discipline for the construction of space is an enterprise whose uniqueness and audacity are easy to overlook because of its present universality and banality." (Traducción por el autor). Françoise Choay, "Introduction: The Choice of Words", en *The Rule and the Model: On the Theory of Architecture and Urbanism*, ed. Denise Bratton, 1a ed. (Cambridge, Massachusetts: MIT Press, 1997), 1–14.p.2.

[11] Leon Battista Alberti nació en Génova en el año 1404 y murió en Roma en 1472. Es reconocido como una de las figuras más fascinantes del renacimiento italiano. "...Burckhardt representó a Alberti como la combinación ideal entre un intelectual y un atleta, el ejemplo perfecto del "hombre universal"...Él inventó dispositivos mecánicos, como el *cifrado* utilizado por la curia papal; él ideó una magnífica "caja de vistas", en la cual él creó representaciones espectacularmente efectivas de cielos y paisajes;." Sobre la vida de Alberti, y de donde he tomado la cita anterior, ver: Anthony Grafton, "Who Was Leon Battista Alberti?", en *Leon Battista Alberti: Master Builder of the Italian Renaissance*, 1a ed. (Cambridge, Massachusetts: Harvard University Press, 2000), 3–30.p.10. (Traducción por el autor). Ver tam-

En el fragmento citado anteriormente Françoise Choay discute la "creación de una disciplina específica" y "autónoma para la construcción del espacio…"[12] e identifica en la figura de Alberti y su tratado renacentista la primera articulación de las reglas de esta disciplina[13]. Son cinco los argumentos que presenta Françoise Choay para proponer que el tratado de Alberti, antes que el de Vitruvio, es el texto inaugurador. De esos cinco argumento nos interesan los últimos dos.

El primer argumento radica en demostrar que el objetivo de Alberti es el establecimientos de reglas y principios conceptuales que permitan la creación dentro de la disciplina y no la transmisión de una serie de contenidos y preceptos traídos de la tradición, como es el caso de Vitruvio. Vitruvio tiene entonces, según Choay, el valor de ser el primero en recopilar la tradición greco-latina pero no tiene el rol "soberano de la conceptualización"[14] que sí tiene Alberti. El segundo argumento es que estas reglas y principios tienen el propósito de estructurar la creación de todas las escalas del dominio construido, "desde la casa hasta la ciudad"[15].

Las tres series de casas estudiadas en esta investigación no sobrepasan la escala de casas unifamiliares. Las relaciones de estos objetos con el contorno específico no son considerados, dado que en la mayoría este contexto es inexistente[16], aunque la manera en que estas casas definen la relación entre *espacio interior y exterior* tiene un lugar importante en esta investigación. La originalidad en el tratamiento de estos casos de estudio radica en la mirada específica de cómo el tratamiento en la configuración espacial, así como la utilización y relación entre elemen-

---

bién: Javier Rivera, "El tratado De Re Aedificatoria del genovés Leon Battista Alberti", en *De Re Aedificatoria*, 1a ed. (Madrid: Akal, 1990), 7–54. Y. Franco Borsi, *Leon Battista Alberti: The Complete Works*, 1a ed. (New York: Electa, Rizzoli, 1989).
[12] Choay, "Introduction: The Choice of Words".p.2.
[13] Françoise Choay, "Texts on Architecture and the City", en *The Rule and the Model: On the Theory of Architecture and Urbanism*, 1a ed. (Cambridge, Massachusetts: MIT Press, 1997), 15–32.p.16.
[14] Ibid.p.19.
[15] Ibid.p.16.
[16] Sobre la relación de las *Casas Texas* con el lugar ver: Kevin Story, "Pedagogy of the Texas Houses: Exorcising Outlines", en *The Complexities of John Hejduk's Work: Exorcising Outlines, Apparitions and Angels*, 1a ed. (New York: Routledge, 2021), 29–44.

tos permite el reconocimiento, o no, de una estructura de organización interior y la "contundente demarcación de sus límites".

El filósofo Giorgio Agamben en su texto ¿Qué es lo contemporáneo? señala que:

"La contemporaneidad se inscribe, en efecto, en el presente, signándolo sobre todo como arcaico, y sólo aquel que percibe en lo más moderno y reciente los índices y las signaturas de lo arcaico puede ser su contemporáneo. Arcaico significa: próximo a la arché, es decir al origen. Pero el origen no se sitúa solamente en un pasado cronológico: es contemporáneo al devenir histórico y no cesa de operar en este, como el embrión continúa actuando en los tejidos del organismo maduro, y el niño, en la vida psíquica del adulto. La distancia y, a la vez, la cercanía que definen la contemporaneidad tiene su fundamento en esa proximidad con el origen, que en ningún punto late con tanta fuerza como en el presente."[17]

Esta condición de "distancia y cercanía" es la que caracteriza la relación entre las tres series de casas de John Hejduk con ideas y principios que están en el origen de la disciplina. Y, es el estudio de las condiciones presentes lo que enmarca preguntas originales de la arquitectura.

La *taxis* enmarca cada uno de los casos de estudio analizados en esta investigación dentro de uno de sus temas conformantes; orden interno, relación entre partes, variaciones del esquema formal y conformación, apertura y eliminación de borde; y a su vez, cada uno de estos temas está relacionado con ejemplos de la historia de la arquitectura que presenten condiciones análogas.

Estos temas estructuran los contenidos de los capítulos. El primer capítulo presenta la relación de la *taxis* con el establecimiento de un orden interno de la obra. Este orden está articulado como un sistema abstracto que regula el posicionamiento de elementos y que puede expresarse como una retícula de composición. Estas cualidades tienen una equivalencia con el concepto albertiano de *Lineamenta*. También, en este capítu-

---

[17] Giorgio Agamben, "¿Qué es lo contemporáneo?", en *Desnudez*, ed. Fabián Lebenglik, trad. Cristina Sardoy, 1a ed. (Buenos Aires, Argentina: Adriana Hidalgo ed., 2011), 17–30.p.26.

lo, es presentado como la *taxis* subdivide la totalidad de una obra arquitectónica en partes relacionadas; y como esta subdivisión establece una tensión entre la totalidad conformada por partes menores y la autonomía de cada una de ellas. Finalmente, el tema de la variación dentro de un sistema formal es trabajado. Este tema está relacionado con una herramienta desarrollada por Alberti para la traducción coherente de formas naturales dentro de una obra pictórica; el *velo,* que permitía el control de formas complejas dentro de un mismo sistema formal enriqueciéndolo.

Los tres casos de estudios analizados en este capítulo son; la *Casa Texas 1* relacionada con la conformación de orden interno, el cual está invertido por el tratamiento específico del centro en esta casa. La *Casa Texas 7* cuyo interior está conformado por el apilamiento de partes no relacionadas y que generan una contradicción con el exterior; indivisibilidad exterior y desarticulación interior. Y, finalmente, la *Casa Diamond A* cuya variación de la organización interna entre las diferentes plantas implica la posibilidad de extensión del esquema formal más allá de los límites de la casa. Las tres casas tienen en común un particular tratamiento del centro.

El segundo capítulo presenta la relación de la *taxis* con el establecimiento de límites de una obra arquitectónica. El primer apartado trabaja el borde en su sentido clásico, que establece una separación absoluta entre interior y exterior. La taxis depende de esta separación para su desarrollo como orden interno autónomo. El segundo subcapítulo problematiza la separación entre interior y exterior. La utilización del borde implica una diferenciación entre la continuidad exterior y el interior contenido, por ende, el borde es utilizado, en la tradición clásica, para resaltar esa diferencia y no para contradecirla. El concepto de área virtual de Franco Purini es presentado junto con la idea de transgresión del límite. En el último apartado el tema de la eliminación de la idea de borde es trabajada, y el efecto de la eliminación de los bordes en las *casas Diamond y Muro* es estudiado. Esta eliminación implica que la no determinación es la condición espacial dominante de las terrazas de las *Casas Diamond* y de la totalidad de las *Casas Muro*.

Los casos de estudios analizados en este capítulo son; la *Casa Texas 3* que establece bordes coherentes con el esquema formal pero cuyo tratamiento material de las columnas, así como la organización de las partes en *quiasmo* generan una escisión de los límites. En las *Casas Diamond* la no concordancia entre el esquema formal y la definición de bordes resulta en una definición ambigua de cerramiento. Además, la espacialización del borde, y la doble lectura del espacio interior como abierto/cerrado imposibilitan la clara definición de límites del orden interno. El último apartado de este subcapítulo analiza la organización de las Casas Muro. La hipótesis sostenida es que el espacio interior, y por ende el orden interno de las casas, es condensado dentro del muro. Este hecho elimina el espacio interior de la casa y también la taxis que regía la organización de los elementos de este interior. Sin embargo, los espacios y elementos de las *Casas Muro* no están dispuestos en desorden. La organización de las *Casas Muro* está estructurada a partir de la disposición de espacios y elementos autónomos relacionados mediante el muro que generan una articulación básica de *taxis,* una secuencia espacial tripartita.

El último capítulo, a manera de conclusión, presenta tres reflexiones acerca de la utilización de *taxis* en arquitectura. La manera en que la utilización de la *taxis* implica una concepción de tiempo específico, tiempo *chronos* o tiempo *aiōn*, y la manera en que un proyecto arquitectónico manifiesta esta condición. Por otro lado, el acto simultáneo de creación y reconocimiento de la *taxis* en un objeto arquitectónico es presentado mediante los ejemplos del campidoglio de Miguelángel y la organización de la fachada de la *Casa Texas 7*. Por último es presentada la relación de la *taxis* con el origen de la arquitectura; a partir del estudio de la figura del tabernáculo en el desierto la *taxis* es concebida no como una herramienta complementaria sino como acto fundacional de la arquitectura.

EL CENTRO NO ES UN PUNTO,
EL CENTRO ES UNA AUSENCIA

"¿Y quién es capaz de llamar "arquitectura" a lo que no tiene forma?"[1]

Josep Quetglas

La definición de un orden interior

La retícula y el *Lineamenta* de Alberti

Hubert Damisch, hablando acerca de la dimensión del tiempo en arquitectura, coincide el nacimiento de la arquitectura y de la música en un mismo evento[2]. Para esto cita el mito de Anfión (Fig. 16), en su variante establecida por Paul Valery, como argumento para un melodrama musicalizado por Arthur Honegger. Anfión, hijo de Antíope, construye un templo únicamente tocando su lira, un regalo del dios Apolo. Al tocar música, momento que Damisch identifica como nacimiento tanto de la música como de la arquitectura, las piedras, simultáneamente a la acción de la música, se mueven y se ensamblan formando la estructura del templo; analogando, de esta manera, la organización de sonidos desarrollados en el tiempo propio de la música con la organización material de los elementos que componen la arquitectura.

El principio de organización formal en arquitectura tiene un nombre específico: *taxis*.

Este principio es el primero nombrado por Vitruvio en el segundo capítulo del primer libro de su tratado, *De qué cosas consta la arquitectura*. Este capítulo comienza *"La arquitectura consta de ordenación que en griego se llama taxis..."* Y luego de listar otros cinco principios *"Disposición, que los griegos llaman diáthesis, de Euritmía, Simetría, Decoro, y distribución, llamada en griego economía"*, procede a definir la *taxis*, u ordenación:

---

[1] Josep Quetglas, "Elogio de Ariadna", en *Pasado a limpio I*, ed. Inés de Rivera, 1a ed. (Valencia, España: Pre-Textos, 2002), 163–65.
[2] Hubert Damisch, "Three Minus Two, Two plus One: Architecture and the Fabric of Time", en *Anytime*, ed. Cynthia Davidson, 1a ed. (Cambridge, Massachusetts: MIT Press, 1999), 84–90.

Fig. 16. **Grabado ilustrando el mito de Anfión**
Aunque en la imagen Anfión esté interpretando lo que parece ser un violín, y no una lira como en el mito recogido por Paul Valéry, el mensaje es el mismo; la organización de sonidos a lo largo del tiempo es análoga a la organización de los elementos de la arquitectura.

"La ordenación es una apropiada comodidad de los miembros en particular del edificio, y una relación de todas sus proporciones con la simetría."[3]

Para Vitruvio la *taxis*, u ordenación, es primero la definición de cada una de las partes del edificio y luego su correspondencia o conmensuración con respecto a la totalidad. La *taxis*, en este sentido no es sólo la organización de las partes sino la correcta relación entre ellas, a esta relación

---

[3] Marco Vitruvio Polión, "Libro I Capítulo II: de qué cosas consta la Arquitectura", en *Los diez libros de arquitectura*, trad. Joseph Ortiz & Sanz (Madrid, España: Imprenta Real, 1787), 8–13.p.8.

de equilibrio/armonía de la totalidad es lo que Vitruvio llama simetría. Vitruvio procede a describir que la correcta relación de las partes está regulada por la *cantidad*, y la *cantidad* a su vez consiste en la determinación de módulos "*de todo el edificio, y de cada uno de sus miembros*"[4]. Aunque la definición de Vitruvio parezca redundante por la similitud en la definición de *cantidad* y *ordenación* esto le permite a Vitruvio introducir la importancia de un aspecto cuantitativo a su consideración sobre *taxis*.

Pavlos Lefas al hacer una evaluación de los términos fundamentales de la teoría vitruviana enfatiza en esta distinción entre los aspectos cualitativos y cuantitativos en la definición de ordenación. Él lo relaciona con el uso del término *taxis* en Aristóteles, específicamente a su utilización en la *Retórica*; en donde Aristóteles argumenta que la *taxis* depende tanto de la correcta disposición como de la correcta longitud de cada una de las partes de un discurso[5]. Es decir, la *taxis* no depende únicamente de la colocación de las partes sino también de sus dimensiones.

Enfocados sobre el aspecto cualitativo el término *taxis* fue retomado por Alexander Tzonis y Liane Lefaivre, tanto de Vitruvio como de Aristóteles, pero en este caso de la *Poética*, y su función está descrita por ellos en el libro *La poética del orden* como:

"La taxis divide un edificio en partes y dentro de la divisiones resultantes encaja los elementos arquitectónicos, produciendo una obra coherente. En otras palabras, la taxis constriñe la colocación de los elementos arquitectónicos que pueblan un edificio mediante el establecimiento de una sucesión de divisiones espaciales lógicamente organizadas.[6]

---

[4] Ibid.p.9.
[5] Pavlos Lefas, "On the Fundamental Terms of Vitruvius' Architectural Theory", *Bulletin of the Institute of Classical Studies* 44, núm. 2000 (2000): 179–97.p.185.
[6] "Taxis divides a building into parts and fits into the resulting partitions the architectural elements, producing a coherent work. In other words, taxis constrain the placing of the architectural elements that populate a building by establishing successions of logically organized divisions of space." (traducción por el autor.) Alexander Tzonis y Liane Lefaivre, "Taxis: The Framework", en *The Poetics of Order*, 5a ed. (Cambridge, Massachusetts: MIT Press, 1986), 9–35.p.9.

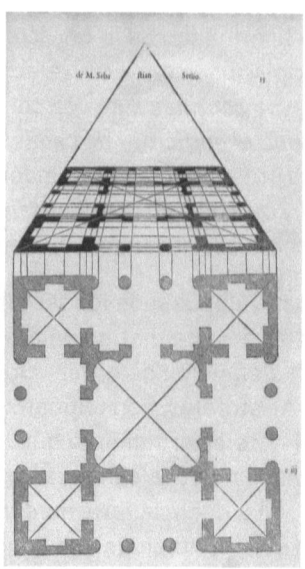

FIG. 17. **Planta y perspectiva de Sebastiano Serlio**
En la lámina perteneciente al Segundo Libro de Sebastiano Serlio, el trazado de la retícula espacial está dibujado sobre la superficie en perspectiva. Mientras que en la representación ortogonal únicamente están dibujados los centros de los espacios. A pesar de que la retícula espacial sea una abstracción esta es representada en la perspectiva, tomando una condición equivalente a los elementos concretos y materiales como columnas y muros.

Este sentido de *orden* es evidente en uno de los dibujos explicativos de la teoría de la perspectiva de Sebastiano Serlio[7]. (FIG. 17) En la ilustración coexiste una planta, y el esquema organizativo representado en perspectiva de un punto de fuga. A pesar de ser dos representaciones del mismo esquema organizativo existe una diferencia importante entre los dos dibujos. En la perspectiva está dibujada la retícula utilizada para determinar el posicionamiento y tamaño de los elementos que conforman la planta. Mientras que en la representación ortogonal únicamente

---

[7] Sebastiano Serlio, "Il Secondo Libro di Perspettiva", en *Tutte l'opere d'architettura et prospettiva* (Paris: De l'imprimerie de Iehan Barbé, 1545), 34. Perteneciente al archivo de la Columbia University Libraries. https://archive.org/details/ldpd_12050504_000/page/n79/mode/2up.

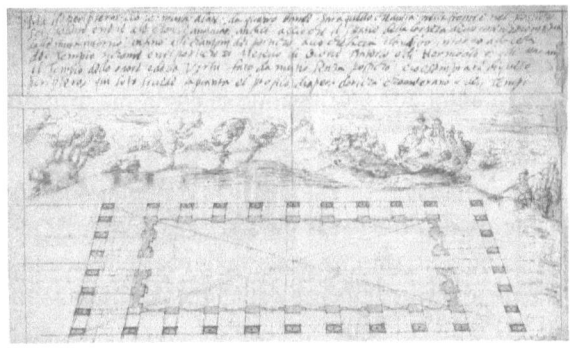

Fig. 18. Ilustración de tipología de templo Períptero
En el dibujo de Sangallo ilustrando una planta de un templo períptero en perspectiva es evidente el contraste entre la racionalidad establecida por la utilización de la taxis en el interior de la obra de arquitectura y la naturaleza exterior.

los elementos materiales concretos están representados, con la excepción de las diagonales que determinan los puntos centrales de los espacios. La presencia de la retícula en la perspectiva permite la confirmación de que todos los elementos, tanto en sus dimensiones como en su posición, están relacionados dentro del mismo sistema lógico. A pesar de ser espacios distintos con diferentes características, la transversalidad de la lógica formal permite identificar una totalidad. Aristóteles ve en esto último la principal utilidad de la *taxis*.

En la *Poética* la idea de *taxis* es trabajada por Aristóteles para definir la importancia de las partes de la tragedia[8]. La necesidad de convertir la tragedia en un organismo "completo", íntegro. Todo lo que es completo tiene partes, por ende, tiene un comienzo, un medio y un fin, define Aristóteles. La *taxis*, entonces, tiene la utilidad de establecer el orden de estas partes. Y, de esta manera diferencia el organismo del mundo exterior. La *taxis* permite la construcción de un *mundo dentro de un mundo*[9] (Fig. 18).

---

[8] Aristóteles, "Sobre la fábula o la estructuración de los hechos", en *Poética*, ed. Valentín García Yebra, 3a ed. (Madrid, España: Gredos, 1974), 152–55.
[9] Tzonis y Lefaivre, "Logos Opticos".p.5.

Esta idea de orden está utilizada y problematizada en las *Casas Texas*. Todas las casas definen los límites de la planta que es subdivida en partes proporcionales y relacionadas, utilizando el esquema formal de los nueve cuadrados (Fig. 19).

En la tradición clásica la identificación de la retícula reguladora y por ende la identificación de diferentes partes de la edificación era un trabajo analítico, no necesariamente auto evidente en las obras en cuestión. Al igual que la identificación de estructuras formales utilizadas en la poesía o en la música[10], que no necesariamente hacen parte de la experiencia inmediata de la pieza sino de una construcción abstracta posterior. En el caso de las *Casas Texas*, la retícula, los trazados que regulan el sistema formal están explícitamente materializado en la casa. Corresponden con la expresión del sistema estructural, la disposición de las columnas, la solución de las columnas esquineras, y la repetición de esa misma expresión en los cambios de dirección interiores de la casa. Corresponde también con las subdivisiones de los pisos. Únicamente la cubierta está exenta de esta obsesiva reiteración de la estructura formal.

En un pasaje similar al ya citado segundo capítulo del primer libro de Vitruvio, Leon Battista Alberti introduce un término que abarca sus conceptos teóricos de arquitectura; *lineamenta*. Alberti es claro en su definición, y en el segundo párrafo de su primer libro escribe:

"Permítenos entonces comenzar: toda la materia de construcción está compuesta de lineamentos y estructura. Toda la intención y propósito de los lineamentos radica en encontrar la manera correcta e infalible de juntar aquellas líneas y ángulos que definen y encierran las superficies de los edificios. Es la función y deber de los lineamentos, entonces, el prescribir un lugar apropiado, números exactos, una escala adecuada y un orden agraciado para que la totalidad de los edificios como para cada una de sus partes constituyentes, para que la forma completa y apariencia de la edificación pueda depender únicamente de los lineamentos."[11]

---

[10] Alexander Tzonis y Liane Lefaivre, "Architectural Scansion", en *The Poetics of Order*, 5a ed. (Cambridge, Massachusetts: MIT Press, 1986), 171–243.

[11] "Let us therefore begin thus: the whole matter of building is composed of lineaments and structure. All the intent and purpose of lineaments lies un the finding the correct, infallible

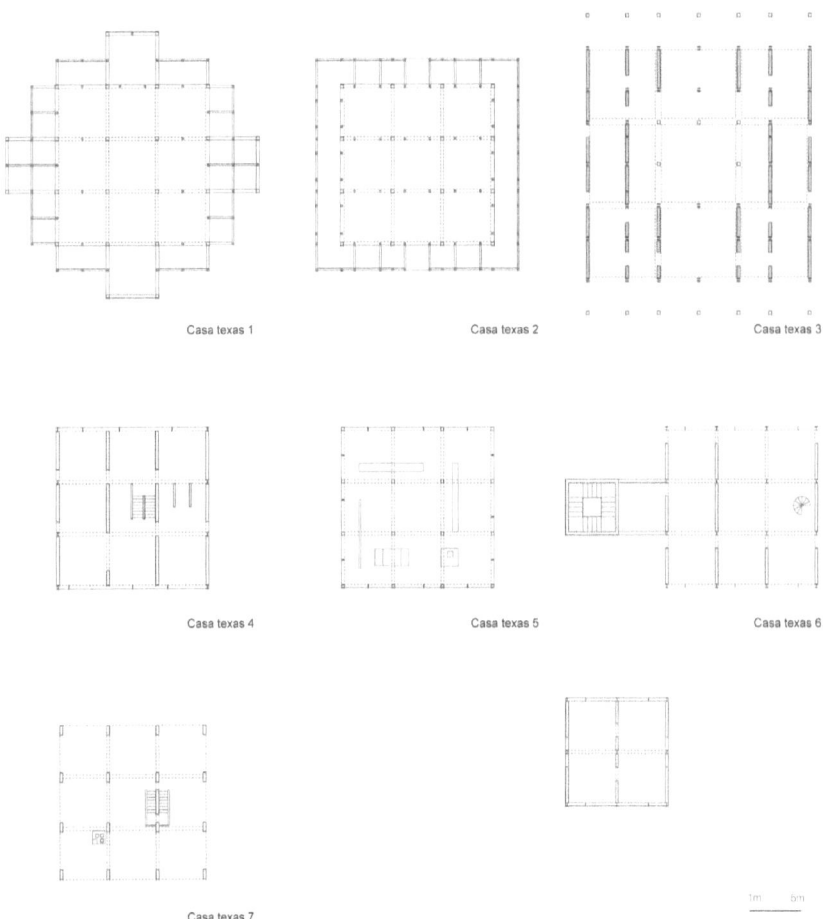

Fig. 19. **Los nueve cuadrados en las Casas Texas**

Las primeras tres *Casas Texas* utilizan el esquema de los nueve cuadrados con variaciones a manera de módulos periféricos adicionales, identificables por ser de tamaños menores a los utilizados en el esquema formal central. En las siguientes cuatro casas las variaciones formales ocurren en altura mientras que la planta está definida por la utilización de los nueve cuadrados sin alteraciones. *La Casa Texas 6* varía esta configuración al ubicar el módulo de escaleras como un volumen exterior exento, además de agregar un volumen independiente de programa complementario definido con una organización en cuatro cuadrados.

Serie Texas, diagrama de configuración formal utilizada en las plantas de las *Casas Texas*. Fuente: Elaboración propia.

Alberti define la arquitectura como un cuerpo compuesto por *lineamentos y estructura*[12]. Los *lineamentos* están relacionados al dibujo, no depende de la materia y son un producto de la mente. Por el contrario, la *estructura* está equiparada a la materia; esta no es creada, sino seleccionada. Joaquín Arnau hace una equivalencia de la idea de Lineamenta de Alberti con la idea de forma:

"La forma del edificio consiste en líneas y ángulos: lo demás – adornos, calidades, texturas, luces y sombras – es accidental. De ahí que la identificación para Alberti de los lineamenta con la forma sea justa: lo que no pertenece a las líneas es accidental a la forma arquitectónica. La forma arquitectónica es esencialmente esa y no otra."[13]

Alberti no está hablando de otra cosa que de la taxis, en sentido aristotélico[14]; que es invisible a la vista y no es particular dado que puede ser común a diferentes edificios. Pero cuya utilización asegura una cosa, la

---

way of joining and fitting together those lines and angles which define and enclose the surfaces of building. It is the function and duty of lineaments, then, to prescribe an appropriate place, exact numbers, a proper scale, and a graceful order for whole buildings and for each of their constituent parts, so that the whole form and appearance of the building may depend on lineaments alone." (1.1.4-4v) (traducción y negrillas por el autor). Leon Battista Alberti, "Book One: Lineaments", en *The Art of Building in Ten Books*, ed. y trad. Joseph Rykwert, Neil Leach, y Robert Tavernor, 2a ed. (Cambridge: MIT Press, 1988), 7–33.p.7. Existen traducciones al castellano como la de Javier Fresnillo Núñez que traduce el término Lineamenta como "Trazados", que coincide con el sentido del término que acá exploramos. A pesar de esto se ha utilizado el término como es traducido por Rykwert para la versión anglosajona. Ver: Alberti, Leon Battista. "El Trazado." In De Re Aedificatoria, edited by Javier Fresnillo Núñez and Javier Rivera, 2nd ed., 61–93. Madrid, España: Ediciones Akal, 2007.
[12] Leon Battista Alberti, "Prologue", en *The Art of Building in Ten Books*, ed. y trad. Joseph Rykwert, Neil Leach, y Robert Tavernor, 2a ed. (Cambridge, Massachusetts: MIT Press, 1988), 2–6.p.5.
[13] Joaquín Arnau-Amo, "Los 'lineamenta'", en *La teoría de la arquitectura en los tratados: Alberti*, 1a ed. (Madrid, España: Tebar Flores, 1987), 45–61.p.48.
[14] El aristotelismo de Alberti ha sido señalado por Françoise Choay: "Alberti's interest in the sublunary world and physical space derives from the same sources as Aristotelianism, and despite all the attempts at 'recuperation' by Landino and members of the Platonic Academy at Carneggi, positions Alberti in *opposition* to Platonism." Ver: Françoise Choay, "The De Re Aedificatoria: Alberti, or Desire and Time", en *The Rule and the Model: On the Theory of Architecture and Urbanism*, ed. Denise Bratton, 1a ed. (Cambridge, Massachusetts: MIT Press, 1997), 65–136.p.85.

coherencia formal de la obra: su definición como una totalidad, proporcionada entre las partes.

Desde el prólogo a *De Re Aedificatoria* Alberti utiliza la idea de las líneas o *lineamenta* como fundamento de su visión de la arquitectura. Dice Alberti:

"...primero observamos que los edificios son una especie de cuerpo, que como cualquier otro consisten en lineamentos y materia, uno producto del pensamiento, y el otro de la Naturaleza: uno requiriendo la mente y el poder de la razón, el otro dependiente de la preparación y selección... Ya que los edificios están dispuestos para diferentes usos, se evidenció la necesidad de inquirir si el mismo tipo de lineamentos podrían ser utilizados para varios; nosotros entonces distinguimos los diferentes tipos de edificios y anotamos la importancia de la conexión entre sus líneas y sus relaciones, esto como la principal fuente de belleza..."[15]

Tal vez el que sintetiza mejor esta coincidencia entre la equivalencia entre sistema formal expresado en Vitruvio como *taxis* y en Alberti como *lineamenta*, atravesados ambos por una idea implícita de totalidad de un cuerpo es Paolo Portoghesi en el capítulo sobre Alberti de su libro *El ángel de la historia*:

"El elemento caracterizador del organismo es su unidad y centralidad, el tener un principio y un fin (nuevamente la tripartición aristotélica)[16]*, un delante y un detrás, un arriba y un abajo, un adentro y un afuera. Es evidente que para una poética de este género adquiere particular valor todo aquello que posee capacidad de definir, de limitar. La tendencia a considerar el diseño mental como programa preciso que define la forma por medio*

---

[15] "...first we observed that the buildings is a form of body, which like any other consists of lineaments and matter, the one the product pf thought, the other of Nature; the one requiring the mind and the power of reason, the other dependent on preparation and selection... Since buildings are set to different uses, it proved necessary to inquire whether the same type of lineaments could be used for several; we therefore distinguished the various types of buildings and noted the importance of the connection of their lines and their relationship to each other, as the principal source of beauty..." (Traducción por el autor). Leon Battista Alberti, "Prologue", en *The Art of Building in Ten Books*, ed. Joseph Rykwert, Neil Leach, y Robert Tavernor, 2a ed. (Cambridge, Massachusetts: MIT Press, 1988), 2–6.p.5.

[16] Paréntesis y comentario realizado por el autor.

de líneas y ángulos es consecuencia directa de la tendencia a reducir los objetos a sus contornos, a sus límites, acentuando, a través del volumen, su individualidad. La forma es cognoscible y controlable desde la mente a través de sus límites y esos límites, convertidos en instrumentos esencial de conocimiento, signos del dominio del hombre sobre la naturaleza, asumen un valor simbólico."[17]

El esquema formal de los nueve cuadrados

Las Casas Texas están organizadas siguiendo los parámetros de una configuración específica de la taxis: el esquema formal de los *nueve cuadrados*.

Hejduk utiliza el problema de los nueve cuadrados para el desarrollo de sus casas Texas pero previamente lo plantea como herramienta pedagógica introductoria para los estudiantes de arquitectura[18]. Esto con el fin de que los estudiantes reconocieran problemas fundamentales como: retícula, marco, poste o columna, viga, panel, campo, límite, compresión, tensión y, entre otros problemas mencionado por Hejduk, el problema de la periferia y el centro[19] (Fig. 20). Hejduk afirma, que el esquema formal se sitúa entre dos condiciones, la de fluidez completa y la de contención completa.

Un aspecto importante del ejercicio de los nueve cuadrados radica en la facilidad de materializar arquitectónicamente un problema que es abstracto. El repertorio de problemas mencionados más arriba por Hej-

---

[17] Paolo Portoghesi, "L. B. Alberti y su libro 'De re aedificatoria'", en *El ángel de la historia*, ed. Luis Fernandez-Galiano, trad. Jorge Sainz, 2a ed. (Madrid, España: Hermann Blume, 1985), 17–67.p.48.

[18] Sobre la utilización que hace Hejduk del problema de los nueve cuadrados como herramienta pedagógica y su aplicación a un proyecto construido ver: Lisseth Mireya Estrella Cobo, "Problema y ejemplo: Los nueve cuadrados y la transformación del edificio fundacional de la Cooper Union", *Estudios del Hábitat* 18, núm. Junio (2020).

[19] John Hejduk, "The Nine Square Problem", en *Mask of Medusa: Works 1947-1983*, ed. Kim Skapich, 1a ed. (New York: Rizzoli International Publications, 1985), 37–38. Este mismo ejercicio ha sido utilizado en la enseñanza de la arquitectura en Colombia aplicado por arquitectos que pasaron por la Cooper Union, en donde John Hejduk fue decano. Ver: Martínez, German. "Cuadrados." Revista de Arquitectura 2, no. 1 (1999): 2–3. http://hdl.handle.net/10983/15326.

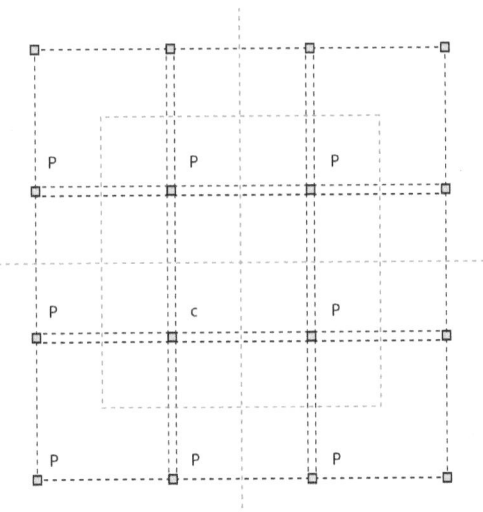

Fig. 20. Dibujos explicativos de las condiciones fundamentales del esquema de los nueve cuadrados
Estos dibujos hacen parte de los apuntes de Hejduk para el ejercicio pedagógico titulado "el Problema de los Nueve Cuadrados". Hejduk afirma sobre los dos dibujos superiores que "los nueve cuadrados están dispuestos entre dos polos, uno de fluidez completa y uno de completa contención." Esta variación está controlada por la utilización de "paneles" entre columnas. Las columnas todas dispuestas en las intersecciones de las esquinas de los nueve cuadrados. En el dibujo inferior está señalada la diferencia entre la "célula central" y las ocho células periféricas. Además, en línea punteada está señalado una diferenciación entre el espacio del borde exterior del esquema formal y un espacio contenido por la unión entre los centro de las células.
Reinterpretación del diagrama de los nueve cuadrados – basado en los esquemas de Hejduk "DR1998 0044 003" (Centro Canadiense de Arquitectura), Fuente: Elaboracion propia.

duk podía establecer un diálogo directo con arquitecturas de diferentes tiempos, sin la necesidad de proceder adhiriéndose a un estilo particular. Es efectivamente un ejercicio arquitectónico atemporal. Esta separación entre estilo y forma fue comentada por Hejduk en una entrevista transcrita en el libro *Mask of Medusa*:

"(Donald Wall le pregunta acerca de las Casas Texas): ¿Racional? ¿Renacimiento?

Hejduk: No. Quería llegar a este problema: lo desarrollé de una condición metodológica. Método. Método. ¿Me estoy haciendo entender? Método básico de construcción arquitectónica. Ellas crecen, de una planta a dos a tres, luego en detalle de la misma manera. Siempre abstractas, no literales, por eso las Casas no tienen estilo. Porque el problema de los nueve cuadrados era más abstracto que las Casas Texas. El problema de la enseñanza, los nueve cuadrados, tenían más autenticidad. Eran inclusive más abstractos. No era Bauhaus, no era Renacimiento. Sólo era.

Wall: No eran siquiera una casa."[20]

El problema de orden, del establecimiento de una estructura abstracta que pueda asegurar la coherencia y no contradicción de la obra arquitectónica fue trabajado, también, en la enseñanza de la arquitectura a finales del siglo XVIII y comienzos del XIX. Jean Nicolas Louis Durand desarrolló un método sistemático para la enseñanza de la composición arquitectónica en la École Polytechnique. El primer paso, de este método, era el desarrollo de la retícula, o las líneas que definían la colocación de los elementos de la obra arquitectónica[21].

Ulrich Pfammer, quien realizó un estudio acerca de la orientación científica e industrializada en la enseñanza de la arquitectura, señala:

"Lo que es notable acá es que la disposición está hecha de acuerdo con la unidad-espacio de la retícula axial y, ya no, de acuerdo a los tamaños de las columnas y las distancias entre ellas, esto significa que las proporciones establecidas por la retícula dominan la totalidad de la disposición del espacio, estructura y forma – esto representa una forma temprana de "las reglas

---

[20] "Wall: Rational? Renaissance? Hejduk: No. I want to get to this issue: I developed it from a methodological condition. Method. Method. Do you know what I mean? Basic architectonic construction method: am I making myself clear? Each of those Houses started that way. They built up, from single storey to two stories to three, then in detail the same way. Always abstract, not literal, that's why the Houses have no style. Because the nine square problem was more abstract than the Texas Houses. The teaching problem, the nine square, had more authenticity. It was even more abstract. It wasn't Bauhaus, it wasn't Renaissance. It just was. Wall: It wasn't even a house. (Traducción por el autor). John Hejduk y Don Wall, "Interview with Don Wall", en *Mask of Medusa: Works 1947-1983*, ed. Kim Shkapich, 1a ed. (New York City: Rizzoli International Publications, 1985), 35–36.

[21] Ulrich Pfammatter, "Durand's Polytechnical Principles of Architectural Education", en *The Making of the Modern Architect and Engineer*, 1a ed. (Basel; Boston; Berlin: Birkhäuser-Publishers for Architecture, 2000), 53–67.

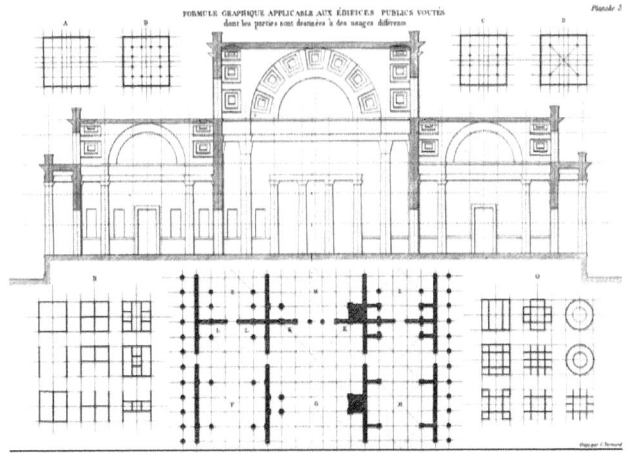

Fig. 21. **Principios para educación en arquitectura de Durand**
En la plancha 3 la retícula es apartada de un esquema formal específico. A los costados diferentes esquemas formales son conformado utilizando la reticula. Como en la imagen anterior, los trazados son utilizados tanto para definir la ubicación de elementos como muros y columnas pero también para definir las proporciones de los espacios entre estos elementos, es decir el vacío.

estructurales del orden" (Tracés régulateurs), especialmente si consideramos una lámina didáctica posterior del Partie Graphique en que el trabajo simultaneo entre alzado y planta es ilustrado.[22] (Fig. 21)

Entre las diferentes configuraciones posibles el esquema de los nueve cuadrados era recurrente. El método de composición estaba complementado por repertorios de edificios clásicos y contemporáneos al autor dibujados y traducidos en estos términos. Durand justificaba estas alteraciones a los proyectos allí reunidos argumentando que su intención no era "corregir" los proyectos sino "esclarecer su verdadera esencia".[23]

---

[22] "What is striking here is that the arrangement is made according to the unit-spacing in the axial grid and no longer according to the column-sizes and the distances between them, meaning that the proportions established by the grid dominate the entire arrangement of space, structure and form – this represents an early form of "structural rules of order" (Tracés régulateurs), especially if one takes into consideration a further didactic plate from the Partie Graphique in which working in elevation and ground-plan at the same time is illustrated" (Traducción por el autor). Ibid.p.64.
[23] Ibid.p.61.

El esquema formal de los nueve cuadrados tuvo una importante presencia en la cultura arquitectónica de la segunda mitad del siglo XX tras la publicación del libro *Principios arquitectónicos en la edad del humanismo* de Rudolf Wittkower. En una sección del libro titulada *La geometría de Palladio: las villas,* Wittkower sostiene que todas las villas desarrolladas por Palladio siguen una misma serie de reglas. A pesar de que la solución específica de cada una de las obras sea distinta, él propone un esquema geométrico común a todas ellas (Fig. 22). Wittkower afirma que una vez Palladio logró que el esquema geométrico sintetizara el problema de la "villa", él únicamente procedía a materializarlo aplicando variaciones que permitieran ajustar la obra a las necesidades particulares del caso. Es interesante, además, que Wittkower relaciona la abstracción del esquema formal común para todas las casas con una "verdad matemática, final e inmutable", afirmando que la presencia de ese esquema formal es en principio inconsciente y no necesariamente perceptible por el visitante de las casas. Pero, al mismo tiempo, señala que la utilización de ese esquema es lo que brinda la "cualidad convincente de la forma"[24].

Wittkower al trasladar el estudio sobre Palladio del "gusto e inspiración individual"[25], es decir descripciones del genio del artista en este caso Palladio, a la identificación de una idea arquitectónica abstracta y extraíble, permite la comparación y utilización de contenidos arquitectónicos de objetos de diferentes momentos de la historia. Un ejercicio que sin ese marco conceptual sería inconcebible.[26]

---

[24] Rudolf Wittkower, "Principles of Palladio's Architecture", en *Architectural Principles in the Age of Humanism*, 5a ed. (London: Academy Editions, 1998), 60–97.
[25] Anthony Vidler, "Mannerist Modernism: Colin Rowe", en *Histories of the Immediate Present*, 1a ed. (Cambridge, Massachusetts: MIT Press, 2008), 61–107.
[26] Anthony Vidler señala como los estudios de Wittkower publicado en, Architectural Principles in the Age of Humanism, fueron lo que permitieron a su estudiante, Colin Rowe, realizar la yuxtaposición y comparación entre la Villa Malcontenta de Andrea Palladio y la Villa Stein de Le Corbusier, alrededor de 350 años separan las dos obras. Un ejercicio de contenidos arquitectónicos que no sería posible sin el antecedente de Wittkower. Ver: Rowe, Colin. The Mathematics of the Ideal Villa. The Mathematics of the Ideal Villa and Other Essays. 1st ed. Cambridge, Massachusetts: MIT Press, 1987. Para la version en castellano ver: Rowe, Colin. "Las matemáticas de la vivienda ideal." en Manierismo y arquitectura moderna y otros ensayos, translated by Francesc Parcerisas, 2nd ed., 9–35. Barcelona, España: Gustavo Gili, 1980.

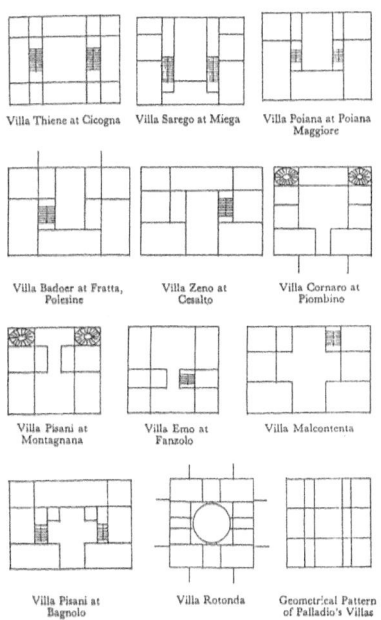

Fig. 22. **Esquemas de variaciones geométricas de once villas paladianas**

Orden y contradicción interna en la *Casa Texas 1*

La *Casa Texas 1* (Fig. 23), la primera casa de la serie "Texas", está desarrollada en una única planta. Esta planta está conectada con el suelo mediante los ocho escalones del acceso principal y una escalera en caracol en la fachada posterior. Esta planta concentra todas las actividades de la casa. Dos agrupaciones de módulos definen la planta principal de la casa. (Fig. 24) Módulos interiores, de una misma dimensión en planta que conforman el esquema de los nueve cuadrados sin alteraciones, es decir por la sumatoria de los módulos completos. La segunda agrupación son los módulos exteriores al esquema de los nueve cuadrados. Todos los módulos exteriores son de menor tamaño. Estos tienen relaciones proporcionales (relación de medio o un cuarto) con respecto a los módulos internos (Fig. 25).

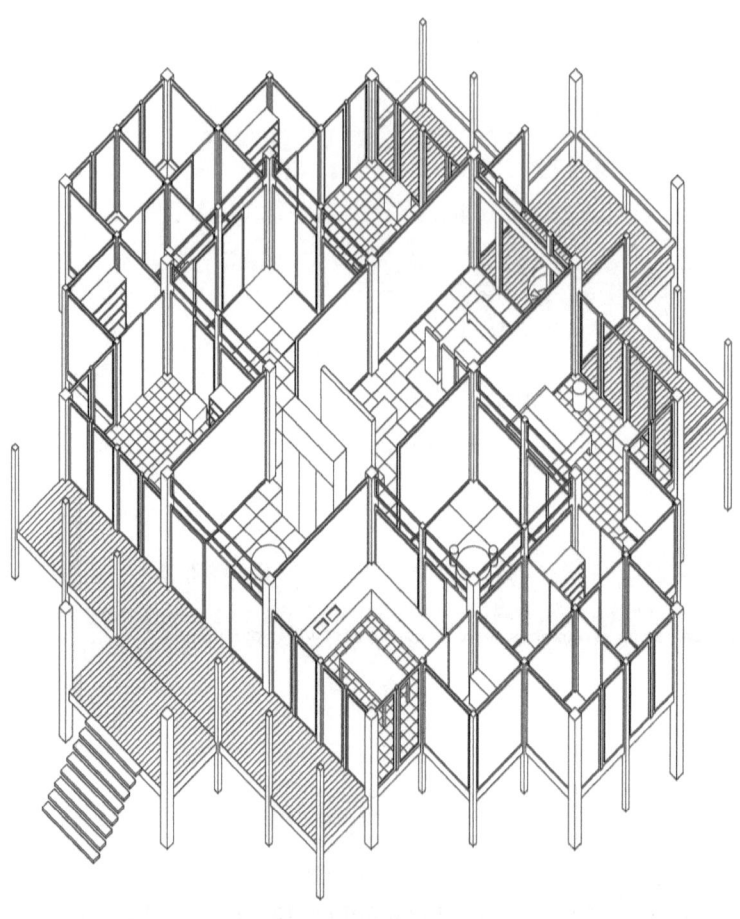

Fig. 23. **Axonometría general de la Casa Texas 1**
Planta principal de la casa separada del suelo. La fachada izquierda corresponde al ingreso principal definido por la escalera exterior y el porche transversal contínuo.

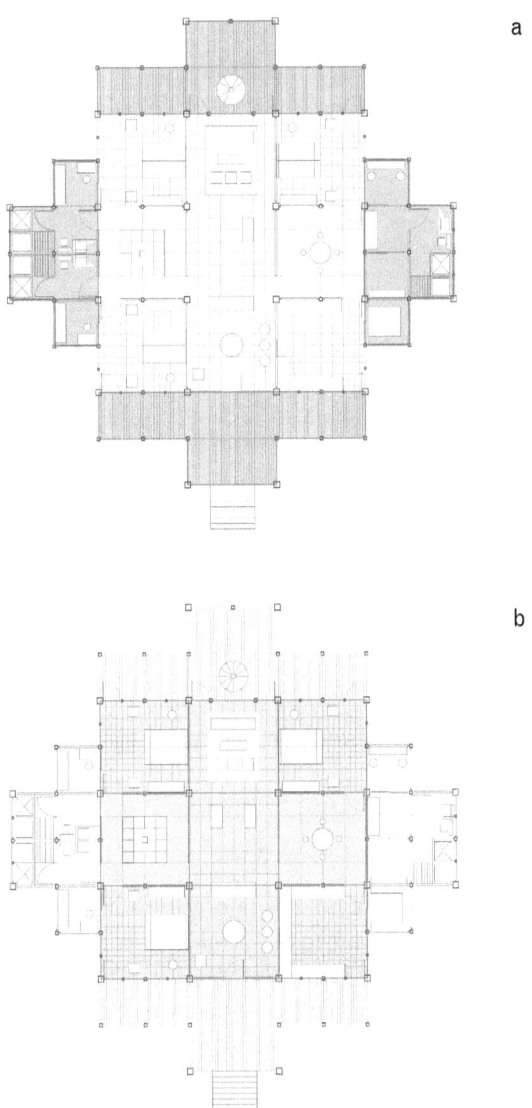

Fig. 24. **Diagrama de las dos agrupaciones de módulos de la Casa Texas 1**

(a) Módulos exteriores de tamaño en relación proporcional con los módulos interiores. (b) Los módulos interiores de tamaño "completo", que conforman el esquema de los nueve cuadrados.

Texas House 1, diagramas de configuración por módulos en la Casa Texas 1 – basado en el plano "DR1998 0047 003 002" (Centro Canadiense de Arquitectura), Fuente: Elaboración propia.

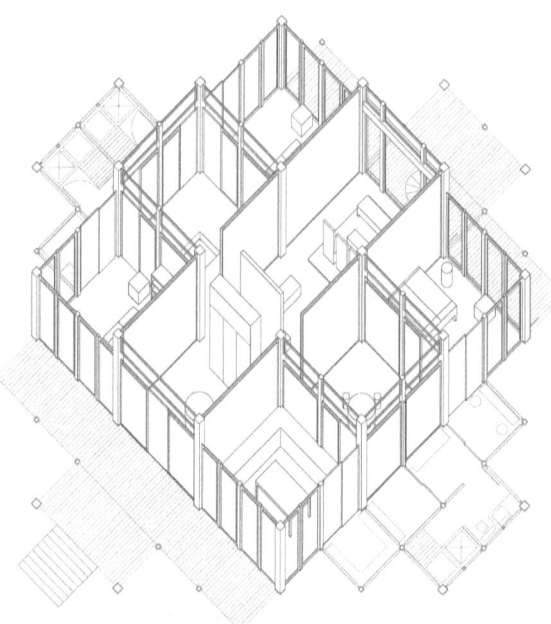

FIG. 25. **Espacios correspondientes a los nueve cuadrados en la Casa Texas 1**
Texas House 1, diagramas de espacios correspondientes a los nueve cuadrados en la Casa Texas 1 – basado en el plano "DR1998 0047 003 008" (Centro Canadiense de Arquitectura), Fuente: Elaboración propia.

En esta planta general es evidente la organización programática. En los módulo interiores, en los nueve cuadrados, están dispuestas las actividades principales de la casa. Tres módulos esquineros corresponden con las habitaciones mientras que el cuarto módulo está ocupado por la cocina.

En los módulos localizados sobre los ejes centrales están dispuestas las actividades sociales. El espacio central lateral izquierdo, entre las dos habitaciones esquineras, corresponde con la sala de estar. El espacio lateral derecho, entre la habitación esquinera y la cocina, alberga el comedor. Frente al ingreso principal de la casa está el vestíbulo, y sobre el mismo eje, frente al acceso posterior, el salón, identificable por la presencia de los sofás y la delimitación en el suelo del tapete. A diferencia

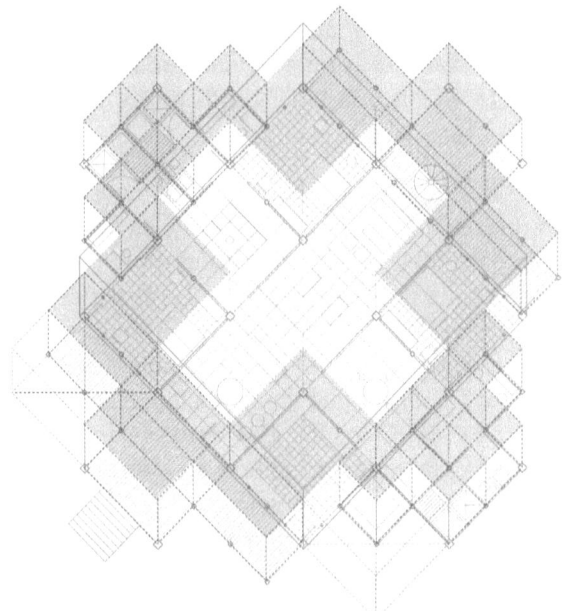

Fig. 26. **Nueve cuadrados y piezas secundarias, Casa texas 1**
Texas House 1, diagramas de espacios correspondientes a los nueve cuadrados en la Casa Texas 1 – basado en el plano "DR1998 0047 003 008" (Centro Canadiense de Arquitectura), Fuente: Elaboración propia.

de los otros espacios pertenecientes a los módulos internos, el vestíbulo y los salones dispuestos sobre el eje central no están delimitados por paneles divisorios en sus cuatro caras. El salón no tiene división con respecto el espacio central de la casa, y el vestíbulo de ingreso está delimitado en su cuarta cara por un mueble exento. Este mueble junto con un panel divisorio, también exento, configuran un paso de circulación transversal entre la sala de estar y el comedor. Circulación que, por la posición del panel divisorio, pasa tangencialmente al centro geométrico de la casa. Este, el centro, permanece vacío.

Los espacios externos al esquema central de los nueve cuadrados no completan, en dimensiones, la totalidad de uno de los módulos del interior (Fig. 26). Estos espacios están en estricta relación proporcional con los módulos interiores, completando medio módulo para la logia de acceso y galerías posteriores, y un cuarto de módulo para los servicios localizados en las fachadas laterales, junto con los estudios anexos a las habitaciones de las esquinas.

A pesar de esta diferencia en el tamaño de los módulos dependiendo de su posición relativa a los nueve cuadrados, en la planta de la *Casa Texas 1* el tratamiento de los elementos constructivos[27] presenta una condición isotrópica. Es decir, en la planta, la disposición de los elementos como columnas, paneles divisorios, dilatadores metálicos (usados entre columnas y paneles) y el posicionamiento de elementos verticales de menor tamaño sigue la misma lógica independiente de la dirección que este ocupe. Todos los elementos verticales; columnas, columnas intermedias de menor tamaño y elementos verticales de subdivisión de las ventanas están dispuestos en el límite entre dos módulos espaciales. Localizados exactamente en el punto medio de ese límite. Ventanas, puertas y paneles divisorios están articulados a estos elementos verticales mediante dilatadores metálicos.

La organización de los elementos verticales de diferentes tamaños es, nuevamente, coherente con la posición que ocupan estos elementos frente a la retícula de los nueve cuadrados (Fᴵɢ. 27). De esta manera en la *Casa Texas 1* están definidas las tres posiciones de colocación de los elementos verticales.

Las columnas posicionadas en los límites de los módulos espaciales de tamaño completo, es decir del tamaño de los módulos que conforman los nueve cuadrados (marcados en el diagrama con la letra "A"). Las columnas de menor tamaño, exactamente la mitad del área de las columnas "A", ocupan, consecuentemente, los puntos marcados por la

---

[27] Hejduk describe los materiales de la casa Texas 1 de la siguiente manera: "Sistema de columna-viga-panel. Luz de mayor dimensión: dieciséis pies, o.c. Estructura: armazón de acero. Armazón de acero pintado de blanco. Armazón de paneles pintado de gris. Centro de los paneles pintados de blanco, casi gris. Centro de los paneles también de vidrio, translúcido y transparente. Madera también utilizada." (traducción por el autor) "John Hejduk, "Introduction to the Texas Catalogue", en *Mask of Medusa: Works 1947-1983*, ed. Kim Skapich, 1a ed. (New York: Rizzoli International Publications, 1985), 39–43.p.42.

división a la mitad de los módulos completos (estos elementos están marcados en el diagrama con la letra "B")[28]. Repitiendo el proceso de subdivisión, el tercer elemento vertical, y el de menor tamaño, está colocado en el sitio correspondiente con la subdivisión de un cuarto del módulo, la mitad de la mitad. Este último elemento es usado exclusivamente como parte de la ventanería (y está marcado en el diagrama con la letra "C"). Todos los elementos verticales están organizados mediante la utilización de la estructura abstracta de la *taxis*, que determina no solo la ubicación de estos elementos en el espacio sino también su dimensión relativa.

Mientras que la posición y dimensión de los elementos verticales sigue una lógica independiente de la dirección de las piezas e independiente del hecho de que su posición esté en el interior del esquema formal de los nueve cuadrados la altura de estos elementos presenta una variación: la diferenciación de dos alturas de la cubierta (Fig. 28). Lo cual permite diferenciar la organización de los módulos internos y externos. Los módulos de los nueve cuadrados, los interiores, están inscritos dentro de los límites del plano horizontal de mayor altura. La forma cruciforme del plano contiene los cinco módulos correspondientes con los ejes de simetría de la casa.

Para Elisa Iturbe y Peter Eisenman la sobreposición de la figura cruciforme sobre los nueve cuadrados genera una contradicción, intencionada, sobre la calificación de los espacios contenidos dentro de este esquema[29]. Mientras que todos los módulos de los nueve cuadrados son exactamente iguales en planta su posición con respecto a la figura cruciforme los diferencia.

"...en vez de cuestionar la retícula mediante la introducción de una figura anómala, la figura cruciforme sirve para crear una diferenciación entre todos los cuadrados de los nueve cuadrados...

---

[28] Sobre la continuidad de este elemento y su articulación con el suelo Hejduk hace el siguiente comentario: "Las columnas estructurales (las pequeñas) en cuanto a su penetración al suelo, son aún una pregunta abierta. Algún día volveré a estas preguntas, entre otras." (Traducción por el autor). Ibid.p.42.
[29] Peter Eisenman y Elisa Iturbe, "John Hejduk", en *Lateness*, 1a ed. (Princeton: Princeton University Press, 2020), 63–92.p.71.

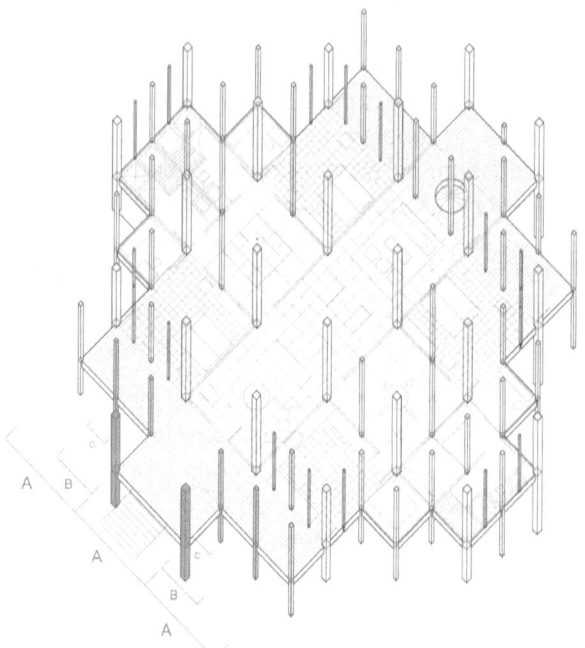

Fig. 27. **Diagrama de posición y tamaño de elementos verticales en la Casa Texas 1**
Independiente de la pertenencia de los elementos a módulos exteriores a los nueve cuadrados su posición y determinación de su tamaño sigue la misma lógica. Las columnas de mayor tamaño están espaciadas la longitud total de los módulos. A partir de las mitades de estas distancias están posicionados los otros elementos verticales. Marcando los siguientes ritmos; módulo completo, medio y un cuarto de módulo.

Texas House 1, diagrama explicativo de posición y tamaño de elementos verticales en la Casa Texas 1 – basado en el plano "DR1998 0047 003 008" (Centro Canadiense de Arquitectura), Fuente: Elaboración propia.

"Dada estas lecturas, no sería difícil argumentar que las Casas Texas cuestionan los supuestos modernos sobre el espacio cartesiano al realizar contradicciones posibles dentro de esa misma lógica."[30]

[30] "...rather than challenging the grid through the introduction of an anomalous figure, the cruciform serves to create differentiation between each square of the nine-square... Given these readings, it would not be difficult to argue that the Texas Houses challenge the modernist assumptions of Cartesian space by making contradictions possible within its logic." (traducción por el autor).Ibid.p.71.

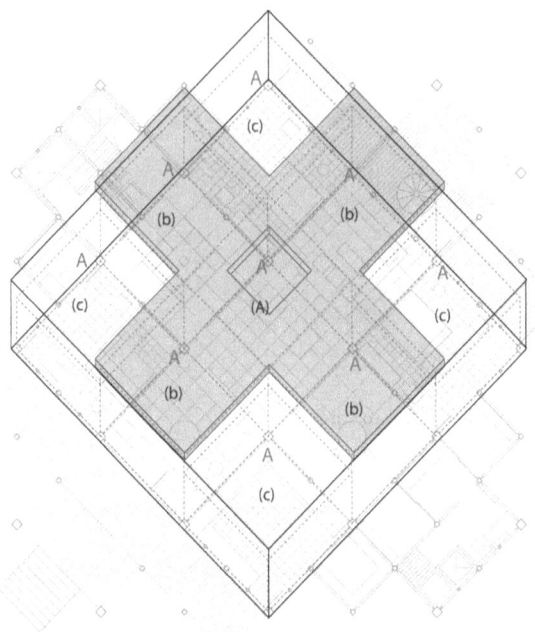

Fig. 28. **Diagrama de variación de altura de la cubierta en la Casa Texas 1**
Texas House 1, diagrama de variación de altura de la cubierta en la Casa Texas 1 – basado en el plando "DR1998 0047 003 008" (Centro Canadiense de Arquitectura), Fuente: Elaboración propia.

Si bien es cierta la diferenciación cualitativa de los módulos internos por su posición frente a la figura cruciforme y que esto problematiza la idea homogeneidad del espacio[31], referida por Iturbe y Eisenman, como "espacio cartesiano", existe otra diferencia dentro de estos mismos módulos: la continuidad y direccionalidad del espacio dentro de la figura cruciforme (Fig. 29).

---

[31] Branko Mitrović, "Leon Battista Alberti and the Homogeneity of Space", *Journal of the Society of Architectural Historians* 54, núm. 2 (1995): 228–32, doi:10.2307/990969.

Fig. 29. **Diagrama de continuidad y direccionalidad del espacio en la Casa Texas 1**
A pesar de la presencia del mueble exento en la recepción, y del panel divisorio del espacio central existe una evidente continuidad y direccionalidad espacial en los espacios correspondientes con el eje central de la Casa Texas 1. Mientras que en los módulos centrales laterales todos los paneles divisorios son interrumpidos en altura por el triforio en los módulos laterales estos elementos son continuos de piso a techo.

Texas House 1, diagrama de continuidad y direccionalidad del espacio en la Casa Texas 1 – basado en el plano "DR1998 0047 003 008" (Centro Canadiense de Arquitectura), Fuente: Elaboración propia.

Los módulos centrales tienen una condición homogénea en planta; sin embargo, los paneles, o muros, entre columnas tienen un tratamiento diferente a los presentes en los módulos laterales. En estos tres módulos centrales los muros son continuos de piso a techo, y que a diferencia de los módulos laterales en donde estos son interrumpidos a la altura del plano horizontal de menor altura, formando triforios[32]. Los muros continuos están dispuestos en la dirección de movimiento entre los accesos de la casa. La continuidad del movimiento prima por encima del reconocimiento del espacio central.

La exploración de la relación entre la continuidad espacial y el reconocimientos del espacio central estuvo presente en el desarrollo de la casa inclusive antes de la solución por la figura cruciforme. Uno de los bosquejos, no fechado, del proceso de desarrollo de la Casa Texas 1 presenta una vista aérea. Son reconocibles algunas de las características ya mencionadas de la casa; la escalera exterior seguida de la logia de ingreso y también el esquema de los nueve cuadrados, que en el dibujo está enfatizado por trazos sobre la cara superior del volumen. En la cara superior del volumen es evidente la diferencia con respecto a la versión final de la casa. La variación en altura de la cubierta está contenida únicamente por tres de los módulos dispuestos en el eje central de la casa. El eje que contiene esta variación es transversal con respecto a la dirección de ingreso. El esquema de alzado o corte, situado en la parte inferior de la misma hoja, confirma esta solución.

En la *Villa Almerico*, mejor conocida como la *Villa Rotonda*, de Andrea Palladio existe una condición análoga en la organización de la planta. Trabajando con el mismo esquema de los nueve cuadrados Palladio modifica la dirección de los espacios interiores dando prioridad en un sentido de la planta (Fig. 30). Esto es evidente en dos condiciones presentes en la Villa palladiana[33]. Los salones esquineros no conforman cuadrados en planta. La proporción de estos espacios permite entenderlos como espa-

---

[32] "Galería que corre sobre las naves laterales de una iglesia." Definición tomada de: D. Ware y B. Beatty, *Diccionario Manual ilustrado de arquitectura*, ed. y trad. Joaquín Gili y Manuel Company, 9a ed. (Barcelona, España: Gustavo Gili, 2014).

[33] Ver: Eisenman, Peter, y Matt Roman. "The Classical Villas". En Palladio Virtuel, 1a ed., 34–116. New Haven: Yale University Press, 2015.

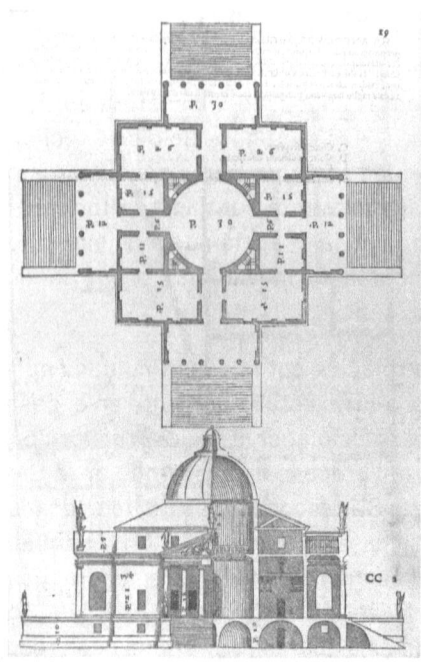

Fig. 30. **Villa Almerico (Rotonda), Andrea Palladio**
A pesar de la equivalencia de las cuatro fachadas el interior de la casa presenta modificaciones en la dirección de los espacios esquineros y en el tamaño de las circulaciones correspondientes con los ejes centrales. Esto permite la identificación de dos direcciones diferenciables (longitudinal, transversal) en un sistema en apariencia equivalente en ambos sentidos.

cios longitudinales. Esto, junto con la diferencia de tamaño entre las dos circulaciones centrales, permite identificar dos direcciones: longitudinal y transversal, dentro de un sistema en apariencia equivalente en ambas direcciones. Sin embargo, a diferencia de la *Casa Texas 1,* es evidente en la *Villa Rotonda* una correspondencia entre las operaciones en la planta que califican el espacio central como un espacio de permanencia, y de principal importancia para la composición, y la transversalidad del espacio central en altura, enfatizado por la utilización de la cúpula.

En la *Casa Texas 1* el centro no está reconocido como el espacio fundamental de la composición. Tampoco es reconocido como un espacio de permanencia, por lo contrario, la continuidad de los elementos y la direccionalidad del espacio es enfatizada. Es notable, entonces, que en la planta inferior el centro está ocupado (Fig. 31). En esta planta únicamente están presentes los elementos verticales y el espacio central cerrado. No existe ninguna indicación acerca de la ocupación de ese espacio central aparte del posicionamiento de la puerta, también correspondiente con el eje de simetría. Este único espacio delimitado, sus aristas, sus bordes corresponden con los ejes estructurales, lo cual elimina su expresión en los cortes o en los alzados (Fig. 32). La presencia de este espacio de permanencia en la planta inferior significa que la dirección, enfatizada en la planta principal de la Casa Texas 1, culmina el recorrido en el centro ocupado inferior. Efectivamente, el centro es exterior (Fig. 33).

El centro está establecido por dos condiciones contrarias, por un lado, ignorado en la disposición direccionada de la planta principal de la casa, y por otro lado materializado y ocupado en la planta inferior, por lo demás vacía. El centro es exterior al desarrollo de la casa. Hejduk parece contradecir esa vieja frase de Alberti, "la parte más noble de una casa, por ejemplo, no debe dejarse olvidada en una esquina."[34]

En conclusión, aunque sea evidente la utilización del principio de *taxis* como un sistema que afecta la totalidad del proyecto, presente en la utilización de los trazados que ordenan los elementos de la casa, en la organización simétrica (tanto programática como formal) en ambas direcciones de la casa. Y en la utilización del esquema de los nueve cuadrados como una materialización específica del principio de *taxis*. La direccionalidad del espacio como una operación que se sobrepone a la homogeneidad de los nueve cuadrados, así como el tratamiento del centro problematiza la coherencia organizativa del sistema formal. Es un sistema vacío de contenido.

---

[34] "the most noble part of the house, for example, should not be left in some forgotten corner." (Traducción por el autor). Alberti, "Book One: Lineaments".p.23.

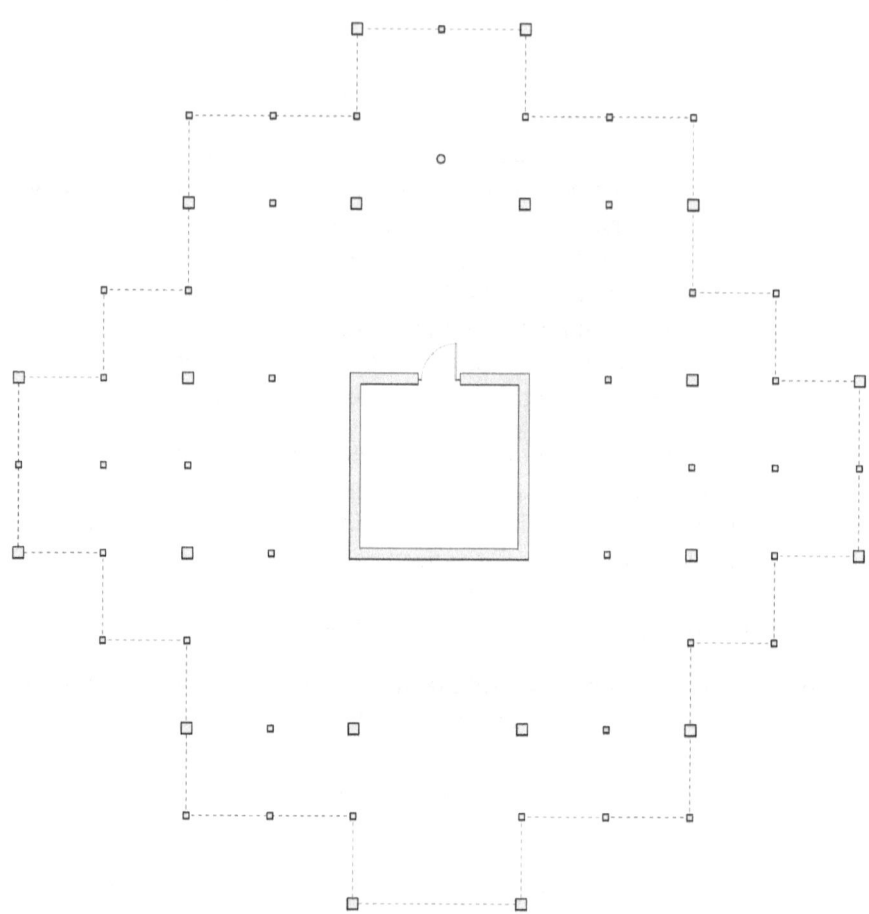

Fig. 31. **Planta inferior Casa Texas 1**

Únicamente están representados los elementos verticales y el espacio central cerrado. Los elementos verticales presentes son los correspondientes a las distancias de módulos completos y medio módulo.

Imagen: Texas House 1, planta sótano – basado en el plano "DR1998 0047 003 001" (Centro Canadiense de Arquitectura), Fuente: Elaboracion propia.

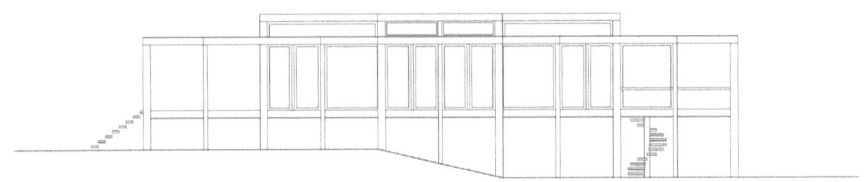

Fig. 32. **Alzado lateral, Casa Texas 1**
Texas House 1, alzado lateral Casa Texas 1 – basado en el plano "DR1998 0047 003 008" (Centro Canadiense de Arquitectura), Fuente: Elaboración propia.

> "El cuerpo no está conformado por una parte sino por muchas...Ahora, son muchas las partes, pero el cuerpo sólo uno."
>
> Corintios I 12 17

Orden en la disposición de las partes

La relación entre las partes en Aristóteles y Alberti

La *taxis*, u ordenación, establece el sistema de orden interior de la arquitectura; pero también establece la lógica de relación de las partes que constituyen una obra arquitectónica. Esta necesidad de mantener relaciones claras entre las partes está en el origen de la *taxis*. Aristóteles lo dice, nuevamente, en la *Poética*:

"Es entero lo que tiene principio, medio y fin" y continua más adelante "... puesto que lo bello, tanto en un animal como cualquier cosa compuesta de partes, no sólo debe tener orden en éstas, sino también una magnitud que no puede ser cualquiera; pues la belleza consiste en magnitud y orden..."[35]

---

[35] Aristóteles, "Sobre la fábula o la estructuración de los hechos".p.152.

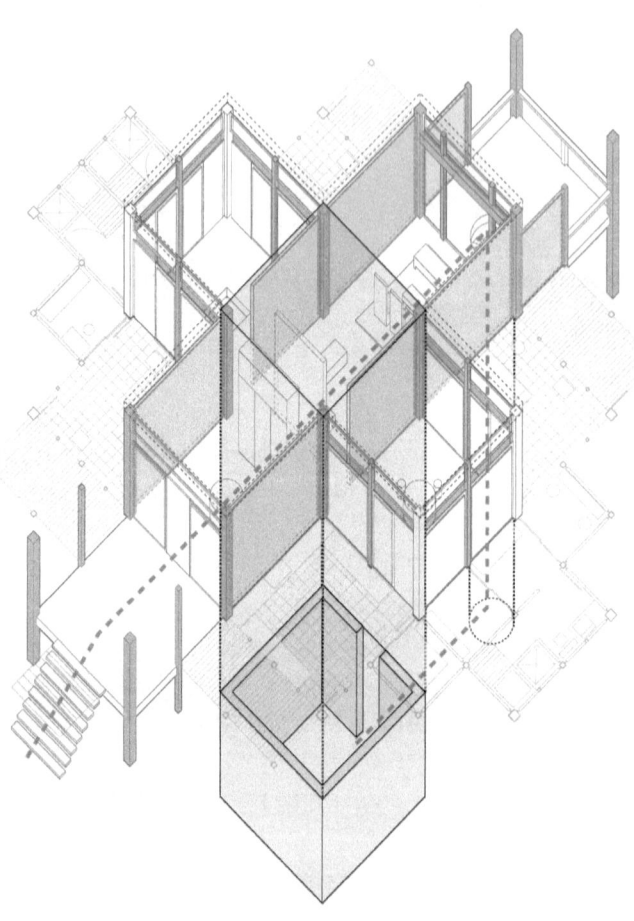

Fig. 33. **Diagrama de continuidad espacial y centro inferior ocupado**
Texas House 1, Diagrama de continuidad espacial y centro inferior ocupado. Casa Texas 1 – basado en el plano "DR1998 0047 003 008" (Centro Canadiense de Arquitectura), Fuente: Elaboración propia.

El orden entre las partes al que se refiere Aristóteles tiene una característica importante: no está enfocado en las particularidades de cada una de las piezas sino en la relación de las partes con las partes subsecuentes. Todas estas partes, además, están regidas por el rol que tienen en la conformación del todo. En todas las definiciones acerca de las relaciones de las partes este aspecto es recurrente. De la totalidad subdividida son definidas las partes. Alberto Pérez-Gómez señala precisamente este aspecto del pensamiento aristotélico y su influencia en Vitruvio cuando dice:

"En su Las partes de los animales, Aristóteles reconoce el disgusto sentido por el individuo cuando un cuerpo humano es disecado, pero insiste en que la sangre, la carne y el hueso no son el tema de la anatomía. El anatomista no está enfocado en las cosas inmediatamente sensibles del cuerpo, sino en buscar el diseño intencionado de la Naturaleza (theôria). El primer libro de Vitruvio (continua Pérez-Gómez) identifica la theôria del médico con la del arquitecto y declara que esto es lo que el cuerpo visible de la arquitectura significa."[36]

Esta idea no tiene una influencia únicamente en Vitruvio. La definición de partes, su posición y las relaciones entre ellas es uno de los elementos del Lineamenta más importantes para Alberti. Él describe esta operación bajo el principio del Partitio. dice Alberti en el capítulo 9 del Libro 1 de *Re Aedificatoria*.

"Todo el poder de la invención, todas las habilidades y experiencia en el arte de la construcción son necesarias en el partitio...el partitio divide la totalidad del edificio en partes desde la que es articulado, integra todas las partes al componer las líneas y ángulos en una única y armoniosa obra..."[37]

---

[36] "In his On the Parts of Animals, Aristotle acknowledges the disgust one experiences when the human body is dissected, but insists that blood, flesh, and bone are not what anatomy is about. The anatomist does not focus on the immediately sensible stuff of the body, but instead seeks Nature´s purposive design (theôria). The first book of Vitruvius´s treatise identifies the theôria of the physician with that of the architect and declares that this is what the visible body of architecture signifies." (Traducción por el autor). Alberto Pérez-Gómez, "Eros and Limits", en *Built upon Love: Architectural Longing after Ethics and Aesthetics*, 1a ed. (Cambridge, Massachusetts: MIT Press, 2006), 31–68.p.45.
[37] " All the power of invention, all the skill and experience in the art of building, are called upon in compartition; compartition alone divides up the whole building into the parts by which it is articulated, and integrates its every part by composing all the lines and angles into a single, harmonious work that respects utility, dignity and delight." (Traducción por el autor). Alberti, "Book One: Lineaments".p.23.

Según Alberti la condición de unidad de la obra arquitectónica[38] depende del todo, o que las partes, a pesar de definirse como elementos independientes, deben siempre estar supeditadas a la totalidad. Esto es algo fundamental en la discusión acerca de las relaciones de las partes en una obra arquitectónica.

El *partitio* es el tercer elemento de la arquitectura descrito por Alberti en su capítulo sobre la *Lineamenta*. Le preceden el *area* (área o delimitación) y el *regio* (región). Esta organización de los elementos por Alberti no es casual. Pues como señala Joaquín Arnau Amo toda la arquitectura clásica proviene de afuera hacia dentro[39]. Como en la decisión de la utilización del esquema formal de los nueves cuadrados, "La primera decisión concierne al todo: todas las partes derivan de él."[40]

Para Alberti el problema de la relación entre las partes conlleva el fundamento de unos los conceptos más importantes de su teoría, el *concinnitas*. Para Anthony Grafton el *Concinnitas* puede resumirse precisamente así; como la harmonía de la parte con el todo[41].

Alberti desarrolla el concepto de *concinnitas* en el capítulo 5 del noveno libro de su tratado, cuando se propone hablar de todos los tipos de belleza y ornamento.

"Que los tres componentes principales de toda la teoría por la cual nos preguntamos son el número (numerus), lo que podríamos llamar contorno (finitio) y la posición (collocatio). Pero surgiendo de la composición y co-

---

[38] Sobre un pasaje similar de otro tratado de Alberti, *Della Pittura*, Franco Borsi señala la clara influencia del filósofo neoplatónico Plotino. E incluye un pasaje pertinente del filósofo: "La idea, entonces, coordina el futuro objeto compuesto de varias partes hacia una unidad, lo reduce a una totalidad coherente, y finalmente crea esta unidad mediante correspondencias. Dado que la idea es una, también el objeto informado por esta debe serlo, en cuanto sea posible, dado que consiste de una multiplicidad. Y, por lo tanto, la belleza reside en la cima de este objeto reducido a una unidad, que se desborda hacia cada una de sus partes y del todo." Plotinus, "Enneade I, 11-12", en *Enneadi* (Bari, 1947), 100. Citado en: Borsi, Franco. Leon Battista Alberti: The Complete Works. 1a ed. New York: Electa, Rizzoli, 1989.p.200.
[39] Arnau-Amo, "Los 'lineamenta'".p.49.
[40] Ibid.p.49.
[41] Anthony Grafton, *Leon Battista Alberti: Master Builder of the Italian Renaissance*, 1a ed. (Cambridge, Massachusetts, EE.UU.: Harvard University Press, 2000).p.16.

nexión de estos tres existe una cualidad adicional, en la cual la belleza brilla de cuerpo entero: nuestro término para esto es concinnitas...Es el deber y objetivo del concinnitas componer partes que sean distantes en naturaleza, a partir de una regla precisa, a manera de que se correspondan unas con las otras en apariencia...Todo lo que la naturaleza produce es regulado por el concinnitas, y su principal cometido es que cualquier cosa que produzca ha de ser absolutamente perfecto...Si esto es aceptado, déjanos entonces concluir. La belleza es una forma de simpatía y consonancia entre las partes de un cuerpo, de acuerdo con el número definitivo, al contorno y la posición, como es dictado por la concinnitas, la regla fundamental y absoluta de la Naturaleza."[42]

A pesar de la complejidad del concepto de Alberti lo que es importante señalar es la relación inseparable de la armonía entre las partes como único método de lograr la perfección. El propósito de esta investigación no es ahondar sobre el problema del *concinnitas*, pero es importante señalar como uno de los conceptos fundamentales de la teoría albertiana tiene como fundamento la armonía de las partes con el todo.

Tanta es la fuerza e insistencia de la concepción del todo que la tautología es la expresión inequívoca de la *taxis*, y por ende de las relaciones entre partes.[43] Un monolito sin subdivisiones. Cualquier intento por descomponer esta unidad termina en la pieza original, o en otras palabras *la obra (a)* está compuesta de *(a)*. Esta obra compuesta únicamente de una pieza ho-

---

[42] "That the three principal components of that whole theory into which we inquire are number (numerus), what we might call outline (finitio), and position (collocatio). But arising from the composition and connection of these three is a further quality in which beauty shines full face: our term for this is concinnitas...It is the task and aim of con-cinnitas to compose parts that are quite separate from each other by their nature, ac-cording to some precise rule, so that they correspond to one another in appear-ance....Everything that nature produces is regulated by the law of concinnitas, and her chief concern is that whatever she produces should be absolutely perfect...If this is accepted, let us concludo as follows. Beauty is a form of sympathy and consonance of the parts within a body, according to definite number, outline, and position, as dictated by concinnitas, the absolute and fundamental rule in Nature." (Traducción por el autor). Leon Battista Alberti, "Book Nine: Ornament to Private Buildings", en *The Art of Building in Ten Books*, ed. y trad. Joseph Rykwert, Neil Leach, y Robert Tavernor, 2a ed. (Cambridge, Massachusetts: MIT Press, 1988), 291–319.p.302.303.

[43] Tzonis y Lefaivre, "Taxis: The Framework".p.14.

mogénea no corre ningún riesgo de contradecir la *taxis*⁴⁴. Alexander Tzonis y Liane Lefaivre representan esta idea con la imagen del cubo y afirman;

*"Es en sí mismo; no contiene elementos que puedan contradecirlo. Puede representarse como un cubo indiviso. Este patrón formal inicial ha fascinado a arquitectos durante siglos quienes se adhieren al clasicismo como el esquema de división coherente por excelencia. Puede justificadamente ser visto, sin embargo, como trivial en su simpleza obsesiva, como ha sido considerado muchas veces en la historia."*⁴⁵

Indivisibilidad exterior en una casa de Ledoux

Para el arquitecto del siglo XVIII Claude Nicolas Ledoux la potencia de una arquitectura entendida como un bloque indiviso no era trivial.

En la *Casa de los guardas agrícolas* presentada en la lámina 254 del tratado de arquitectura de Ledoux⁴⁶, existen dos condiciones en apariencia contradictorias. El exterior de la casa es una esfera sólida, que aparte de las aperturas de los ingresos, no tiene ningún tipo de subdivisión, pero frente a esta indivisibilidad exterior, el interior de la casa es presentado con todas las categorías de organización y subdivisión en partes, además de la utilización del esquema de los nueve cuadrados.

Cada una de las obras presentadas en el tratado de Ledoux, *La arquitectura considerada en relación con el arte, las costumbre y la legislación*⁴⁷

---

⁴⁴ Ibid.p.14.
⁴⁵ "It is itself; it contains no element that can contradict it. It can be pictured as an undivided cube. This initial form pattern has for centuries fascinated architects who espouse classicism as the par excellence coherent division scheme. It can justifiably be seen, however, as trivial in its simple single-mindedness, as it has many times in history." (Traducción por el autor). Ibid.p.14.
⁴⁶ Claude Nicolas Ledoux nace el 27 de marzo de 1736 en "una aldea del valle de Marne, Dormans", Francia y muere el 19 de noviembre de 1806 en París. Sobre la vida de Ledoux y el desarrollo de su obra véase: Vidler, Anthony. Ledoux. Traducido por Juan Calatrava. 1a ed. Madrid, España, España: Ediciones Akal, 1994.
⁴⁷ Título original: L'Architecture. Considérée sous la rapport de l'art, des moeurs et de las Législation. Versión en castellano: Ledoux, Claude-Nicolas. La arquitectura considerada en relación con el arte, las costumbre y la legislación. Traducido por Noëlle Boer, Rosina Lajo, y Victoria Frigola. 1a ed. Madrid, España, España: Ediciones Akal, 1994.

Fig. 34. **Casa de los guardas agrícolas, perspectiva, plancha 254, Ledoux.**

van acompañadas por comentarios y explicaciones del autor. Pero esto sólo existe para las primeras 125 láminas que componen el primer tomo, el único terminado antes de la muerte del arquitecto. Las láminas restantes, entre las que se encuentra la *Casa de los guardas agrícolas,* fueron recogidas por Daniel Ramee y publicadas en nuevas ediciones del tratado desde el año 1847[48] Es decir que esta obra está explicada únicamente con los dibujos contenidos en la lámina 254. Esta incluye una perspectiva, un alzado junto con un corte, y tres plantas.

En la perspectiva la casa es presentada en su entorno rural (Fig. 34). El volumen esférico de la casa está ubicado en el interior de una excavación realizada sobre el terreno[49]. Por la ortogonalidad de esta excavación

---

[48] Rosina Lajo, "Presentación editorial", en *La arquitectura considerada en relación con el arte, las costumbres y la legislación*, 1a ed. (Madrid, España: Ediciones Akal, 1994), 1–2.
[49] Anthony Vidler comenta sobre la forma de la *Casa de los guardas agrícolas* que su forma circular representa la universalidad de su vigilancia. Mientras que la apertura de doble altura asociada con la chimenea central tenía un propósito de generación de comunidad en torno al fuego. Además, comenta como la composición de la perspectiva, con la presencia de la casa rural tradicional, a la izquierda, la esfera, a la derecha, y el sol naciente en la esquina superior izquierda, muestra una influencia de la tradición y símbolos masones.

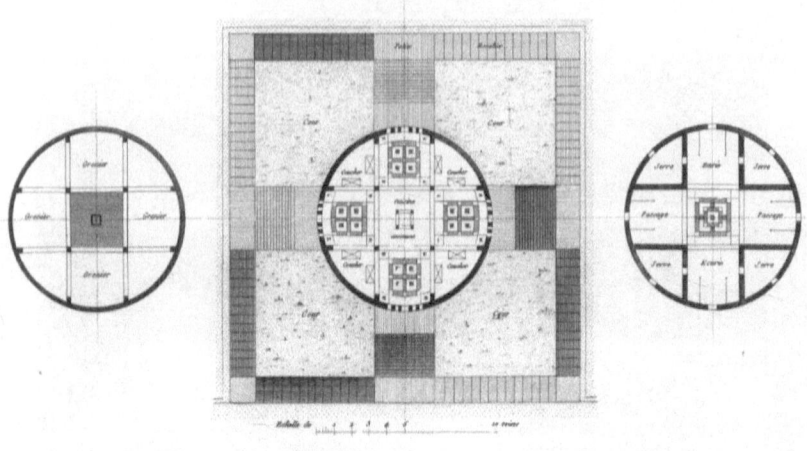

Fig. 35. **Casa de los guardas agrícolas, plantas, plancha 254, Ledoux.**
En las tres plantas el centro es reconocido como el espacio más importante de la composición, evidente por el posicionamiento de la cocina. Pero no hay ninguna variación a las reglas de la composición espacial. A pesar del reconocimiento de la actividad dispuesta en este espacio como actividad "central" de la casa esta condición no modifica la lógica de subdivisión espacial del interior.

junto con la expresión gráfica del grabado sabemos que esta delimitación del terreno es una operación inseparable de la lectura de la casa.

Las tres plantas presentan el funcionamiento interno de la obra (Fig. 35). La primera planta, localizada en la zona inferior izquierda de la plancha, corresponde con la planta superior. Los espacios dispuestos sobre los ejes centrales están denominados como "áticos", o *grenier* en el francés original, y son los únicos espacios nombrados en la planta.

En la planta central, correspondiente con el nivel de acceso de la casa, está definida la relación del interior, del interior de la esfera, con el patio excavado y subsecuentemente con el exterior rural de la casa. El interior está definido por el esquema formal de los nueve cuadrados. Los módulos esquineros, están fuertemente deformados por la forma circular de la

Véase: Vidler, Anthony. "Arquitectura agronómica". En Ledoux, traducido por Juan Calatrava, 1a ed., 127–32. Madrid: Ediciones Akal, 1994.p.132.

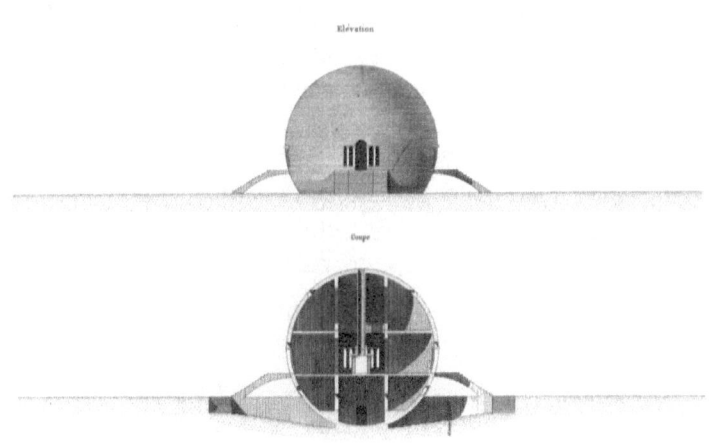

FIG. 36. **Casa de los guardas agrícolas, alzado y corte, plancha 254, Ledoux.**

planta. Estos espacios han sido designados como los dormitorios, nombrados en la planta como "coucher". Por otra parte, el espacio central está ocupado por la cocina, cuya chimenea es prolongada verticalmente hasta el borde superior de la casa, lo que significa que el aparente espacio central vacío de la planta superior está ocupado por este elemento.

Cuatro escaleras, todas sobre los ejes centrales, conectan el interior de la planta con los bordes excavados del sitio. Es interesante como la colocación de estas cuatro escaleras generan una subdivisión del patio exterior en cuatro espacios. Cada una de las escaleras corresponde con las líneas que determinan la colocación de las subdivisiones internas de la casa, es decir que, aunque el exterior de la *Casa de los guardas agrícolas* no presente subdivisiones, estas determinan la definición y posición de elementos externos. Además, estas cuatro escaleras determinan cuatro patios en esta planta, mientras que el interior de la casa mantiene una lectura clara de los nueve cuadrados.

La presencia de los nueve cuadrados no está limitada únicamente a la planta, en el corte de la casa es evidente la utilización de este mismo esquema formal (Fig. 36). Como en la planta, son los módulos esquineros que absorben la deformación causada por la forma circular. Son los espacios de los ejes centrales que mantienen mayor importancia, y también, como en la Villa Rotonda de Palladio, existe una transversalidad vertical en el espacio central. Así mismo, la chimenea central es continua, el espacio alrededor de esta es vaciado, hasta el borde superior de la casa. La rigurosidad geométrica utilizada por Ledoux en desarrollo de esta casa y en su arquitectura en general han llevado a muchos, como Hubert Damisch, considerar su obra como un momento de quiebre. Quiebre de la tradición de las *metáforas orgánicas*, y sobre esto dice Damisch:

"Y no es sólo que la marcada preferencia de Ledoux por las más simples configuraciones estereotómicas regulares – el cubo, la pirámide, el cilindro, la esfera – vaya en ese mismo sentido; es como si se hubiera propuesto, en ese momento, inicial, conectar con el primer conocimiento, como diría Husserl, del cual nació la geometría, y que suponía que el hombre griego había conseguido, a base de habilidad técnica, desligar ciertas formas puras de su consolidación corpórea para llevarlas a su punto de perfección, en función de especificaciones apropiadas para instruir el espíritu geométrico...El mismo proceso de autonomización de la forma se traduce, si atendemos al registro de los miembros de la arquitectura, en el rechazo de todo antropomorfismo así como de las metáforas orgánicas y, en general, de la imitación, empezando por la de los monumentos del pasado."[50]

No todos han visto en la casa de los guardias agrícolas un cambio importante sobre la relación entre la organización interior de las partes y la forma exterior. Hans Sedlmayr, quien podría entrar en la categoría de aquellos para quienes las exploraciones entre la totalidad y sus subdivisiones son triviales, mencionada más arriba. Al hablar sobre la crisis que implica la utilización de formas abstractas "no arquitectónicas", ve en la *Casa de los guardias agrícolas* una de las "monstruosidades"[51] de la modernidad producto de la abstracción en arquitectura. Sobre esta casa afirma Sedlmayr:

---

[50] Hubert Damisch, "Prólogo a la edición francesa: Ledoux con Kant", en *De Ledoux a Le Corbusier: origen y desarrollo de la arquitectura autónoma*, trad. Reinald Bernet, 2a ed. (Barcelona: Gustavo Gili, 1982), 9–20.p.12-13.
[51] Hans Sedlmayr, *Art in Crisis: The Lost Center*, trad. Brian Battershaw, 3a ed. (New York, EE.UU.: Routledge, 2017).p.98.

"Tal radical forma nueva, por ejemplo, es inherente a la idea de utilizar una esfera como la forma básica para la totalidad de una casa. La mayoría han tratado esta noción como nada más que una mala broma o una pieza de locura ordinaria, mientras que los más caritativos han visto en ello un "experimento con la forma" (en esta investigación nos contamos entre los "más caritativos") *...por lo tanto, la esfera cuando es usada como la forma de un edificio es una forma crítica que...es un síntoma de una profunda crisis tanto en arquitectura como de toda la vida del espíritu humano."*[52]

La crisis a la que se refiere Sedlmayr radica fundamentalmente en la negación de estas propuestas de arquitectura a una relación "estable" con el suelo, la utilización de la esfera para la forma de una casa reduce la expresión de conexión de la arquitectura con el suelo a un único punto de contacto. De esta manera niega la "base en la tierra"[53], y genera una arquitectura "inestable"[54].

Lo que Sedlmayr no observó en la *Casa de los guardias agrícolas* de Ledoux es que el interior de la casa propone un sistema de organización contrario a la abstracción de la esfera exterior.

Joaquín Arnau Amo, retoma las tres definiciones de Vitruvio sobre los dibujos arquitectónicos, al hablar de la *disposición*: icnografía (lo que nosotros conocemos como planta), la escenografía (perspectiva), la ortografía que "debe el suyo a que *orthos* es, en griego, recto o derecho: esto es, lo puesto en pie." La ortografía "describe, pues, la elevación del edificio y sus frentes, que nosotros denominamos alzados. La ortografía dispone unas piezas encima de otras... Para un gramático, ortografía es recta grafía. Para un arquitecto, ortografía es grafía de lo recto. Un alzado no es ortográfico por su corrección, sino por su erección. Ostenta lo que Alberti llama la *frons aedis*. Y es el rostro del edificio."[55]

---

[52] Ibid. Citado en: Vidler, Anthony. "Neoclassical Modernism: Emil Kaufmann". En Histories of the Immediate Present: Inventing Architectural Modernism, 1a ed., 17–60. Cambridge, Massachusetts: MIT Press, 2008.p.44. Paréntesis agregado por el autor.
[53] Ibid.p.98.
[54] Ibid.p.108.
[55] Joaquín Arnau-Amo, "Disposición", en *72 voces para un diccionario de arquitectura teórica*, 1a ed. (Madrid, España: Celeste, 2000), 49–52.p.49, 50.

Fig. 37. **Corte y alzado de la Villa Almerico (Rotonda) de Andrea Palladio**
Este grabado de Bernard Picart ilustra una reedición inglesa por Giacomo Leoni.

Cuando un arquitecto desarrolla una fachada, entendida como el rostro de la edificación, como *frons aedis*, esta es también una expresión de la *taxis* de la obra, en otras palabras es una expresión del orden interno del edificio. Un ejemplo de esto es, nuevamente, la *Villa Rotonda* de Palladio (Fig. 37). En esta versión de la fachada, dibujada por Bernard Picart para una edición inglesa del tratado de Palladio, están claramente representadas tres partes que constituyen el *orden* de la casa. En primer plano están representados los pórticos de ingreso de la casa. El hecho de que el pórtico se repita en las cuatro fachadas de la casa significa que, en el dibujo del alzado, esta pieza evidencia su independencia no sólo en altura sino también por su yuxtaposición en planta con respecto a este volumen. La segunda parte reconocible en el alzado es el volumen, el cubo, correspondiente al espacio interior de la casa, y podríamos afirmar es el cuerpo fundamental de la misma. El tercer elemento presente es la cúpula que define el espacio central. La presencia de la cúpula en el alzado es importante porque demuestra la jerarquización del espacio central, no sólo en planta por la deformación circular del mismo, sino también por su apertura vertical. El alzado de la *Villa Rotonda* es una expresión coherente de la *taxis* interna de la casa.

En el alzado de la *Casa de los guardas agrícolas* existe una contraposición entre la indivisibilidad exterior de la esfera y la lógica de organización y subdivisión de la totalidad en partes expresada en el interior, tanto en planta como en alzado. Esta condición contrasta con la coherencia del orden expresada en la fachada de la Villa Rotonda. La *Casa Texas 7* presenta una condición intermedia en cuanto a la correspondencia de la lógica interna con respecto a la estructuración de las fachadas.

Inversión de la relación en la parte y el todo (*Casa Texas 7*)

La *Casa Texas 7*, a diferencia de la *Casa de los guardas agrícolas*, expresa la *taxis* interna en las fachadas. Los nueve cuadrados, que son nuevamente utilizados en la estructuración de la planta, son aplicados también para la organización en altura. (Fig. 38)[56] Acerca de este tema, comenta Hejduk: "Otra búsqueda fue el aumento de la escala visual; las fachadas exteriores plantean este problema...El programa es el de un entramado complejo de espacios. Desde el exterior pareciera que son tres pisos, pero en realidad son seis."[57] El volumen general del proyecto está definido por la disposición del mismo esquema formal de los nueve cuadra-

---

[56] Existe una diferencia entre la fachada de ingreso la Casa Texas 7, como es presentada en el libro *Mask of Medusa*, y la axonometría general dibujada por Hejduk. La posición de la chimenea no coincide en estos dos dibujos. En la axonometría el volumen superior de la chimenea está posicionado sobre el módulo central de la fachada mientras que en el dibujo de la fachada este está desplazado hacia el módulo izquierdo. Además, en la fachada, el volumen es eliminado y únicamente los tres ductos de la chimenea son representados. El dibujo de la fachada presentado acá respeta la posición de la chimenea indicada en el dibujo de la fachada presentado por Hejduk. Esta posición coincide con la posición de la chimenea como es presentada en todas las plantas de la casa. Véase: John Hejduk, *Mask of Medusa: Works 1947-1983*, ed. Kim Skapich, 1a ed. (New York City: Rizzoli International Publications, 1985). p.234-235.

[57] Hejduk, "Introduction to the Texas Catalogue".p.43.

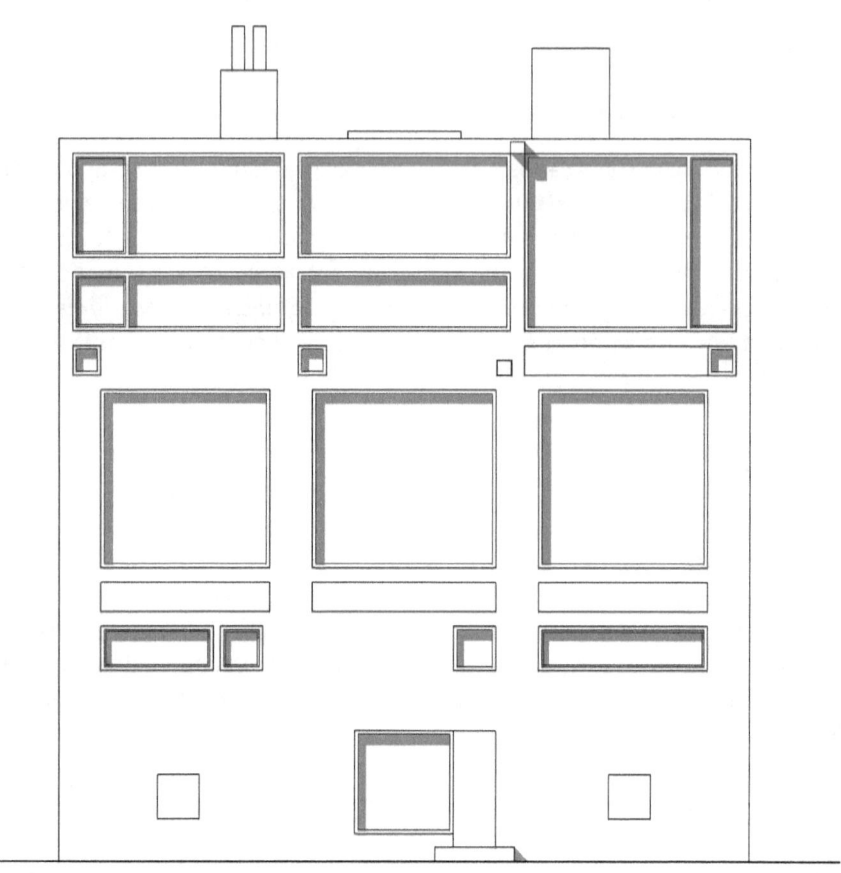

Fig. 38. **Fachada de acceso de la Casa Texas 7**
Texas House 7, Fachada de acceso Casa Texas 7 – basado en el plano "DR1998 0053 009" (Centro Canadiense de Arquitectura), Fuente: Elaboración propia.

dos, utilizado en la planta, dispuesto también en altura[58]. El alzado tiene la misma estructura reguladora que la planta, como en los esquemas realizador por Cesariano en 1521 para ilustrar la edición italiana de *Los diez libros de Arquitectura* de Vitruvio, en que usando las mismas reglas del schemata, o para Alberti del partitio, se logra una correspondencia en altura.

En la fachada de la *Casa Texas 7* hay una literalidad en la expresión de la *orthographia*[59], es decir una expresión "ortográfica" perpendicular de la misma exploración formal de la planta. Mientras que, en la ya discutida, fachada de la *Villa Rotonda* existe una expresión de la totalidad de la obra, es el *frons aedis*[60] para un volumen unitario, en la *Casa Texas 7* existe esa doble lectura, la literalidad de los nueve cuadrados en fachada. Esto pareciera asegurar la coherencia con el orden interior, pero la contradicción de este ocurre, precisamente por el desarrollo de ese interior.

La aplicación del mismo esquema formal de los nueve cuadrados de la planta, también en el alzado resulta en la conformación del volumen del proyecto como un cubo. Giulio Carlo Argan, en un comentario acerca de las *campatas* del proyecto del *Hospital de los inocentes* de Filippo Brunelleschi, habla de la importancia del espacio contenido en un cubo dentro de la cultura arquitectónica del renacimiento:

"El cubo es la imagen ideal del espacio perspectivo, por eso el espacio vacío contenido en cada campata es, teóricamente, todo el espacio, es decir, es toda la profundidad geométrica representable."[61]

---

[58] Kevin Story sostiene que la Casa Texas 7 niega el espacio interior. Afirma esto por el hecho de que en las fachadas de la Casa Texas 7, así como en la axonometría exterior, las ventanas estén representadas como paneles opacos, junto con el hecho de que Hejduk no incluyó cortes internos ni axonometrías del espacio interior. Pero esa postura ignora el detallado desarrollo de las seis plantas de la casa. Que incluyen mobiliarios interior, representado de la misma manera en que ha sido dibujado para las Casas Texas anteriores. Véase: Story, "Pedagogy of the Texas Houses: Exorcising Outlines".
[59] Arnau-Amo, "Disposición".p.49-50.
[60] Ibid.p.50.
[61] Renato de Fusco, "Tipología lineal", en *El Quattrocento en Italia*, trad. Beatriz López, 1a ed. (Madrid: Ediciones ISTMO, 1999), 15–68.p.19.

Es interesante la equiparación de Argan del tratamiento del cubo con la idea de totalidad. En la *Casa Texas 7*, la unidad o totalidad del cubo es problematizada en el interior con el desarrollo de los vacíos, y dobles alturas internas. Es problematizada por la variedad espacial interior.

Por el hecho de que las fachadas presenten variaciones independientes al desarrollo de la planta, en esta casa las fachadas asumen autonomía como elementos proyectuales (Fig. 39). En las *Casas Texas 1 y 3* las fachadas están conformadas por la repetición de elementos utilizados en el interior del proyecto, sean estos elementos estructurales, divisorios o paneles de vidrio. A diferencia de la *Casa Texas 7* en donde las fachadas, en sí, tienen una relación con las condiciones presentes en el resto de la casa: el esquema formal de los nueve cuadrados, la transformación de los elementos estructurales en altura y la direccionalidad de estos elementos. Pero que además introducen un problema fundamental: el problema de la definición de los bordes de la *taxis* en arquitectura[62].

El interior de la *Casa Texas 7* está de definido por la utilización del esquema de los nueves cuadrados para cada una de las seis plantas. A diferencia de las otras casas Texas (Casa 1, Casa 3) en la *Casa Texas 7* no existen variaciones exteriores al esquema formal. Las variaciones son internas y consisten en la transformación, en corte, de los elementos estructurales y variaciones espaciales establecidas por dobles alturas.

La altura total de la *Casa Texas 7* está conformada por el apilamiento de tres módulos, cada uno de estos módulos, a su vez, está conformado por dos niveles. Las plantas inferiores, de cada uno de los tres módulos, ocupan la totalidad del área de la casa, mientras que las plantas superiores, de estos módulos, contienen una serie de vacíos que generan dobles alturas internas.

Las variaciones de dobles alturas de la *Casa Texas 7* ocurren dentro de la estructura formal de los nueve cuadrados. Están expresadas como substracciones en planta a la placas intermedias y, de esta manera, el corte está estructurado como un apilamiento de módulos constituidos de placas completas y placas intermedias que contienen las interrupciones permitiendo el establecimiento de dobles alturas.

---

[62] Ver capítulo dos, acerca de la *taxis* y la definición de borde.

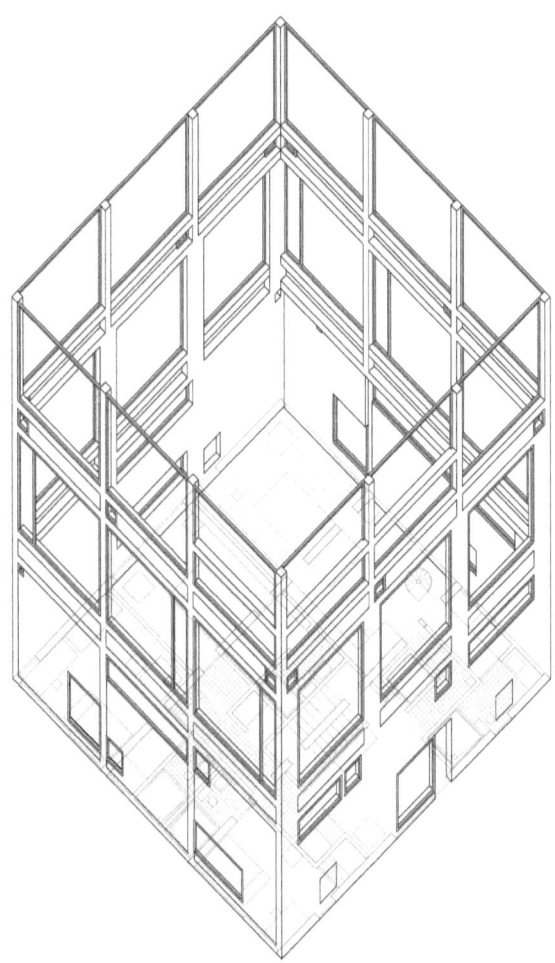

Fig. 39. **Diagrama sobre estructuración de fachadas en la Casa Texas 7**

En la Casa Texas 7 las fachadas asumen autonomía como elementos proyectuales. En las Casas Texas 1 y 3 las fachadas están conformadas por la repetición de elementos utilizados en el interior del proyecto, sean estos elementos estructurales, divisorios o paneles de vidrio. A diferencia de la Casa Texas 7 en donde las fachadas, en sí, tienen una relación con las condiciones presentes en el resto de la casa: el esquema formal de los nueve cuadrados, la transformación de los elementos estructurales en altura y la direccionalidad de estos elementos.

Texas House 7, diagrama sobre estructuración de fachadas en la Casa Texas 7 – basado en los planos "DR1998 0053 009" y "DR1998 0053 008" y "DR1998 0053 007" (Centro Canadiense de Arquitectura), Fuente: Elaboración propia.

Los espacios de la planta al nivel de acceso y la placa intermedia subsecuente están contenidos dentro de los límites de los nueve módulos espaciales del esquema formal (Fig. 40). No existen continuidades entre los espacios de estas plantas, todos están separados. Los bordes de estos módulos espaciales están ocupados por el sistema estructural y por paneles divisorios, las únicas aperturas son los vanos de ingreso y las ventanas, ninguna puerta es dibujada en los planos. El sistema estructural y los paneles divisorios están orientados en direcciones opuestas. El sistema estructural orientado en sentido transversal con respecto a la dirección de ingreso de la casa, o en sentido paralelo al movimiento interior de la escalera; y los paneles divisorios en sentido paralelo al ingreso de la casa.

Existen cuatro espacios de doble altura en esta primera pareja de plantas (Fig. 41). El vestíbulo de acceso con un mezzanine relacionado con la escalera en el segundo nivel, las dos habitaciones esquineras, una de ellas que contiene el volumen de la chimenea, abierta hacia el estudio de la planta intermedia, la otra con doble vano de acceso, también de doble altura, y el estudio donde está dispuesta la escalera en caracol. Es interesante anotar que el estudio de la planta intermedia, conectado por la escalera en caracol es el único espacio abalconado sobre la doble altura. Todos los demás espacios no tienen ninguna relación de continuidad con los módulos yuxtapuestos.

Es en esta primera agrupación vertical, y asociado a la densidad del sistema estructural que están contenidas las actividades más privadas de la casa.

En los niveles 3 y 4 existe una marcada continuidad trasversal entre los módulos espaciales (Fig. 42). Los muros del sistema estructural disminuyen su densidad con respecto a las primeras plantas abriendo los límites entre espacios mientras que los paneles divisorios mantienen su ocupación de los bordes de los módulos perpendiculares al sentido de la estructura. El resultado de esto es la continuidad espacial, transversal con respecto a la dirección de la estructura, en los tres módulos superiores e inferiores de la planta, es precisamente sobre estos espacios que están dispuestas las dobles alturas de esta sección (Fig. 43).

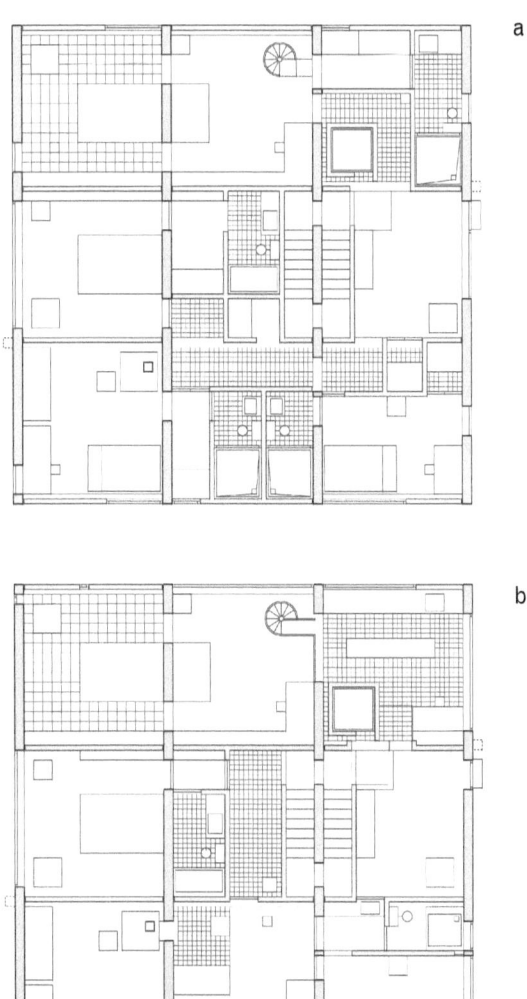

Fig. 40. **Casa Texas 7, plantas a. nivel 1, b. nivel 2.**

a. Texas House 7, planta, nivel 1 – basado en el plano "DR1998 0053 008" (Centro Canadiense de Arquitectura), Fuente: Elaboración propia.

b. Texas House 7, planta, nivel 2 – basado en el plano "DR1998 0053 008" (Centro Canadiense de Arquitectura), Fuente: Elaboración propia.

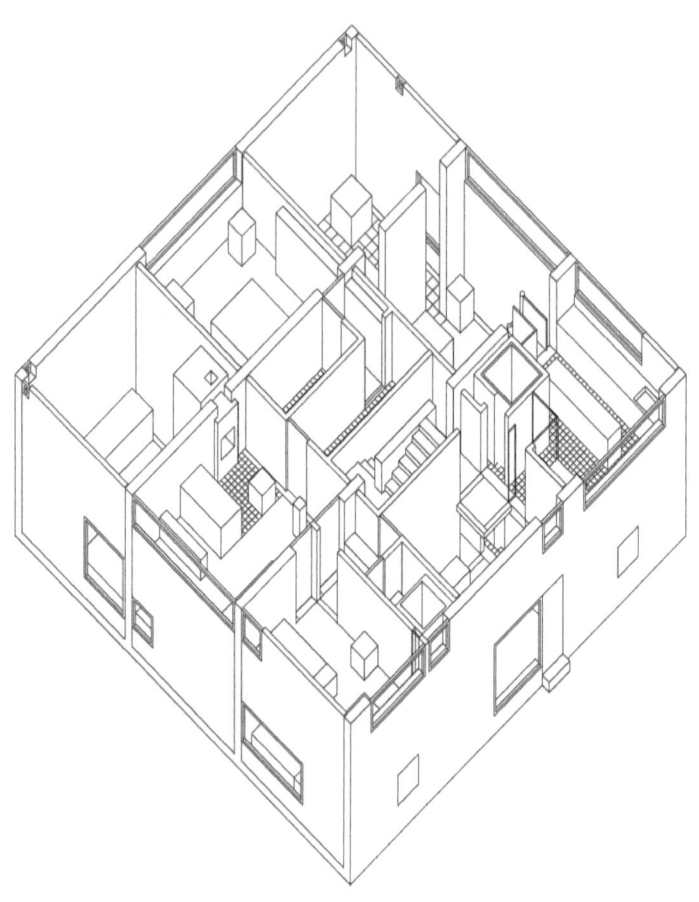

Fig. 41. **Axonometría de los pisos 1 y 2**
Texas House 7, axonometría de los pisos 1 y 2 – basado en los planos "DR1998 0053 009" y "DR1998 0053 008" y "DR1998 0053 007" (Centro Canadiense de Arquitectura), Fuente: Elaboración propia.

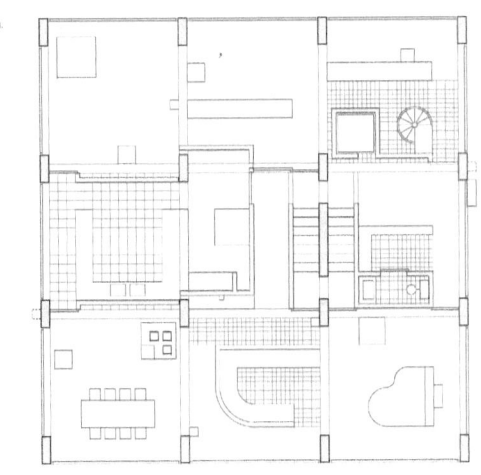

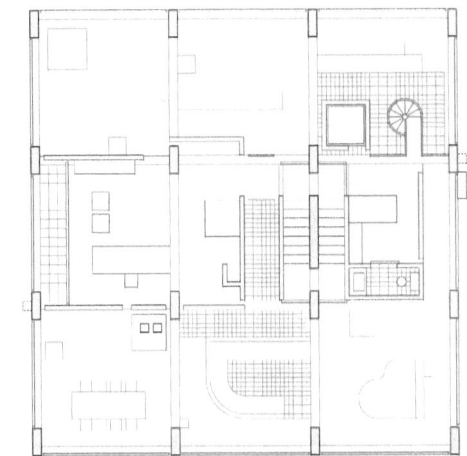

Fig. 42

En las plantas 3 y 4 existe una separación, en planta, explícita del sistema de paneles divisorios con respecto a los elementos estructurales.

a. Texas House 7, planta, nivel 3 – basado en el plano "DR1998 0053 006" (Centro Canadiense de Arquitectura), Fuente: Elaboración propia.

b. Texas House 7, planta, nivel 4 – basado en el plano "DR1998 0053 005" (Centro Canadiense de Arquitectura), Fuente: Elaboración propia.

Además, los espacios del nivel 4 que no corresponden con las dobles alturas están retrocedidos con respecto a los bordes de la casa, estrategia que también es utilizada en la tercera planta con la disposición del mobiliario de la cocina y los límites del baño. De esta manera la fachada es homogénea en las cuatro caras de la casa, completamente abierta, y la división de este módulo intermedio en dos niveles pasa desapercibida en las fachadas.

Los espacios correspondientes con la agrupación superior, los niveles 5 y 6 están abiertos en ambas direcciones (Fig. 44). El sistema estructural es reducido únicamente a columnas de plantas cuadradas dispuestas en las intersecciones del esquema formal de los nueve cuadrados, que mantiene su expresión en los pisos de la casa. Los paneles divisorios desaparecen. Y los únicos límites verticales discernibles son el volumen de la escalera, el volumen del ascensor (en el módulo superior derecho) y el volumen de la chimenea, dispuesto en el módulo opuesto la esquina inferior izquierda.

El mezzanine de la sexta planta abarca únicamente dos módulos espaciales (Fig. 45). El módulo central derecho que articula la llegada del volumen de las escaleras, el ascensor y la llegada de la escalera en caracol que conecta la quinta y sexta planta. El segundo módulo contenido es el inferior derecho, en donde está dispuesto el estudio, que genera una articulación con la fachada; el único indicio exterior a la presencia de estas variaciones en altura.

Aunque en todas las plantas el espacio del centro esté definido con la misma lógica que los otros módulos espaciales de la planta, en ninguna el centro es reconocido como un espacio jerarquizado dentro de la composición. El centro, ni siquiera es utilizado como un espacio de permanencia de las plantas. En la tercera planta el centro geométrico de la casa está ocupado por un pasillo que conecta los espacios continuos dispuestos en las fachadas, mientras que en la primera planta este espacio es ocupado por el baño.

Nuevamente, como en la *Casa Texas 1*, es en la planta inferior, del sótano, en que es reconocida la condición de centro ocupado (Fig. 46). Aunque este espacio está reiterado en las siguientes seis plantas que conforman la totalidad de la obra, su condición como centro del esquema formal es ignorada.

El posicionamiento del volumen del ascensor y la chimenea indican una tensión diagonal con respecto al centro. Cada uno de estos elementos está dispuesto hacia las esquinas más cercanas al espacio central de

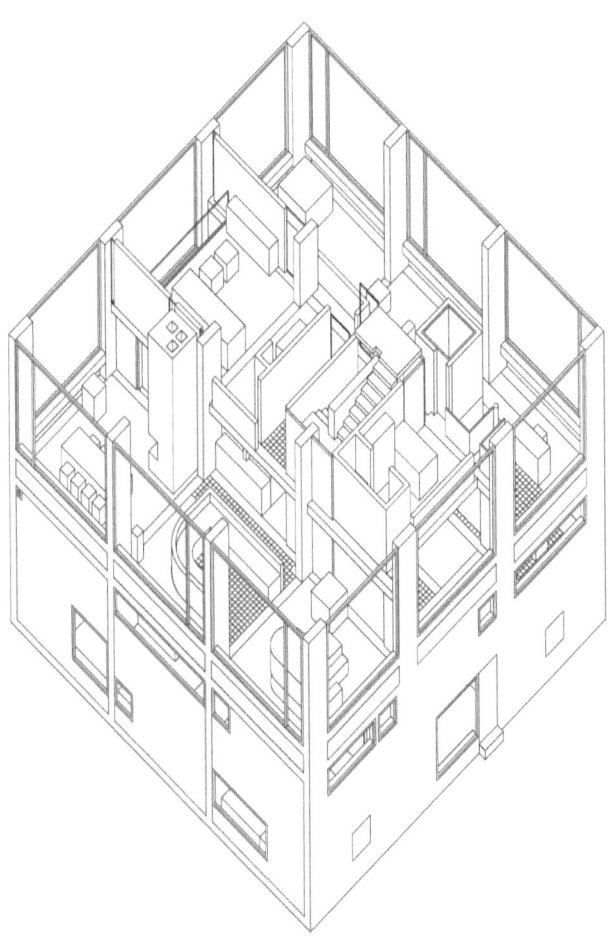

Fig. 43. **Axonometría de los pisos 3 y 4**

Nótese la organización de los espacios de doble altura sobre las fachadas perpendiculares con respecto a la dirección de la estructura. Esto permite establecer en fachada módulos completos. Para los módulos centrales de las fachadas paralelas los espacios del nivel 4 están retrocedidos manteniendo la lectura de los módulos completos sobre todas las fachadas intermedias.

Texas House 7, axonometría de los pisos 3 y 4 – basado en los planos "DR1998 0053 009" y "DR1998 0053 003" (Centro Canadiense de Arquitectura), Fuente: Elaboración propia.

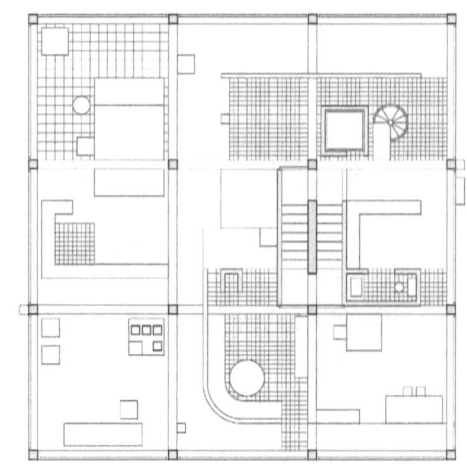

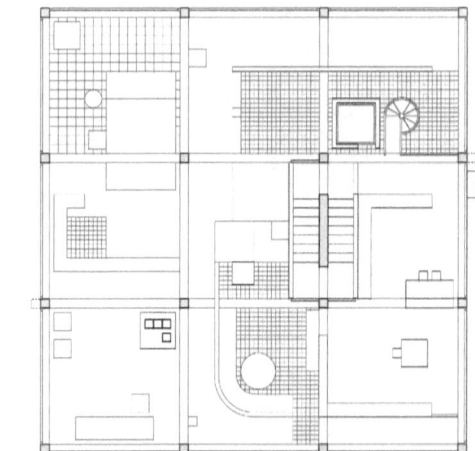

Fig. 44. **Casa Texas 7, plantas a. nivel 5, b. nivel 6**

a. Texas House 7, planta, nivel 5 – basado en el plano "DR1998 0053 003" (Centro Canadiense de Arquitectura), Fuente: Elaboración propia.

b. Texas House 7, planta, nivel 6 Fuente: Elaboración propia.

Fig. 45. **Axonometría de los pisos 5 y 6**

Texas House 7, axonometría de los pisos 5 y 6 – basado en los planos "DR1998 0053 009" y "DR1998 0053 003" (Centro Canadiense de Arquitectura), Fuente: Elaboración propia.

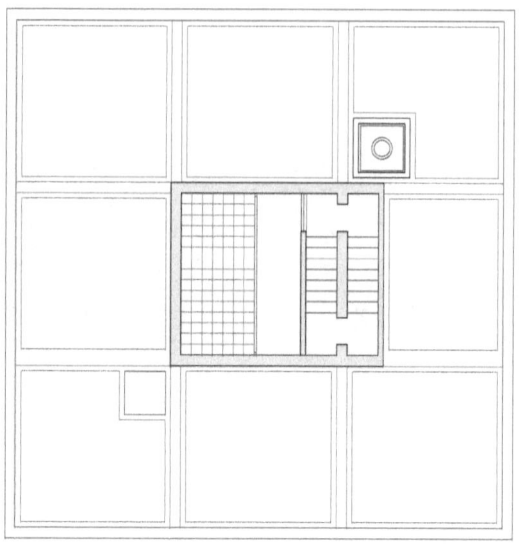

Fig. 46. **Planta sótano Casa Texas 7**
Texas House 7, planta, sótano – basado en el plano "DR1998 0053 004" (Centro Canadiense de Arquitectura), Fuente: Elaboración propia.

la casa. Esta tensión podría justificar la colocación del volumen de la escalera en el centro de la casa, como el tercer elemento vertical. Pero Hejduk posiciona la escalera entre el módulo el módulo central y el módulo lateral de acceso, descentrándola (Fig. 47).

Junto con la apertura progresiva de los espacios en la sucesión de plantas, el sistema estructural también sufre un proceso de desmaterialización (Fig. 48). Los elementos estructurales de la *Casa Texas 7* están dispuestos sobre los ejes del esquema formal de los nueve cuadrados en una única dirección, paralelos al movimiento de la escalera. Estos elementos varían a lo largo de la altura de la casa. Al nivel de acceso, junto con el mezanine correspondiente, los elementos mantienen una lectura de muro. Un muro interrumpido por vacíos necesarios para el movimiento transversal dentro de la planta. Al tercer nivel, junto con el mezanine correspondiente, desaparece la lectura direccional de los elementos estructurales, con la excepción del muro perteneciente a la

Fig. 47. **Diagrama de descentralización en la disposición de elementos de movimiento vertical**
Aunque la presencia del centro sea explícita en el esquema formal de los nueve cuadrados no existe un reconocimiento a esta condición en la Casa Texas 7. El centro no está acompañado de un cambio programático, disposición de elementos singulares, ni variaciones en altura. Los elementos de movimiento vertical de la casa aportan a la desjerarquización del centro. Las escaleras están colocadas entre el módulo central de la casa, y el módulo lateral correspondiente al acceso. Texas House 7, Diagrama de descentralización en la disposición de elementos de movimiento vertical – basado en el plano "DR1998 0053 009" y en "DR1998 0053 004" (Centro Canadiense de Arquitectura), Fuente: Elaboración propia.

escalera. Los elementos, en este nivel, asumen una lectura de columnas de planta cuadrada. En el segundo nivel, los elementos estructurales asumen una condición intermedia entre columnas y muros.

Esta transformación del sistema estructural permite entender una diferencia en el desarrollo de las fachadas que parecían ser abstractas e independientes (Fig. 49). En las fachadas paralelas a la dirección del sistema estructural, las que están señaladas a la derecha en gris, repiten la transformación en altura. Hay una coincidencia en planta de los elementos estructurales de los bordes y las fachadas. En las fachadas

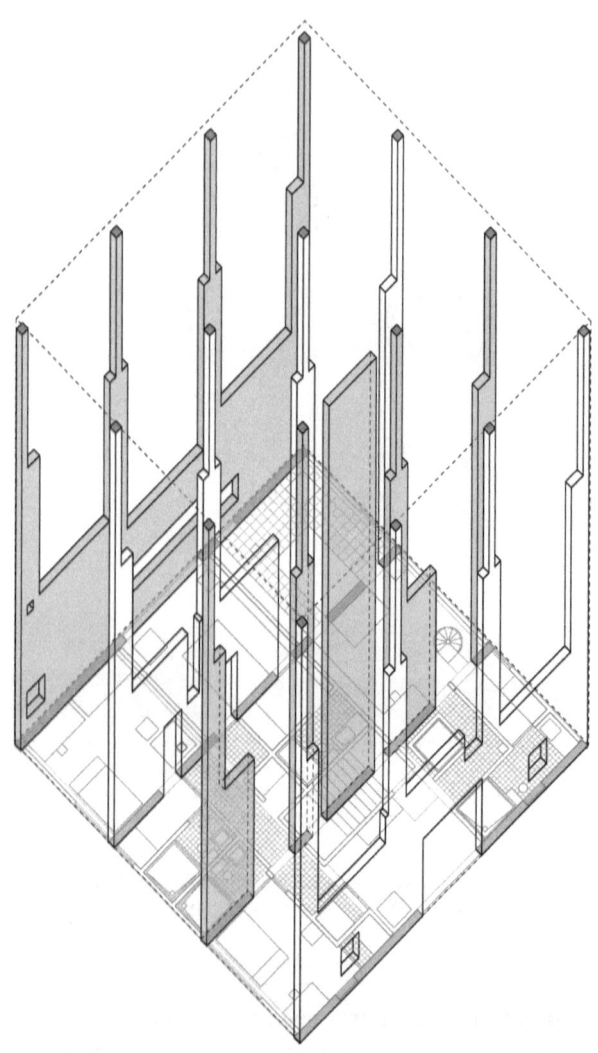

Fig. 48. **Diagrama de transformación de elementos estructurales**

Los elementos estructurales de la Casa Texas 7 están dispuestos sobre los ejes del esquema formal de los nueve cuadrados en una única dirección, paralelos al movimiento de la escalera. Estos elementos varían a lo largo de la altura de la casa.

Texas House 7, diagrama de transformación de elementos estructurales – basado en el plano "DR1998 0053 009" (Centro Canadiense de Arquitectura), Fuente: Elaboración propia.

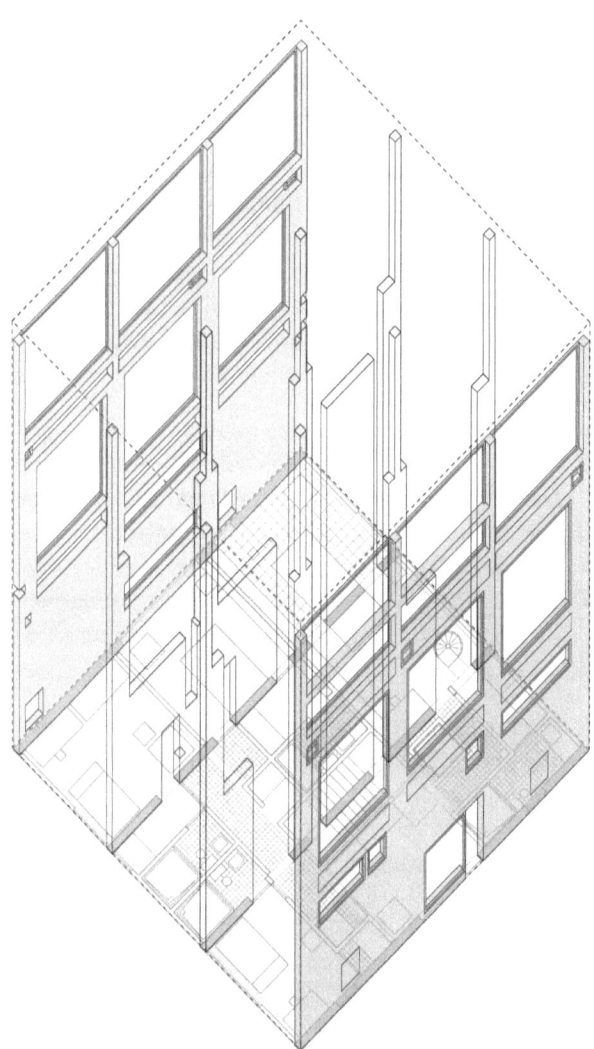

Fig. 49. **Diagrama de relación de las fachadas con el sistema estructural**

Las fachadas paralelas a la dirección del sistema estructural repiten la transformación en altura. Hay una coincidencia en planta de los elementos estructurales de los bordes y las fachadas. En las fachadas paralelas al sistema estructural no hay una diferenciación entre el sistema estructural y los demás elementos presentes; puertas, paneles opacos, ventanas y subdivisiones de las mismas.

Texas House 7, Diagrama de relación de las fachadas con el sistema estructural – basado en el plano "DR1998 0053 009" (Centro Canadiense de Arquitectura), Fuente: Elaboración propia.

paralelas al sistema estructural no hay una diferenciación entre el sistema estructural y los demás elementos presentes; puertas, paneles opacos, ventanas y subdivisiones de estas.

Mientras que en las fachadas transversales a la dirección de los elementos estructurales no presentan ninguna transformación en altura (Fig. 50). Esto coincide con los elementos estructurales, que no presentan cambios de dimensión en el sentido transversal al movimiento interior de la casa. A diferencia de las fachadas paralelas al sentido del sistema estructural, las fachadas transversales diferencian el esquema formal de los nueve cuadrados de los demás elementos presentes.

En conclusión, más allá de las diferencias generadas en las fachadas por la transformación en altura de los elementos estructurales, la variación progresiva de estos elementos, siguiendo un procedimiento lógico que podría repetirse infinitamente en ambos sentidos pone en entredicho la estabilidad y unidad de un esquema formal autocontenido como los nueve cuadrados. Este movimiento entre la masa y la desmaterialización de los elementos, siguiendo las líneas o el trazado estructurante del proyecto, había sido ya señalado por Alberti, quien en el Libro 1 de su *De res Aedificatoria* sostiene que:

"Una serie de columnas no es otra cosa que un muro perforado por aberturas en muchos lugares. Efectivamente, al definir la columna en sí, no sería erróneo describirla como una precisa, sólida y continua sección de un muro, que ha sido elevada perpendicularmente del suelo, a las alturas, con el propósito de sostener un techo. "[63]

La disposición de la escalera, que ocupa parte del módulo central y parte de unos de los módulos laterales, la variación de las partes que componen el interior de la casa, la independencia espacial de estas partes, expresada por la separación de las dobles alturas logradas con los mezzanines y la transformación progresiva de los elementos estructurales en sentido vertical problematizan la unidad implícita en la aplicación del esquema formal de los nueve cuadrados en las fachadas.

---

[63] "...a row of columns is nothing other than a wall that has been pierced in several places by openings. Indeed, when defining the column itself, it may not be wrong to describe it as a certain, solid, and continuous section of wall, which has been raised perpendicularly from the ground, up high, for the purpose of bearing the roof." (traducción por el autor). Alberti, "Book One: Lineaments".p.25.

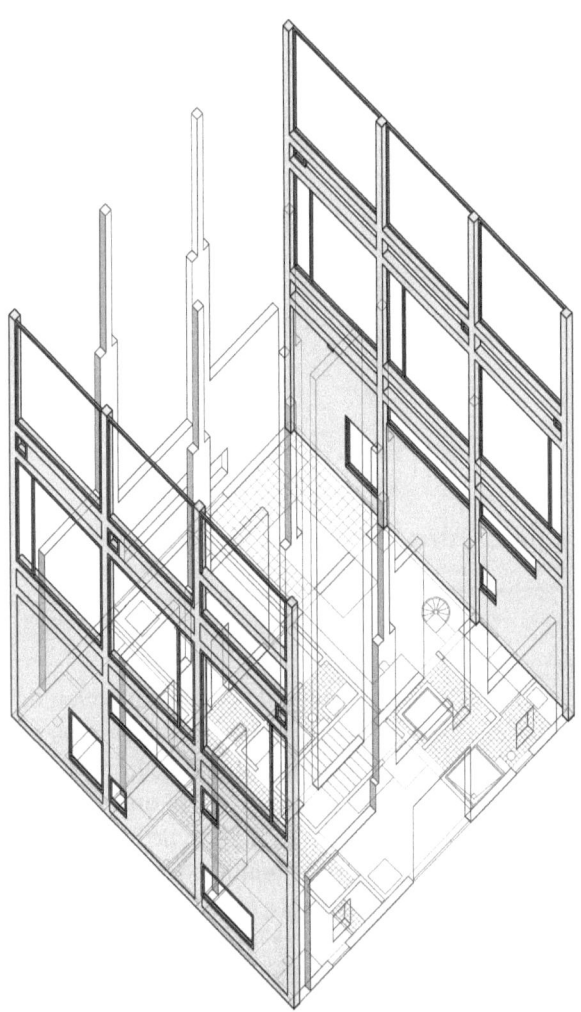

Fig. 50. **Diagrama de relación de las fachadas con el sistema estructural**

Las fachadas transversales a la dirección de los elementos estructurales no presentan ninguna transformación en altura. Esto coincide con los elementos estructurales, que no presentan cambios de dimensión en el sentido transversal al movimiento interior de la casa. A diferencia de las fachadas paralelas al sentido del sistema estructural, las fachadas transversales diferencian el esquema formal de los nueve cuadrados de los demás elementos presentes.

Texas House 7, diagrama de relación de las fachadas con el sistema estructural 2 – basado en el plano "DR1998 0053 009" (Centro Canadiense de Arquitectura), Fuente: Elaboración propia.

"All my projects have voided centers. The center has been eliminated. The recent ones. North East South West House. Cross section of a thought. No center. Void. Maybe my contribution to architecture is the voided center. That's a real physical condition."[64]

"Todos mis proyectos tienen centros vacíos. El centro ha sido eliminado. Los recientes. La Casa Norte Este Sur Oeste. Sección transversal de un pensamiento. Sin centro. Vacío. Tal vez mi contribución a la arquitectura sea el centro vacío. Esa es una verdadera condición física."

John Hejduk

La pérdida de centro, ruptura del orden interno

La variación y su relación con el orden

En la *Casa Texas 7*, además de la negación de la condición de centro en la composición, la transformación vertical de los elementos estructurales implica variaciones de estos elementos que no están contenidas en el sistema formal de la casa. Es decir, la variación en altura de los elementos estructurales de la *Casa Texas 7* está definida por un procedimiento de reducción progresiva de su área. Hejduk lleva este procedimiento a dos condiciones opuestas, en la planta al nivel de acceso los elementos estructurales tienden a una lectura de muros. En las plantas superiores, niveles 5 y 6, los elementos estructurales son puntuales apenas ocupando el área de intersección entre los ejes de los nueve cuadrados. Pero esta interrupción del procedimiento de reducción en el borde superior de la casa no significa que no pueda continuarse más allá de los límites.

La *taxis* permite variaciones de las partes que están contenidas en el interior de la obra. Basta recordar la constante analogía, utilizada por Aristóteles,

---

[64] Hejduk, John "Interview with Don Wall". En Mask of Medusa: Works 1947-1983, editado por Kim Shkapich, 1a ed. New York City: Rizzoli International Publications, 1985.p.131.

Fig. 51. **Delineante realizando un dibujo en perspectiva de una mujer reclinada, Durero**

entre la organización de las partes de una obra con la relación de las partes de un animal[65]. Las variaciones pueden ser de forma, tamaño y posición mientras estén contenido dentro de la lógica de la totalidad del organismo.

Esta condición de incorporación de las variaciones de las partes dentro de un sistema limitado está ilustrada en el grabado de Durero titulado *Delineante realizando un dibujo en perspectiva de una mujer reclinada* (Fig. 51). La escena además de presentar una de las técnicas contemporáneas de construcción de una imagen en perspectiva, pone en tensión la imagen representada y la lógica geométrica de esa construcción personificada por el artista. A la izquierda de la imagen está presente una mujer que es el sujeto representado. Ella está *reclinada* sobre la mesa, su cabeza reposada sobre dos grandes cojines. El brazo derecho está apoyado sobre la mesa completamente cubierto por una tela. La tela continúa por la espalda de la mujer dejando descubiertos sus senos. Mientras que la mano izquierda posicionada sobre el muslo podría estar a momentos de levantar el resto de la tela o exactamente lo contrario, protegerlo. En el rostro de la mujer los ojos parecen cerrados. Estos detalles son importantes porque la dificultad de la imagen retratada no radica únicamente en su complejidad geométrica o perspectiva. Sino también en su carga erótica/sensual.

---

[65] Aristóteles, "Sobre la fábula o la estructuración de los hechos". p.153.

En contraste, a la derecha de la imagen el *delineante* se encuentra en una postura analítica, completamente concentrado sobre las herramientas. Directamente frente a su rostro está ubicado un pequeño obelisco cuyo propósito es indicar, con la punta de la pirámide, la posición del ojo del dibujante. Estableciendo, así, un punto fijo en el espacio desde el cual tomar todas las referencias. En su mano derecha, el *delineante*, sostiene la pluma para el dibujo mientras que con la mano izquierda mantiene el papel en su lugar. En el papel es posible identificar la presencia de una retícula guía, cuyos módulos tienen la misma proporción que los módulos presentes en el elemento posicionado en el punto medio entre la *mujer inclinada* y *el delineante*. Esta herramienta fue definida por Alberti en su tratado *Della pittura* bajo el nombre de *velo*[66],

"*...un velo tejido con hilos delgados y sueltamente entrelazados, tinturados con cualquier color, subdividido con hilos más gruesos a partir de divisiones paralelas, en cuantos cuadrados como se desee, y sostenido y tensionado por un marco: el cual [el velo] lo posiciono, efectivamente, entre el objeto que ha ser representado y el ojo, para que la pirámide visual penetre por la delgadez del velo.*"[67]

La utilización de esta herramienta señala Alberti tiene una serie de ventajas. La primera de estas es la fijación de una perspectiva específica y la posibilidad de replicarla. Pero más importante es la siguiente: la definición de los bordes.[68] Esta definición de los bordes ocurre para dos elementos: la definición del borde de escena de la perspectiva, lo que permite el desarrollo de la composición del encuadre. Y la definición precisa de los bordes, o contornos, de los cuerpos contenidos por el encuadre. Las ventajas de utilizar esta herramienta son evidentes en el grabado de Durero. Le permite al *delineante* de Durero traducir la variedad de formas y contornos del cuer-

---

[66] Leon Battista Alberti, "Book Two: The Picture", en *Leon Battista Alberti : On Painting : A New Translation and Critical Edition*, ed. y trad. Rocco Sinisgalli, 1a ed. (Cambridge, Massachusetts: Cambridge University Press, 2011), 44–73.
[67] "...a veil woven of very thin threads and loosely intertwined, dyed with any color, subdivided with thicker threads according to parallel partitions, in as many squares as you like, and held stretched by a frame; which [veil] I place, indeed, between the object to be represented and the eye, so that the visual pyramid penetrates through the thinness of the veil." (Traducción por el autor). Ibid.p.51.
[68] Ibid.p.51.

po[69] retratado. Un sistema para poder incorporar la variación presente en el mundo natural dentro de un mismo sistema lógico y controlado.

La variedad es un principio, también, trabajado por Alberti en *De re aedificatoria* en donde lo describe como:

"...cierta variedad poseída tanto por líneas y ángulos, como por las partes individuales, que no sea demasiado ni muy poca, pero dispuesta en términos de uso y gracia, de tal manera que el todo corresponda al todo, y lo igual a lo igual."[70]

Así como en este grabado de Durero de un dibujante "traduciendo" las formas naturales, en este caso de una escena erótica, a, nuevamente, "líneas y ángulos".

Rykwert identifica en esa consideración sobre la variación, o *varieta*, el comienzo de la definición de Concinnitas, el principio de unidad y armonía de la obra arquitectónica, que, según Rykwert, podría definirse como una "variedad refinada"[71]. Es interesante entonces que la variedad es una cualidad fundamental dentro de la organización interior de una obra de arquitectura. Pero este mismo principio puede invertir y negar la unidad de esta misma obra.

Negación del orden interior en Piranesi

En el proyecto de Piranesi del año 1750 titulado *Amplio y Magnífico Colegio* existe una pérdida de la noción de centro, y por ende del orden interior, mediante la variación progresiva de los tamaños de las partes de la composición.

---

[69] Franco Borsi, "The Della Pittura and the De Statua", en *Leon Battista Alberti: The Complete Works*, trad. Rudolf G. Carpanini, 3a ed. (New York City: Rizzoli International Publications, 1989), 199–212.p.200.
[70] "I mean that certain variety possessed by both angles and lines, as well as by individual part, which is neither too much nor too little, but so disposed in terms of use and grace, that the whole may correspond to whole, and equal to equal." (Traducción por el autor). Alberti, "Book One: Lineaments".p.20.
[71] Joseph Rykwert, Neil Leach, y Robert Tavernor, "Glossary", en *The Art of Building in Ten Books*, ed. Joseph Rykwert, Neil Leach, y Robert Tavernor, 2a ed. (Cambridge: MIT Press, 1988), 420–28.p.426.

La *Pianta di Ampio y magnífico collegio* está estructurada a partir de anillos concéntricos (Fig. 52). El espacio central es vacío, está señalado con la letra "F" en el grabado de Piranesi, y es el punto de intersección de los cuatro ejes centrales, sobre los cuales están definidas las circulaciones transversales a los anillos. Cada uno de los anillos, de la planta, es independiente. Cada una de las partes tiene sistemas estructurales autónomos que se repiten en las articulaciones con los círculos subsecuentes. Esto en sí mismo no es una condición que problematice el centro.

El problema del centro en el *Amplio y magnífico colegio* radica en la variación progresiva de tamaño que ocurre con cada iteración de los círculos de la planta. El crecimiento de los círculos contiguos no corresponde únicamente a la distancia con respecto al centro del nuevo borde, y por ende el crecimiento del perímetro, sino al incremento de la escala del espacio y de todos los elementos que componen estos círculos. Esto problematiza la idea de centro en dos aspectos;

El primero corresponde a que la variación escalar progresiva de estos círculos compositivos es replicable, en ambos sentidos, más allá de las iteraciones dibujadas por Piranesi. Esta condición es análoga a las variaciones en altura de los elementos estructurales de *Casa Texas 7*, además de que en el *Amplio y magnífico colegio* estas transformaciones también tienen una implicancia vertical. Todos los círculos están articulados mediante escaleras. Y el segundo aspecto corresponde al hecho de que la estructura formal, la *taxis*, del proyecto pueda ampliarse en ambas direcciones, tanto hacia afuera como hacia adentro, significa que el centro no es un espacio estable o materializable, sino que debe redefinirse con cada iteración de la operación. Esto niega la condición de partes concéntricas, es decir no es posible relacionar las partes del proyecto por su condición de centro común.

Por estas razones Manfredo Tafuri señala que en el proyecto de Piranesi el *Amplio y Magnífico Colegio* hay una crítica sistemática a la idea de centro, dice Tafuri:

"[el colegio] es en realidad una estructura teóricamente ampliable hasta el infinito. La independencia de las partes y su montaje no siguen otra ley que la de

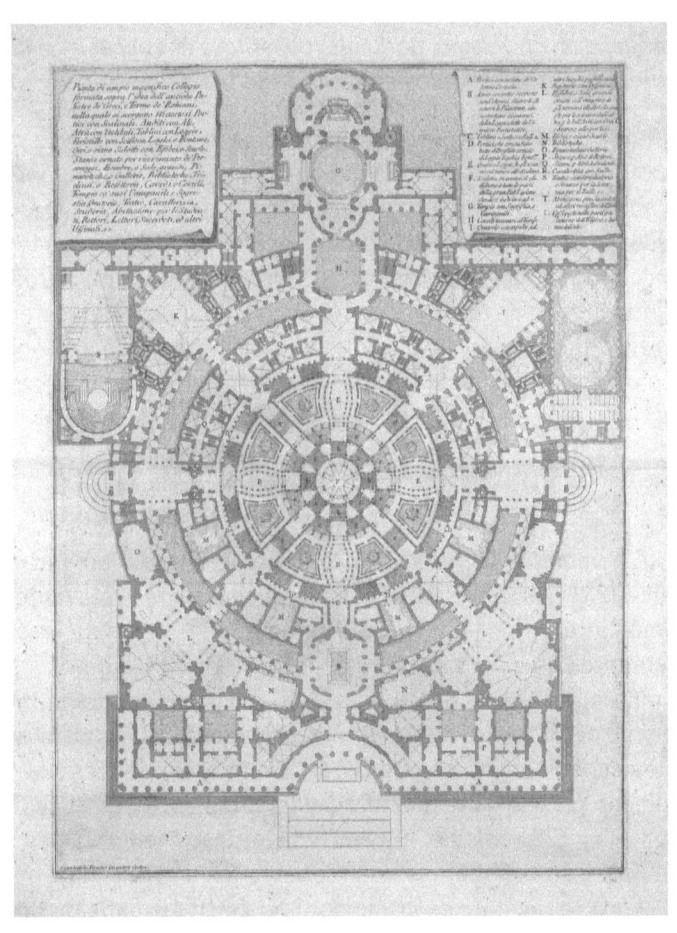

FIG. 52. **Pianta di ampio magnifico Collegio, Giovanni Battista Piranesi**

la pura contigüidad, El Colegio, por tanto, constituye una especie de gigantesco interrogante sobre el significado del arte de la composición arquitectónica...[72]

Tafuri señala que la problematización del centro en el proyecto de Piranesi imposibilita la comprensión de las partes que lo componen por su posición absoluta con respecto al centro, cada una de las partes podría ser considerada centro, por ende estas partes "no siguen otra ley que la de la pura contigüidad." La presencia, aparente, del centro pero vaciado de contenido dentro de la composición y, relegando la relación entre las partes a relaciones de pura contigüidad es una condición análoga a la construcción del centro de la *Casa Diamond A*.

La pérdida de centro (*Casa Diamond A*)

En la *Casa Diamond A*, la primera de la serie de *Casas Diamond* desarrolladas entre 1963 y 1967, el centro es ocupado, pero es irrelevante para la organización interior de la casa. La organización y lógica de disposición de los elementos en el interior siguen patrones independientes. Aunque la casa mantenga categorías propias de la *taxis*: la clara delimitación de un límite en planta del proyecto, la expresión en los pisos de la presencia de módulos espaciales homogéneos, así como el espacio entre estos módulos utilizado para la disposición de elementos estructurales. Como en el *Amplio y magnífico colegio,* el centro de la *Casa Diamond A* es relegado a una condición de contigüidad con respecto a las demás posiciones de la casa y la *taxis* es puesta en crisis por la implícita expansión del orden interior más allá de los límites de la casa.

Las plantas de la *Casa Diamond A* eliminan la lectura de los nueve cuadrados. Los bordes de todas las plantas están girados 45° con respecto a la orientación de los muros y divisiones internas de la casa. Esto es evidente en la planta del nivel de acceso, en la cual únicamente los cuatro módulos espaciales completos del centro son ocupados (Fig. 53). Reemplazando, el esquema formal de los nueve cuadrados de las *Casas Texas*

---

[72] Manfredo Tafuri, "'El arquitecto loco': Giovanni Battista Piranesi, la heterotopía y el viaje", en *La Esfera y el Laberinto: Vanguardias y Arquitectura de Piranesi a los Años Setenta.*, trad. Francesc Serra Cantarell, 1a ed. (Madrid: Gustavo Gili, 1984), 31–88.p.40.

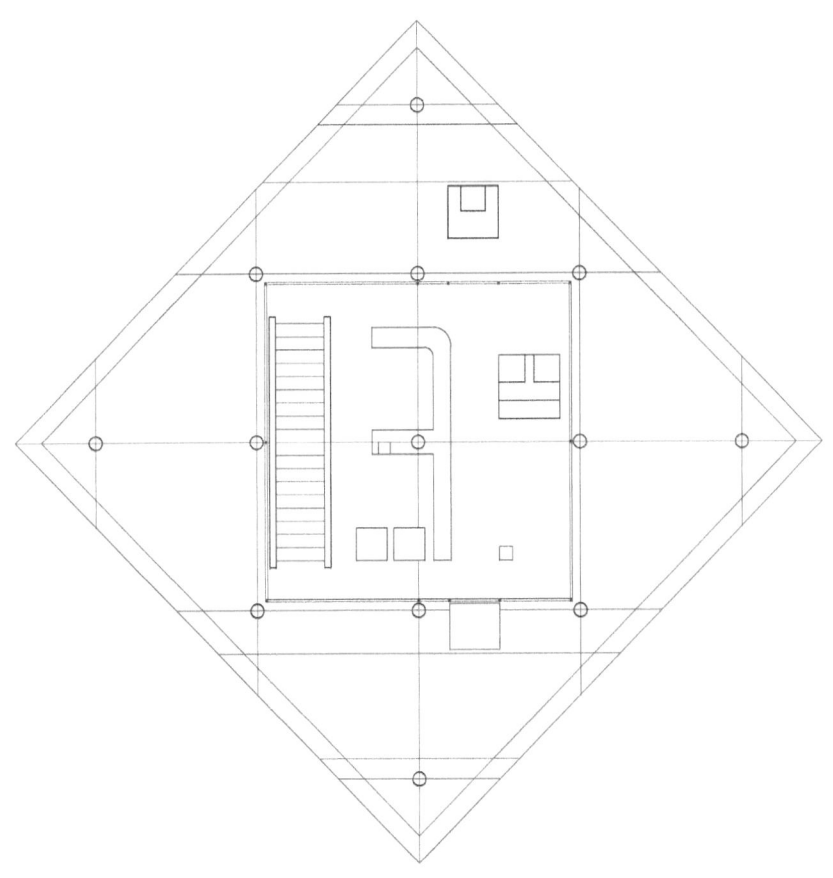

Fig. 53. **Planta nivel 1, Casa Diamond A**
Casa Diamante A, planta, nivel 1 – basado en el plano "DR1998 0060 003 001" (Centro Canadiense de Arquitectura), Fuente: Elaboración propia.

por un esquema de cuatro cuadrados. Aunque este esquema no se repita en las plantas superiores de la casa, esta planta permite señalar algunas condiciones comunes a las plantas siguientes (Fig. 54). La total separación del sistema de delimitación espacial interior de los elementos estructurales, el deslizamiento del mobiliario sobre los módulos espaciales regulares y el posicionamiento de la escalera como un elemento aislado.

La planta 2, está definida por el posicionamiento, en apariencia, aleatorio de los muros divisorios. No existe, en la *Casa Diamond A* una lectura de subdivisión de la totalidad en partes, es decir no existe una lectura del *partitio* Albertiano. Los muros, separados de la estructura y evitando intersecciones entre ellos están extendidos hasta los límites internos de la fachada. De esta manera, ninguno de los ocho espacios de permanencia identificables en la planta está definido en sus cuatro caras por muros divisorios. Todos los espacios tienen una relación de apertura o cerramiento dependiendo de su relación con la dirección de los elementos de borde.

Esta condición es repetida en la tercera planta, aunque con una disminución en la densidad de muros y delimitaciones espaciales (Fig. 55). Nuevamente en la planta del nivel 2, las separaciones entre los muros son enfatizadas por dilataciones y la inclusión de paneles de vidrio en estos espacios (Fig. 56). Hacia la otra dirección los muros son interrumpidos sobre los bordes internos de las fachadas. Estas interrupciones de los muros son de dos tipos; por un lado, en los muros perpendiculares a la dirección de los elementos verticales de las fachadas en donde el detenimiento del muro es mediante un corte ortogonal. Dejando una de sus esquinas intersecada con la línea de borde interior de la planta. Sobre esta línea de borde interior están dispuestos, además, los paneles de vidrio perimetral. Y en los muros paralelos a la dirección de los elementos verticales de las fachadas son cortados en un ángulo de 45° paralelos a las fachadas intersectadas. Es decir que en la aparente autonomía y aleatoriedad de la organización de los muros en el interior de la *Casa Diamond A* existen condiciones cualitativas con respecto a su posición y dirección en la casa.

Las fachadas de los pisos 2 y 3 están constituidas por la colocación de elementos verticales de fachada. Estos elementos están dispuestos, todos en la misma dirección, a intervalos irregulares y con diferentes cantidades de elementos entre los pisos (Fig. 57). En el nivel 2 están dis-

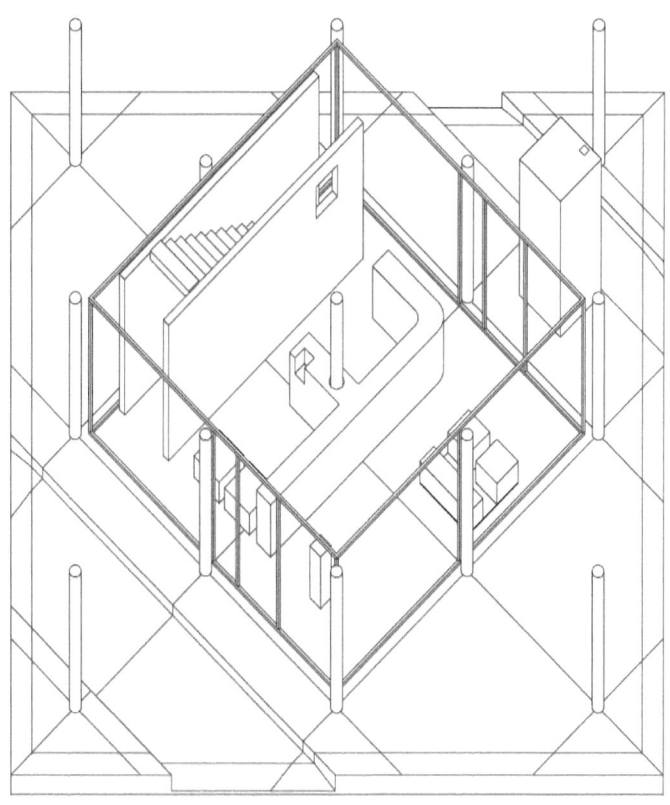

Fig. 54. **Axonometría nivel 1, Casa Diamond A**
Casa Diamante A, axonometría, nivel 1 – basado en el plano "DR1998 0060 003 012" (Centro Canadiense de Arquitectura), Fuente: Elaboración propia.

FIG. 55. **Axonometría nivel 3, Casa Diamond A**
Casa Diamante A, axonometría, nivel 1 – basado en el plano "DR1998 0060 003 016" (Centro Canadiense de Arquitectura), Fuente: Elaboración propia.

Fig. 56. **Diagrama de dilataciones entre muros, nivel 2**
Casa Diamante A, diagrama de dilataciones entre muros, nivel 2.– basado en los planos "DR1998 0060 003 014" (Centro Canadiense de Arquitectura), Fuente: Elaboración propia.

puestos 74 elementos verticales. Mientras que en el nivel 3 (Fig. 58) están dispuestos 54 elementos verticales. Aunque la posición de algunos de estos elementos coincida en planta no existe una regla reconocible para su posicionamiento.

Los únicos elementos verticales de fachada dispuestos sobre una posición regular son los determinados por los puntos de intersección entre el esquema formal del suelo, en la misma dirección de los muros ya señalados, con los bordes (Fig. 59). En estos puntos, además, existe una inversión en la posición de los paneles de vidrio perimetrales. En estos puntos los paneles de vidrio son dispuestos sobre el borde exterior de la casa. Esto genera la lectura de un eje longitudinal que implica una expansión más allá del borde definido de la *Casa Diamond A*. En uno de los dibujos realizado por Hejduk, durante el desarrollo de la casa, esta condición es enfatizada (Fig. 60). Los muros de la planta del nivel 3 están dibujados ocupando el borde espacializado, más allá de la zona de definición del esquema formal interior de la casa.

En conclusión, si en el *Ampio y Magnifico Collegio* de Piranesi el centro es cuestionado al abrir los límites del proyecto en la insinuada expansión, tanto hacia el exterior como hacia el interior, en las *Casas Texas* y en la *Casa Diamond A* es exactamente el proceso contrario. Los límites de las casas son definidos y la inversión del centro está dada por su contradicción interna.

Peter Eisenman y Matt Roman en la introducción al libro Palladio Virtual describen a los nueve cuadrados como uno de los diagramas fundamentales de la historia de la arquitectura, por su claridad en el establecimiento de la relación de la parte con el todo vinculados a ideas de proporción y simetría.[73]

El diagrama de los nueve cuadrados está contrapuesto al diagrama de los cuatro cuadrados[74] (Fig. 61). Descrito por Eisenman como menos frecuente en la historia de la arquitectura porque su centro es un punto, la intersección de ejes perpendiculares y no un espacio como es el caso en el diagra-

---

[73] Peter Eisenman y Matt Roman, "Introduction", en *Palladio Virtual*, 1a ed. (New Haven: Yale University Press, 2015), 15–30.
[74] Ibid.p.26.

ma de los nueve cuadrados. Que desde el renacimiento era costumbre que el hombre ocupara este centro, ese no es el caso de las *Casas Texas*.

El centro en las casas Texas no está ocupado por el hombre, ni siquiera por una permanencia. El centro de las casas Texas está ocupado por una ausencia, de permanencia, de significado y de unidad. Esta condición recuerda el poema de Roberto Juarroz.

El centro no es un punto.

Si lo fuera, resultaría fácil acertarlo.

No es ni siquiera la reducción de un punto a su infinito.

El centro es una ausencia,

De punto, de infinito y aun de ausencia

Y sólo se acierta con ausencia.[75]

---

[75] Roberto Juarroz, "Segunda Poesía Vertical", en *Poesía Vertical: tomo 1*, 1a ed. (Buenos Aires, Argentina: Emecé Editores S. A., 2005), 55–103.p.65.

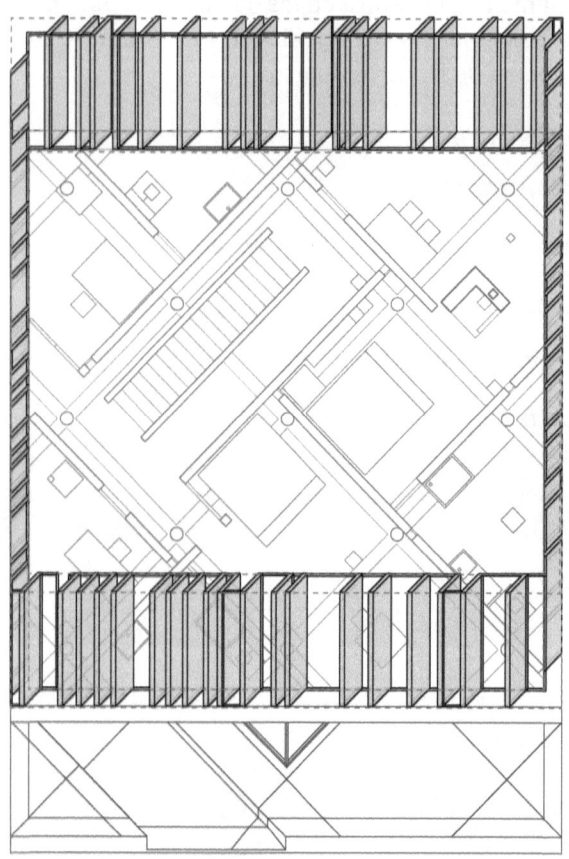

Fig. 57. **Diagrama de espacialización del borde, nivel 2**
En la Casa Diamond A está presente una condición de espacialización del borde. Desde el trazado del suelo en el nivel de acceso, hasta la disposición de los elementos de fachada en los niveles 2 y 3.

Casa Diamante A, diagrama de espacialización del borde– basado en el plano "DR1998 0060 003 014" (Centro Canadiense de Arquitectura), Fuente: Elaboración propia.

Fig. 58. **Diagrama de espacialización del borde, nivel 3**
Casa Diamante A, diagrama de espacialización del borde– basado en el plano "DR1998 0060 003 016" (Centro Canadiense de Arquitectura), Fuente: Elaboración propia.

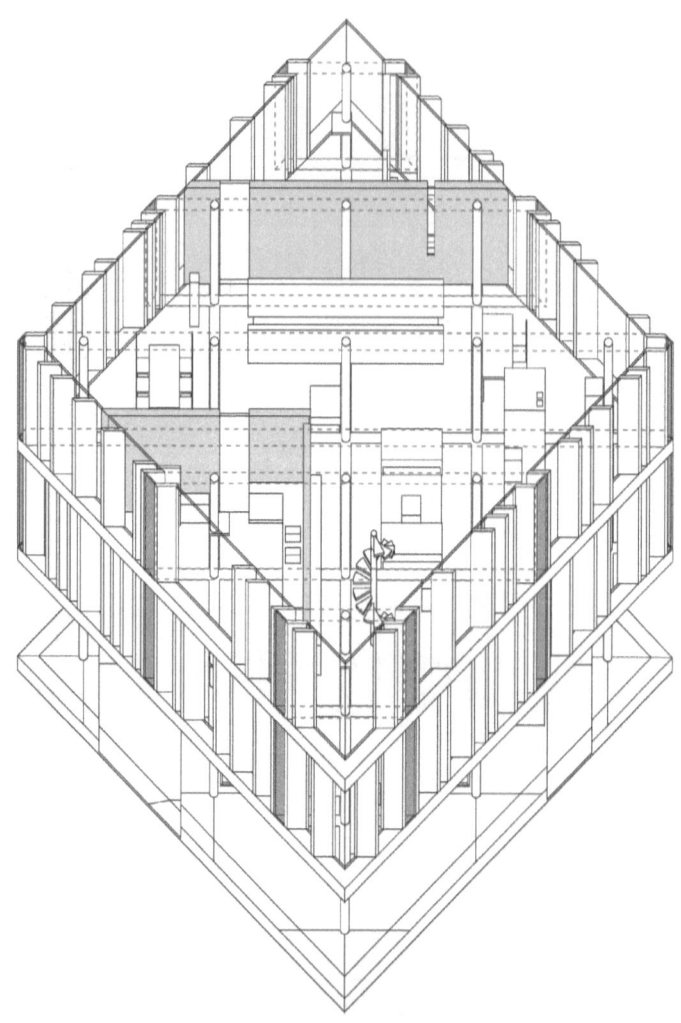

Fig. 59. **Diagrama de relaciones entre los elementos de fachada en la Casa Diamond A**

Existe una excepción a la no correspondencia de los elementos de fachada con los elementos del interior de la casa. En el sentido transversal, con respecto a la dirección de los elementos de fachada hay una coincidencia entre el esquema formal, regulador de las columnas, y la colocación de lo elementos de la fachada en el borde de la planta. En cada uno de estos casos hay una ruptura también en la colocación de los vidrios de borde. Estos pasan a ocupar el borde exterior del espacio de las fachadas. Esta condición se repite en todos los encuentros del esquema formal y el borde de la planta, incluyendo la hipotenusa de la planta.

Casa Diamante A, diagrama de relaciones entre los elementos de fachada– basado en el plano "DR1998 0060 003 016" (Centro Canadiense de Arquitectura), Fuente: Elaboración propia.

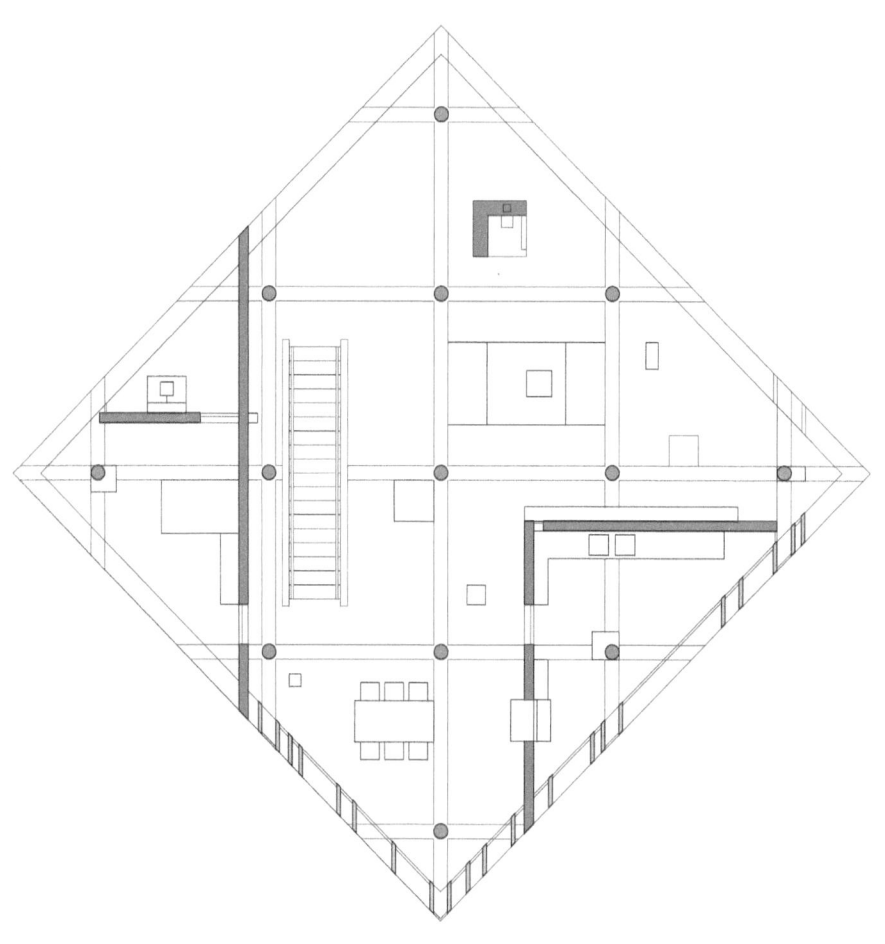

Fig.60. **Planta nivel 3 de la Casa Diamond A**

Casa Diamante A, planta proceso, nivel 3 – basado en el plano "DR1998 0060 003 003" (Centro Canadiense de Arquitectura), Fuente: Elaboración propia.

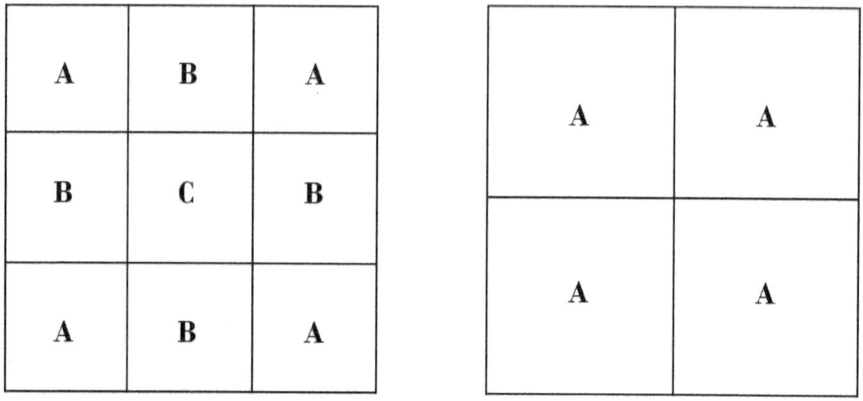

FIG. 61. **Diagrama explicativo de los nueve cuadrados y su opuesto dialéctico el diagrama de los cuatro cuadrados.**

Arquitecto: Peter Eisenman Contenido: Diagrama explicativo de los nueve cuadrados y su opuesto dialéctico el diagrama de los cuatro cuadrados. Dibujo. LAL. Basado en la imagen contenida en:

Eisenman, Peter, and Matt Roman. "Introduction." In Palladio Virtuel, 1st ed., 15–30. New Haven: Yale University Press, 2015.

UNA LÍNEA QUE VIBRA

"Creating an artificial area within which the human is isolated as in a magic circle is inseparable from being able to introduce into that area, materially or symbolically, the controlled elements of the external universe. Integrating the granary, repository of nourishment, is not so different from integrating the temple, symbol of the controlled universe."[1]

"Crear un área artificial en la cual el humano esté aislado como en un círculo mágico es inseparable de la posibilidad de introducir en esa área, material o simbólicamente, elementos controlados del universo exterior. Integrar el granero, repositorio de nutrición, no es tan distinto de integrar el templo, símbolo del universo controlado."[2]

André Leroi-Gourhan

Coincidencia del orden interno con el borde

El límite en la arquitectura clásica

Una ilustración realizada entre los años 1530 y 1545, por un miembro de la familia Sangallo, muestra una escena en la naturaleza. (Fig. 62) En el fondo están dibujados bosques y montañas, sobre las cuales está construida una ciudad. La ciudad, además, está construida sobre la costa desde la cual se ven barcos, uno que navega en la bahía y otros en el horizonte. Por otro lado, en primer plano, está dibujado sobre el suelo la planta de un edificio. La ilustración, pertenece a un proyecto editorial nunca terminado para una edición italiana de *Los diez libros de la arquitectura* de Vitruvio, y describe uno de los tipos de templos encontrados en el Libro 3.[3] Por el hecho de

---

[1] André Leroi-Gourhan, "Memory and Rythms", en *Gesture and Speech*, trad. Anna Bostock Berger, 1a ed. (Cambridge, Massachusetts: MIT Press, 1993), 219–68.
[2] Traducción por el autor.
[3] "Text and Drawings for an Italian Edition of Vitruvius's Ten Books on Architecture.", *The Metropolitan Museum of Art.* "Drawings and Prints: Selections from the Permanent Collection," July 14, 2008–October 19, 2008. (New York City, 2008), https://www.metmuseum.org/art/collection/search/383095.

Fig. 62. Iustración Libro 3, Cap. 2. Los Diez Libros de Arquitectura
Imagen: Atribuido a miembro de la familia Sangallo.

contar con dos pórticos *tetrástilos*, perpendiculares a la dirección de la nave, es decir tanto en frente como en *póstico*[4], es posible identificar la planta del suelo como una ilustración de un templo *amphipróstylo*[5]. A la derecha de la planta del templo están dibujadas tres figuras humanas. De acuerdo con Sylvia Lavin, la figura de la izquierda corresponde a la de un *magus*, una figura asociada a conocimientos situados entre la religión, la ciencia y la magia, conocimientos diversos que para la cultura renacentista eran similares a los conocimientos asociados al arquitecto[6]. Independiente de la cultura asociada a este personaje, es este el que señala a los

---

[4] "Póstico significa la fachada posterior del Templo, esto es, la de la parte contraria á la fachada principal ó la puerta. En sentido más amplio significa también toda la porción de pórtico posterior de un Tempo opuesta al pronáo, á saber, desde la pared posterior de la nave hasta las colunas exteriores." Joseph Ortiz & Sanz, "Anotaciones al Libro III", en *Los diez libros de arquitectura*, ed. Joseph Ortiz & Sanz, 1787a ed. (Madrid, España: Imprenta Real, 1787), 58–62.
[5] Marco Vitruvio Polión, "Libro III: Capítulo I y II", en *Los diez libros de arquitectura*, ed. y trad. Joseph Ortiz & Sanz, 1787a ed. (Madrid, España: Imprenta Real, 1787), 58–68.
[6] Sylvia Lavin, "Trees Make a Plan", *Drawingmatter.org*, 2020, https://drawingmatter.org/trees-make-a-plan/. Para la figura del *Magus* ver: Borchardt, Frank L. "The Magus as Renaissance Man". Sixteenth Century Journal 21, núm. 1 (1990): 57. https://doi.org/10.2307/2541132.

dos soldados las formas dibujadas en el suelo. En este caso, a pesar de la ausencia de un edificio construido lo que permite diferenciar entre interior y exterior es la demarcación de la planta sobre la tierra, que permite una lectura simultánea del interior, de los límites y del espacio exterior.

A pesar de que la ilustración corresponde a los tipos de templos descritos por Vitruvio en el Libro 3, Paul Emmons propone que la escena está haciendo referencia a la introducción del Libro 6, de Vitruvio[7]. En la introducción al Libro 6 Vitruvio cuenta la historia del filósofo Aristipo que después de naufragar se encuentra en una playa desconocida[8]. En la playa Aristipo[9] encuentra "huellas", Vitruvio utiliza la palabra *vestigia*, que le aseguran que humanos han habitado este lugar. Tradicionalmente las huellas mencionadas por Vitruvio correspondían a esquemas matemáticos[10], pero en los dibujos de Sangallo, las huellas corresponden a la identificación de un orden expresado arquitectónicamente en forma de la planta del templo amphipróstylo. Un orden que delimita un espacio interior diferenciado del mundo exterior.

El límite tiene un papel fundamental en la explicación del origen de la arquitectura tanto para Vitruvio como para Leon Battista Alberti. Y en la diferencia de estos dos relatos se ve reflejada la diferencia entre las concepciones de arquitectura entre los dos arquitectos. El pasaje en el que Vitruvio especifica su historia acerca del origen de la arquitectura es en el primer capítulo del segundo Libro, subtitulado *Del principio de los edificios*:

"Los hombres en los antiguos tiempos nacían en las selvas, grutas y bosques como fieras, y vivían sustentándose de pastos silvestres. Sucedió en

---

[7] Paul Emmons, "Vitruvius: Follow the Footprints", *Drawingmatter.org*, 2020, https://drawingmatter.org/follow-the-footprints/.
[8] Marco Vitruvio Polión, "Libro VI: Proemio", en *Los diez libros de arquitectura*, trad. Joseph Ortiz & Sanz (Madrid, España: Imprenta Real, 1787), 136–39.
[9] Joseph Ortiz & Sanz, "Anotaciones al Proemio del Libro VI", en *Los diez libros de arquitectura*, ed. Joseph Ortiz & Sanz, 1787a ed. (Madrid, España: Imprenta Real, 1787), 136–39.
[10] Así lo interpreta Ortiz & Sanz quien escribe en una nota explicativa de esta historia: "Como si dixera: nada temais, amigos, que pues aquí se ven figuras de Geometría, aquí hay Matemáticos, aquí hay Filósofos, aquí hay sabios que apreciarán y darán acogida a quien lo sea." Ibid. Pg. 136

una ocasión encenderse cierto bosque á la continua confricación de sus árboles y densísimas ramas en una tempestad de vientos. Espantandos del fuego y su voracidad los que por allí vivian, huyeron al punto; pero mitigado después, se fueron acercando; y advirtiendo ser de una gran comodidad para los cuerpos, añadieron nuevo pábulo al fuego que quedaba, le conservaron, y fueron convocando otras gentes, á quienes por señas iban informando de las utilidades del fuego...

"Habiendo, pues, por la invención del fuego tenido principio en la antigüedad los concursos entre los hombres, la vida común y freqüencia de muchos en un sitio..."[11]

A diferencia de Vitruvio que veía la arquitectura como una respuesta a las condiciones impuestas por los elementos de la naturaleza[12], específicamente, la arquitectura como un mecanismo de conservación del fuego, en cuanto algo positivo para los cuerpos, y que es este fuego lo que congrega a los seres humanos. La arquitectura es entonces, para Vitruvio, la materialización y protección de este fenómeno que ocurre "naturalmente". Alberti lo considera exactamente al revés. Son los elementos de la arquitectura los que permiten a los hombres reunirse y mantenerse unidos. Y es precisamente en oposición a Vitruvio que Alberti introduce este problema:

"Algunos han dicho que fueron el fuego y el agua los responsables iniciales de juntar a los hombres en comunidades, pero nosotros, considerando lo útil, inclusive indispensables, que son el techo y los muros para los hombres, estamos convencidos que fueron estos los que atrajeron y mantuvieron a los hombres juntos."[13]

Para Mariana Sverlij la historia del origen de la arquitectura de Alberti es fundamental porque demuestra que para Alberti la arquitectura es el medio de delimitación de la naturaleza. Y es precisamente por este límite

---

[11] Marco Vitruvio Polión, "Libro II: Capítulo I, Del principio de los edificios", en *Los diez libros de arquitectura*, trad. Joseph Ortiz & Sanz (Madrid, España: Imprenta Real, 1787), 28–31.
[12] Ibid.28-31.
[13] "Some have said that it was fire and water which initially responsible for bringing men together into communities, but we, considering how useful, even indispensable, a roof and walls are for men, are convinced that it was they that drew and kept men together." (Traducción por el autor). Alberti, "Prologue", 1988.p.3.

que brinda la arquitectura, mediante el muro y el techo mencionados por Alberti, que el hombre realiza su "desarrollo íntegro."[14] Es decir, la arquitectura, para Alberti, no es un mecanismo de conservación de los elementos naturales más provechosos para los humanos sino una creación propiamente humana.

En la primera sección de este texto habíamos afirmado que una de las funciones esenciales de la *taxis* reside en la diferenciación de la obra de su contexto. En la *Poética* la idea de taxis es trabajada por Aristóteles para definir la importancia de las partes de la tragedia[15]. La necesidad de convertir la tragedia en un organismo "completo", íntegro. Todo lo que es completo tiene partes, por ende, tiene un comienzo, un medio y un fin, define Aristóteles. La taxis, entonces, tiene la utilidad de establecer el orden de estas partes, y de esta manera diferencia el organismo del mundo exterior. La taxis permite la construcción de un mundo dentro de un mundo.[16]

Alberti y el concepto de *area*

Alberti trabaja el problema de la delimitación de la obra arquitectónica bajo el nombre de *area*. Existen otras traducciones a este término. En la traducción al castellano de Javier Fresnillo Nuñez el término utilizado es "zona"[17], aunque esta selección puede confundirse con el primer elemento de la construcción nombrado por Alberti: *regio* o región. El término "area" corresponde al utilizado para la edición anglosajona traducida por Rykwert, Leach y Tavernor, que además coincide con la traducción del término que realiza Joaquin Arnau Amo[18]. A pesar de esto Rykwert, Leach y Tavernor señalan que no encuentran un término en inglés que traduzca el significado original de *area*. En los diferentes usos a lo largo

---

[14] Mariana Sverlij, "La formulación de un hogar humano en la obra de Leon Battista Alberti", *Revista de historia intelectual* 20, núm. 1 (2016): 31–46.
[15] Aristóteles, "Sobre la fábula o la estructuración de los hechos".
[16] Tzonis y Lefaivre, "Taxis: The Framework".
[17] Leon Battista Alberti, "El trazado", en *De Re Aedificatoria*, trad. Javier Fresnillo Nuñez, 2a ed. (Madrid, España: Ediciones Akal, 2007), 61–93.
[18] Arnau-Amo, "Los 'lineamenta'".

de *De re aedificatoria* el término *area* es utilizado para hablar de "todo lo que cubre el edificio, aspectos de lugar, disposición de la planta, cimentación, e inclusive partes de muros sobre el suelo." Rykwert, Leach y Tavernor concluyen que *area* podría traducirse por la expresión contemporánea de "plano de sitio"[19].

Area es el segundo de los seis elementos que Alberti define constituyen la materia de la construcción[20]. Alberti lo define de la siguiente manera:

"Nosotros definiremos el area como aquella cierta, parcela de tierra particular que ha de ser encerrada por un muro para un uso práctico designado; incluída en esta definición es cualquier superficie dentro del edificio sobre la cual nuestros pies puedan andar."[21]

Esta descripción coincide completamente con la ilustración de Sangallo. El hecho de representar el esquema de la planta no solo en perspectiva, sino también dentro de un paisaje natural, real. El énfasis no está en la construcción del "lugar" sino en la diferencia. La planta del edificio como una separación de ese contexto, como una parte específica, "...aquella cierta, parcela de tierra particular que ha de ser encerrada por un muro..." coincide con este énfasis en el contraste entre el mundo exterior indiferenciado y unos límites claros dentro de los cuales está aplicada una lógica independiente.

Joaquin Arnau Amo señala que el hecho de nombrar el *area* antes del *partitio* implica la definición del perímetro antes de la de los muros internos. La arquitectura clásica, señala también Arnau Amo, procede siempre de afuera hacia dentro; de la totalidad hacia la parte.

En las *Casas Texas* el arquitecto John Hejduk procede de la misma manera: todas las casas, a pesar de sus diferencias internas comparten un

---

[19] Rykwert, Leach, y Tavernor, "Glossary". (Traducción al castellano por el autor).
[20] "...the elements of which the whole matter of building is composed are clearly six: locality, *area*, compartition, wall roof, and opening." Esta segunda sección de esta investigación está concentrada en temas relacionados al segundo elemento; área. La primera sección, enfocada en el tema del orden interior, corresponde a las implicaciones generales del concepto de lineamenta. Mientras que la organización de las partes tercer elemento; compartimentación Alberti, "Book One: Lineaments".
[21] "We shall define area as that certain, particular plot of land which is to be enclosed by a wall for a designated practical use; included in this definition is any surface within the building on which our feet may tread." (Traducción por el autor). Ibid.

mismo esquema formal ya mencionado, el esquema de los nueve cuadrados. Con este esquema están definidas las líneas exteriores de cada una de las casas, los límites de las casas, así como la lógica inicial de organización interior. En el primer capítulo de este texto se relata como las diferencias y condiciones internas de las casas no están subordinadas por condiciones externas de lugar sino por operaciones realizadas a la disposición, definición, forma y relaciones de los elementos internos de las casas que afectan el espacio y orden, y también, la definición y relación con los límites de la casa.

Esto está claramente expresado en una serie de dibujos de John Hejduk en dónde sistemáticamente representa toda la serie de *Casas Texas* en los mismos términos. (FIG. 63) Todas las casas están dibujadas en planta, eliminando así las particularidades interiores, mostrando únicamente alteraciones a los nueve cuadrados y la relación de estos con el borde[22]. En el dibujo correspondiente a la Casa Texas 1, los nueve cuadrados están al interior e inalterados. En los cuatro bordes están dibujados volúmenes exteriores diferenciados de los nueve cuadrados por sus proporciones. Los únicos elementos particulares de la casa dibujados son las dos escaleras, la escalera de acceso y la escalera en caracol.

En el caso de la Casa Texas 3 están dibujadas dos variaciones sobre los nueve cuadrados. Por un lado, la modificación de la retícula original de los nueve cuadrados por la adición de franjas intermedias que modifican el tamaño de los módulos interiores, y, la segunda variación, la adición de los dos porches de ingreso. Cerca de los extremos de cada uno de estos, Hejduk dibuja una forma ovalada. Esta corresponde con las dos escaleras de acceso. Pero en este esquema está ausente la variación más importante presente en esta casa con respecto a la definición de borde: la eliminación de los elementos centrales de las columnas metálicas de la casa.

---

[22] Existen dos excepciones a la premisa de que todos los dibujos corresponden con representaciones de las plantas de las Casas Texas. Los dibujos correspondientes a la Casa Texas 6 y la Casa Texas 7 no parecieran ser muy distintos a lo ya señalado acerca de la Casa Texas 3, es decir el esquema de los nueve cuadrados en el interior y dos espacios de transición en dos de las caras del cuadrado. Pero, basta mirar cualquiera de las dos plantas de las casas para saber que no corresponden a lo dibujado por Hejduk en su diagrama explicativo. Los esquemas de estas dos casas corresponden al desarrollo de sus corte. Véase la segunda sección del primer capítulo.

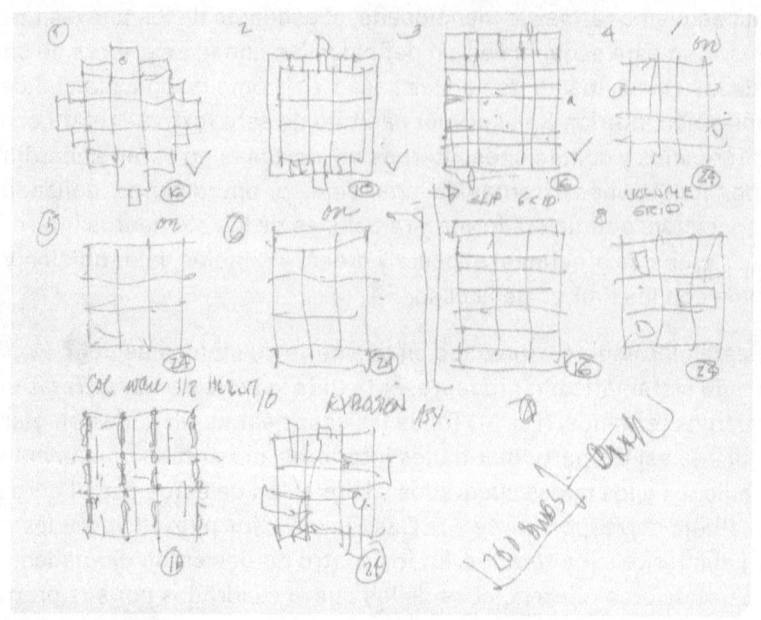

Fig. 63. **Dibujo explicativo de la serie de las Casas Texas**
Todas las casas están dibujadas de la misma manera, mostrando su relación con respecto al esquema de los nueve cuadrados. Hejduk incluye tres casas que no fueron desarrolladas en la serie; las Casas 8, 9 y 10. John Hejduk, bosquejos con anotaciones para Texas Houses, 1954-1963, tinta sobre papel, 28 x 22 cm. DR1998:0054:015. John Hejduk fonds. Canadian Centre for Architecture. © CCA

La problematización de la unidad por la inclusión del borde en el interior del proyecto (*Casa Texas 3*)

En la *Casa Texas 3* el esquema formal de los *nueve cuadrados* está modificado, o podría pensarse que está ausente. Esta pérdida de la lectura del esquema formal de los nueve cuadrados tiene dos razones: la variación en los tamaños de los módulos de las diferentes partes de la planta y la introducción de un sistema de circulación separado de los espacios de permanencia, corredores. Variaciones no presentes en las casas analizadas hasta el momento.

En la planta es posible identificar el posicionamiento del corredor y como este afecta el tamaño de los módulos adyacentes. El corredor, que tiene la misma expresión gráfica para el piso que las logias de acceso, está dispuesto alrededor del patio central conectado a las logias por medio de espacios de transición de menor tamaño localizadas en posiciones opuestas de la planta. En la zona inferior izquierda entre la sala de estar y el baño, y en la zona opuesta, en la esquina superior derecha dispuesta entre una zona de almacenamiento y la sala de música. (Fig. 64) Al ignorar el desplazamiento de las divisiones entre módulos por la presencia de este sistema de circulación es posible identificar el esquema de los nueve cuadrados al tomar como módulo completo el patio central.

Con respecto a la disposición de las partes del edificio, todos los módulos son divisiones del módulo completo (Fig. 65). El único módulo completo, conformado por cuatro intervalos "a", está en el centro, es vacío e inaccesible para los habitantes de la casa. Los demás módulos, que ocupan el lugar del esquema original de los nueve cuadrados, están conformados por variaciones de combinación entre intervalos "a" e intervalos de menor tamaño "b". La dimensión de este intervalo de menor tamaño "b" corresponde con el tamaño introducido por los ejes de circulación. El módulo espacial de las logias de acceso está por fuera del esquema formal de los nueve cuadrados, y no están presentes en las caras laterales de la casa, esto marca un cambio con respecto al tratamiento de la cantidad de módulos en ambos sentidos, condición respetada en la *Casa Texas 1*, y, trabajada en el proceso de desarrollo de la *Casa Texas 3* como es evidente en una de las plantas de la etapa inicial (Fig. 66).

Al rodear la totalidad de la planta por logias, Hejduk dispone la misma cantidad de módulos en ambos sentidos. Esta equivalencia, la conformación de la planta cuadrada, contradice la direccionalidad presente en la versión final. Direccionalidad que aún persiste por la interrupción de la circulación perimetral al patio central por la sala de estar, pero que está equilibrada por la utilización de cuatro escaleras de acceso exterior y la utilización de paneles divisorios en relación isotrópica con las columnas centrales de los ejes. Pero más importante que las alteraciones a la direccionalidad de la planta es la posterior operación de eliminación de

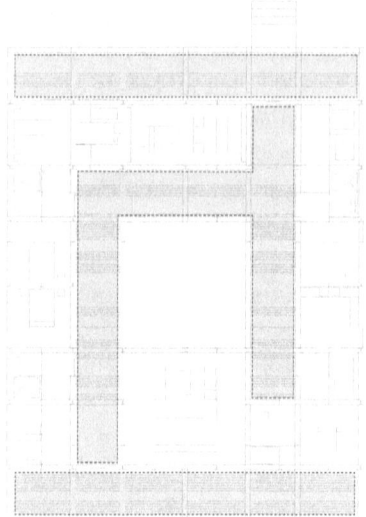 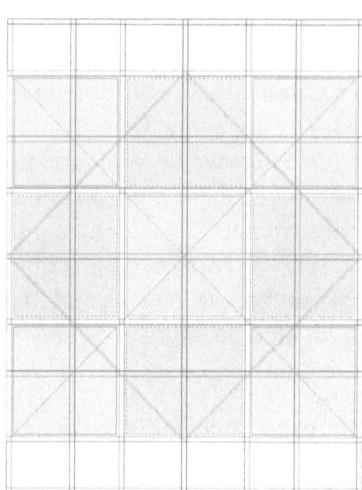

FIG. 64. **Posición de sistema de circulación en la Casa Texas 3 y diagrama de identificación de los nueve cuadrados en la Casa Texas 3**

a. Casa Texas 3, posición de sistema de circulación en la Casa Texas 3 – basado en el plano "DR1998 0049 001 008" (Centro Canadiense de Arquitectura), Fuente: Elaboración propia.

b. Casa Texas 3, diagrama de identificación de los nueve cuadrados en la Casa Texas 3 - basado en el plano "DR1998 0049 001 008" (Centro Canadiense de Arquitectura), Fuente: Elaboración propia.

las logias laterales. Esta operación efectivamente elimina una zona de transición entre los límites laterales del esquema de los nueve cuadrados y expone estas dos caras al exterior (FIG. 67).

La comparación entre la planta de las primeras propuestas, y la axonometría de la versión final[23] evidencia tres cambios importantes: la ya mencionada, eliminación de las logias laterales que va de la mano con la

---

[23] Ninguno de los planos de John Hejduk para las Casas Texas está fechado. En *Mask of Medusa* Hejduk comenta que trabajó en la *Casa Texas 3* entre 1954 y 1960, y que esta nunca fue completamente terminada. Nos referimos entonces por "versión final" a la escogida por Hejduk para la publicación de su obra.

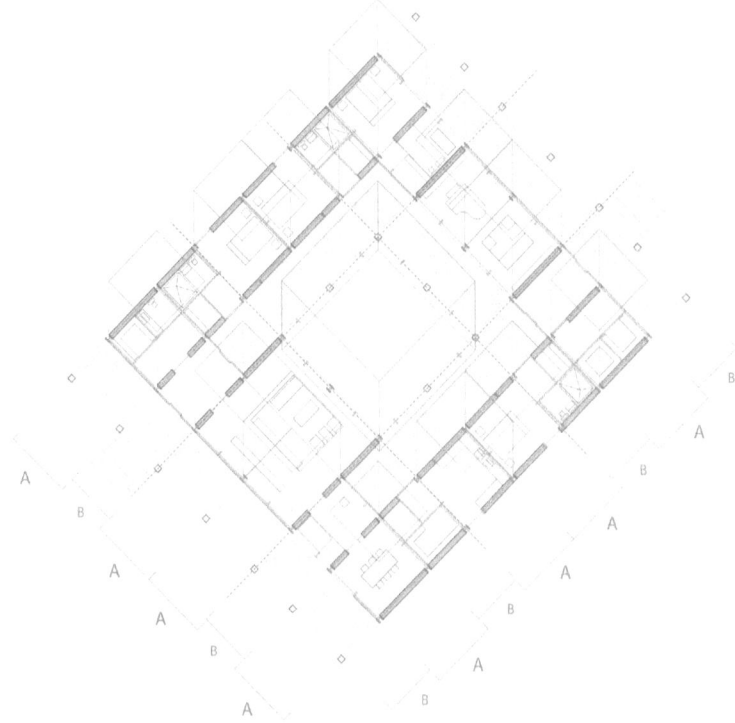

Fig. 65. **Diagrama de conformación de módulos cuadrados A y su relación con el centro**
Casa Texas 3, diagrama de conformación de módulos cuadrados A y su relación con el centro en la Casa Texas 3 – basado en el plano "DR1998 0049 002 002" (Centro Canadiense de Arquitectura), Fuente: Elaboración propia.

eliminación de las escaleras exteriores asociadas a estas mismas logias y la aparición de muros de carga en sentido longitudinal de la planta. Estos muros reemplazan los paneles divisorios de la propuesta anterior, descritos por Hejduk como "muros de carga"[24]. En una condición análoga a la Casa Texas 1, la continuidad de los muros está expresada en una única dirección: el movimiento, incluyendo los ejes de acceso de la casa, es paralelo al sentido continuo de estos muros. No existe ya, en la Casa

---

[24] Hejduk, "Introduction to the Texas Catalogue".

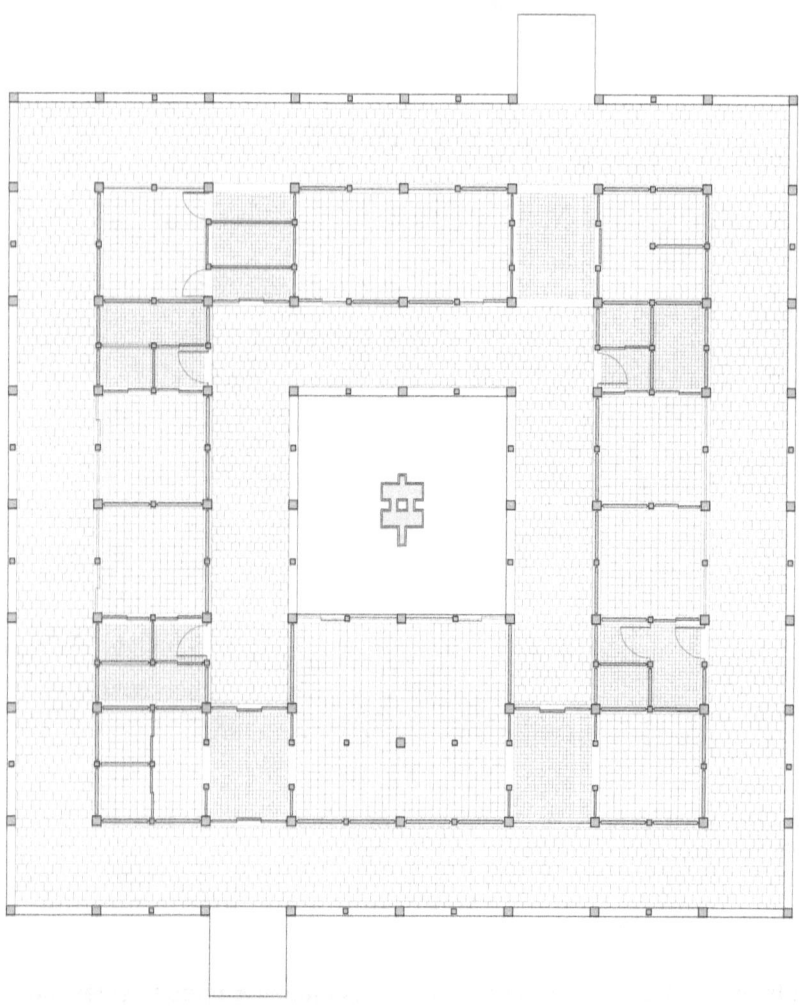

Fig. 66. **Casa Texas 3, planta proceso**
Esta propuesta para la Casa Texas 3 tiene una relación directa con las dos Casas Texas anteriores, 1 (DR1998:0047:003:002) y 2 (DR1998:0048:002:002). La representación sigue los mismo códigos, grafito y color amarillo, además de utilizar los mismo elementos en la composición interior, paneles divisorios entre las columnas cuadradas y todas las subdivisiones de los módulos siguen relaciones de media distancia. La colocación de la fuente en el centro del patio y la presencia de paneles móvilos entre la sala de estar y el patio sugieren que en esta propuesta el patio estaba a la misma altura de la casa y por ende era habitable.

Casa Texas 3, planta proceso– basado en el plano "DR1998 0049 002 002" (Centro Canadiense de Arquitectura), Fuente: Elaboración propia.

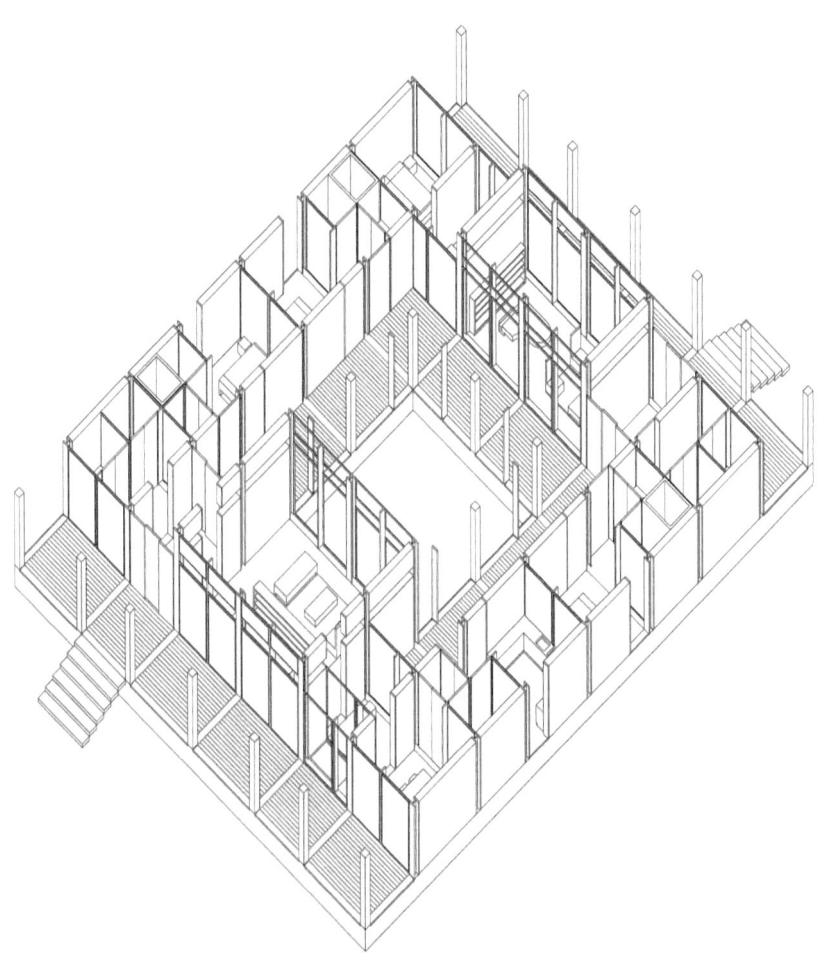

Fig. 67. **Axonometría Casa Texas 3**
Casa Texas 3, axonometría – basado en el plano "DR1998 0049 002 002" (Centro Canadiense de Arquitectura), Fuente: Elaboración propia.

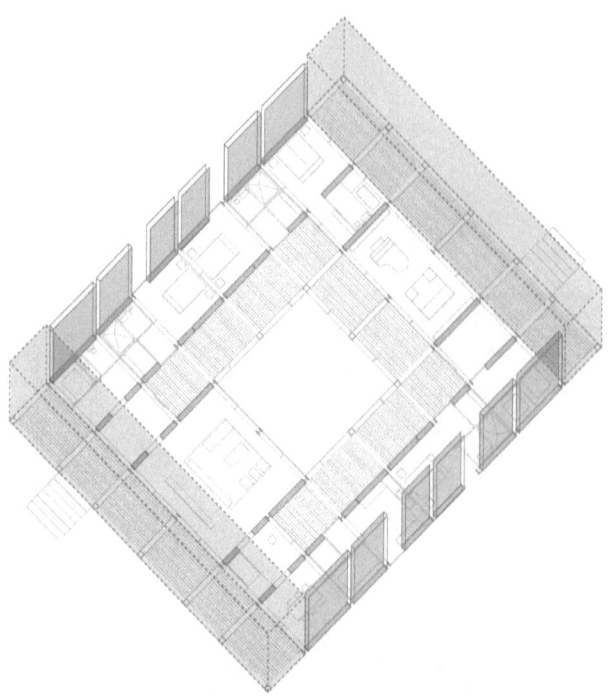

Fig. 68. **Diagrama de definición de límite en la Casa Texas 3**
Casa Texas 3, diagrama de definición de límite en la Casa Texas 3 – basado en el plano "DR1998 0049 002 002" (Centro Canadiense de Arquitectura), Fuente: Elaboración propia.

Texas 3, una separación, equivalente en ambos sentidos, entre columna y muro, sino el vacío sobre la superficie del muro por las columnas. Además, las columnas de la versión final sustituyen las columnas cuadradas del interior de la casa por columnas en perfil en I. Las columnas cuadradas permanecen en las logias y en los ejes centrales del patio, pero las columnas en I están presentes en los muros laterales generando una serie de interrupciones en el muro. De esta manera, con los muros longitudinales y las logias de acceso, Hejduk, define los límites de la *Casa Texas 3* (Fig. 68).

Frente a la disposición y tratamiento de los módulos en el interior de la casa, habíamos señalado como únicamente el cuadrado central está

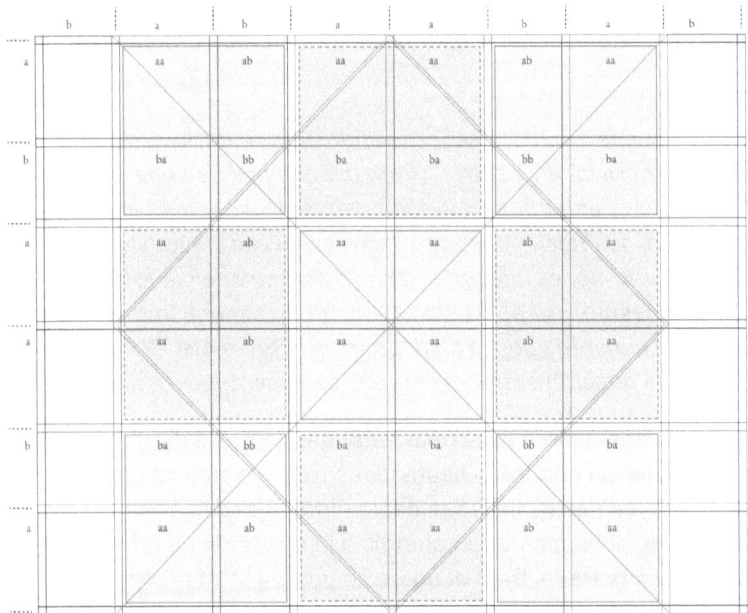

FIG. 69. **Diagrama de composición de módulos espaciales**
Casa Texas 3, diagrama de composición de módulos espaciales en la Casa Texas 3 – basado en el plano "DR1998 0049 001 008" (Centro Canadiense de Arquitectura), Fuente: Elaboración propia.

compuesto por la suma de los intervalos de mayor tamaño (a-a-a-a). En cuanto a los espacios perimetrales, los cuatro módulos esquineros son cuadrados, mientras que los módulos perimetrales dispuestos sobre los ejes centrales están deformados por la adición desequilibrada entre módulos "a" y "b". Los cuadrados de las esquinas están compuestos por combinaciones, en ambos sentidos, de los ejes "a", y el de menor tamaño, "b". (FIG. 69) La organización interna de los módulos de las esquinas sigue un patrón de quiasmo. Es decir, la relación de las subdivisiones internas de esta parte está invertida. El ejemplo es ilustrativo: las subdivisiones internas siguen el patrón (aa-ab/ba bb).

El quiasmo es un recurso formal literario que ha sido utilizado desde los griegos. Su nombre viene de la palabra griega *chiazein*, que significa marcar en forma de "x" o cruz[25]. Cuya forma sirve como representación diagramática de ese cambio de relaciones. Thomas Edmund comenta lo siguiente:

"El quiasmo puede entonces ser expandido para referirse al "uso de simetría bilateral sobre un eje central". Pero debería hacerse una distinción. La simetría, como es entendida convencionalmente, se refiere al reflejo exacto de una imagen, de dimensiones equivalentes en cada lado; en cuanto pueda ser llamado quiasmo, es una organización particular en la forma de ABBA o ABCBA. El quiasmo, por otro lado, involucra un paralelismo invertido entre dos pares de elementos con la disposición ABB'A' o ABCB'A', lo que crea una especie de relación entrecruzada entre elementos artísticos..." [26]

El quiasmo puede usarse para relacionar elementos a diferentes escalas, desde el interior de una frase hasta ideas trasversales de un texto. La organización de las partes internas de un módulo esquinero de la casa tiene la condición de quiasmo . Una analogía a la inversión de relaciones entre elementos de una frase. Pero el quiasmo como estrategia puede ser utilizado también para estructurar y generar sentido a la totalidad de la obra.[27]

Este segundo caso también aplica a la *Casa Texas 3*, en cuanto que la relación de quiasmo es evidente, no sólo en la composición interna de los módulos esquineros, sino también en las relaciones de las partes con el todo. Específicamente en la colocación de las escaleras de acceso, los corredores correspondientes y las entradas a la casa. *La Casa Texas 3* no está estructurada en una simetría estricta en ambos

---

[25] Edmund Thomas, "Chiasmus in art and text", *Greece and Rome* 60, núm. 1 (2013): 50–88, doi:10.1017/S0017383512000265.
[26] "Chiasmus can therefore be expanded to refer to "the use of bilateral symmetry about a central axis". But a distinction should be made. Symmetry, as it is conventionally understood, refers to an exact mirror image, equal in dimensions on each side; in so far as it can be called a chiasmus, it is a particular kind of arrangement in the form ABBA or ABCBA. Chiasmus, on the other hand, involves an inverted parallelism between two pairs of elements with the layout ABB'A' or ABCB'A', which creates the kind of criss-cross relation between parallel artistic elements that Eustathius described for text." (Traducción por el autor).Ibid.p.57.
[27] John W Welch, "Chiasmus in Ancient Greek and Latin Literatures", en *Chiasmus in Antiquity: Structures, Analyses, Exegesis*, ed. John W Welch, 1a ed. (Neal A. Maxwell Institute for Religious Scholarship, 1998), 250–268.

sentidos, en una simetría *en espejo* sino en una relación entrecruzada de pares de elementos dispuestos en ambos lados de un eje central, organizados por un único eje central dispuesto sobre el centro geométrico de la casa.

Aunque esta hipótesis no se sostenga por la reiteración en la disposición de ciertos componentes programáticos entre los dos lados, como los dormitorios, o la disposición de una única cocina con módulos adicionales. La lectura de la casa como dos agrupaciones de partes contrastantes, invirtiendo la unidad general a la que responde la disposición de las partes, está sustentada por otra condición extraña en el tratamiento de las columnas de la casa.

Las columnas, en apariencia metálicas, que interrumpen los muros de carga, están compuestas de tres elementos, cada uno representado de una manera diferente. (Fig. 70) El elemento superior, del perfil en I, es más delgado y está representado como un elemento cortado. El elemento inferior repite la expresión de los paneles de divisorios de las habitaciones. Pero el elemento intermedio, el elemento transversal de las columnas está representado de una manera ambigua. Únicamente como una línea gris.

El arquitecto David Gersten, quien fue alumno y posteriormente colega de Hejduk como profesor de la Cooper Union, cuenta como Hejduk explicaba esta condición sobre una planta de las *Casas Texas:*

"Un día yo estaba sentado con John mirando los dibujos de las Casas Texas y él me señaló algo que me parece un hecho primario y esencial. Él señaló este "muro" de perfiles en I, y dijo que el miembro central de esos perfiles estaba hecho de vidrio...decía que de esa manera podías ver a través del muro (es decir en sentido longitudinal), *en vez de a través del muro* (en sentido transversal).[28]

---

[28] "One day I was sitting with John looking at the Texas House drawings and he pointed out something to me that I think is an essential first fact: He pointed out that this wall of I beams in the middle, and he said the the middle member of those I beams was made of glass. That way, he said, you could see through the wall, instead of through the wall." (Transcripción y traducción por el autor). David Gerstein, *Two Talks on John Hejduk, Part 1 | Hejduk, Hamlet and the Ghost ...* (EE. UU.: The Cooper Union, 2017), https://youtu.be/

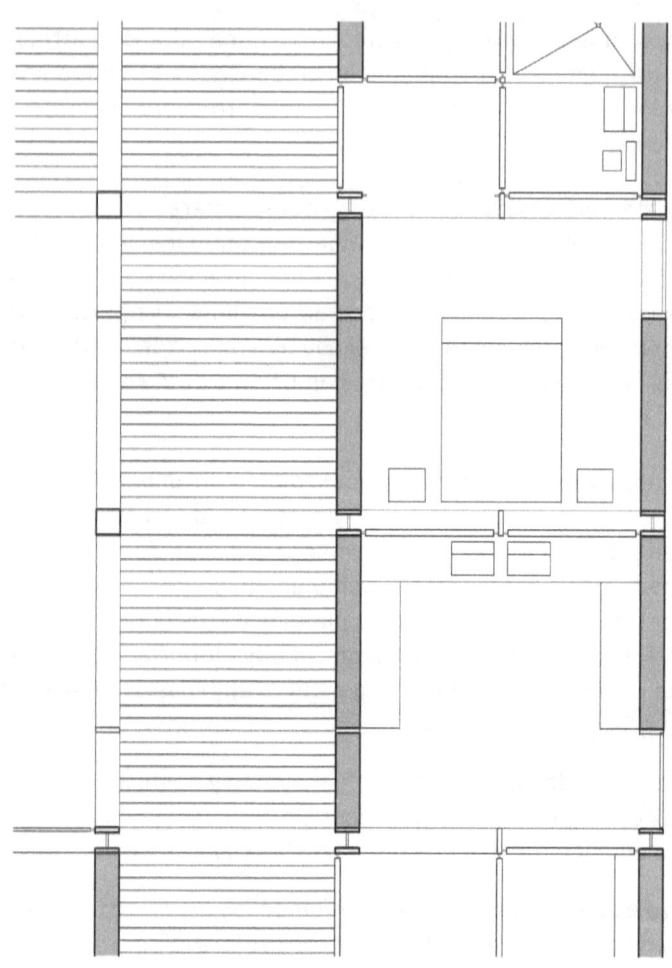

Fig. 70. **Detalle de la planta de la Casa Texas 3**

Este hecho es confirmado también por el arquitecto, quien en sus textos introductorios a las *Texas Houses* escribe:

"La introducción de muros de carga de mampostería con columnas periféricas y un patio central informaron el desarrollo de esta casa, como lo hizo las terminaciones de muro con tapas metálicas, ranuras en vidrio y el deslizamiento de elementos de acero vaciando esas ranuras. Había un lado de habitación, un lado de servicios y un centro para el estar, que incluye el patio, biblioteca y música. Una relación diagonal del programa fue intentada... tentativamente. Como en la Casa 1 y en la Casa 2 la iluminación por el triforio fue un elemento importante..."[29]

Aunque en el texto de presentación de la *Casa Texas* 3 Hejduk no defina que el miembro central de la columnas sea de vidrio, sino que este ha sido deslizado *"vaciando esas ranuras"*, es decir que los elementos que hemos llamado hasta el momento como columnas de perfil en I son en realidad la combinación de dos elementos metálicos que funcionan como terminaciones de los muros de carga y un elemento de vidrio intermedio. Estos tres elementos, entonces, no cumplen ninguna función estructural, su posición responde a la apariencia de las columnas mas no a su función. Además, esta configuración tiene un efecto secundario, la generación de un corte sobre la superficie cerrada y continua de los muros laterales. Esta explicación ayudaría a entender otro esquema anterior de la Texas 3 (Fig. 71). A diferencia del plano publicado en *Mask of Medusa*, las columnas del eje central son en su totalidad los aparentes perfiles en I. El elemento central de la columna metálica está representado, nuevamente apenas con una línea gris, es de vidrio, mientras que los elementos transversales a este, superior e inferior están representados con líneas Negras, correspondientes a elementos

---

UH7zy3MpOH0?t=1200.

[29] Hejduk, "Introduction to the Texas Catalogue". Cita original: "The introduction of masonry bearing walls with peripheral columns and a central court informed the development of this house, as did metal-capped, glass-slotted wall ends and a slippage of steel elements out from void slots. There was a bedroom side, a utility side, and a center for living, including court, library and music. A diagonal relationship of program was attempted...tentatively. As in House 1 and House 2 clerestory lighting was a major element. House 3 was started in 1954 and was worked on and off until 1960; it was never fully completed, although the garden opened up particular possibilities."p.42.

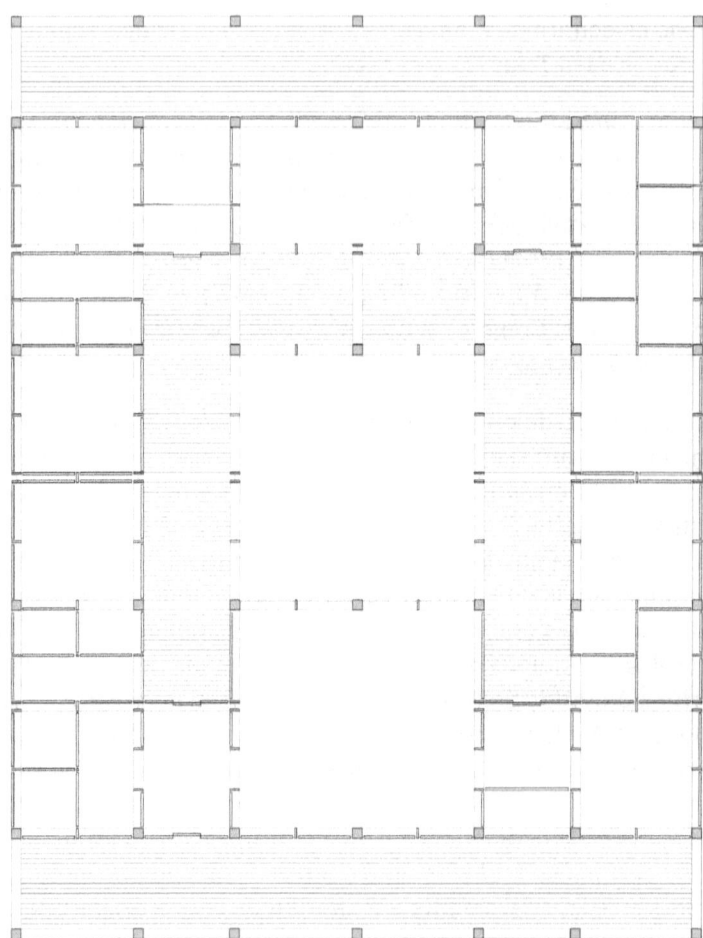

Fig. 71. **Planta Casa Texas 3**

Existen diferentes versiones de la planta de la Casa Texas 3 que mantienen la composición de los módulos espaciales del interior y la organización en quiasmo pero que varían en cuanto a la definición de las columnas interiores de la casa.

Casa Texas 3, planta proceso – basado en el plano "DR1998 0049 001 006" (Centro Canadiense de Arquitectura), Fuente: Elaboración propia.

Fig. 72. **Splitting imagen exterior, Gordon Matta-Clark**

cortados en planta. Permitiendo por un lado la completa transparencia de la serie de columnas. Y, por otro lado, el traslado del límite de la casa al interior.

Mientras que la disposición de muros de carga es coherente con los límites del esquema formal y estos establecen una separación clara entre interior y exterior de la obra, el tratamiento de los elementos verticales inserta una fisura al interior de la casa. Esta fisura, además coincide con el eje central de organización del quiasmo enfatizando esta línea como un eje de división al interior de la casa. El hecho de ubicar esta fisura sobre el centro de la casa relaciona los espacios interiores, exponiéndolos al exterior. El centro de la *Casa Texas 3* que por otra parte es vacío e inaccesible, niega nuevamente su posición como centro, y por ende como espacio interior por excelencia, al estar expuesto y directamente relacionado al exterior.

Tan sólo nueve años después de la finalización de las *Casas Texas* en 1963, el artista Gordon Matta-Clark, quien además tiene una formación de arquitecto, realiza una obra titulada *Splitting (separando)*.

(Fig. 72) En esta obra Matta-Clark también traslada al interior de una obra arquitectónica, en este caso una casa unifamiliar ya construida, una fisura que la atraviesa en su totalidad. La obra fue documentada por el artista en fotografías, filme y posteriormente publicada mediante fotomontajes[30], pero lo que nos interesa en este momento fue la operación realizada por Matta-Clark, la separación física de una casa, en su totalidad, en dos.

Splitting consiste en la determinación de una línea de corte vertical, "convencionalmente utilizada en dibujos ortográficos para la producción de secciones arquitectónicas"[31]. Y la utilización de esta línea para cortar la casa físicamente en dos. El resultado de esta operación es la ruptura del límite cerrado de la casa que define el espacio interior. A pesar de la extrañeza generada en las fachadas de la casa, aún es posible identificar el objeto como la misma casa. Como lo describe Matta-Clark:

"En Splitting lo que ha hecho el corte es volver el espacio más articulado, pero la identidad del edificio como un lugar, como un objeto, es fuertemente conservado, realzado."[32]

La identidad del edificio es conservada, como afirma Matta-Clark, porque ninguna de las partes de la casa ha desaparecido ni alterado su posición. Efectivamente, el corte, no ha modificado el *orden*, o *taxis*, de la casa. El corte, entre otras cosas, ha afectado la capacidad de la casa de definir un límite exterior claro y por ende ha obstaculizado la posibilidad de definir un espacio interior "protegido" del exterior. Esto es evidente en la fotografía interior de la casa de *Splitting*. A diferencia del exterior que mantiene la lectura, su identidad, de casa, es importante notar que en esta obra el hecho de cortar la casa en dos no implica la eliminación de una de las partes, únicamente es explícito el hecho de la fisura. En contraste el espacio interior está expuesto; la separación de todas las

---

[30] Stephen Walker, *Gordon Matta-Clark: Art, Architecture and the Attack on Modernism*, 1a ed. (New York City: I. B. Tauris & Co. Ltd, 2009).p.107.
[31] Ibid.p.39.
[32] "In [Splittin] what the cutting's done is to make the space more articulated, but the identity of the building as a place, as an object, is strongly preserved, enhanced." Gordon Matta-Clark, Notecard, EGMC, #1208, Anarchitecture Period c.1973. citado en: Ibid.p.62.

superficies que definen estos espacios, paredes, techos y suelos, exponiendo las estructuras ocultas que conforman estos espacios invierten la noción de un interior separado del exterior.

La obra *Splitting* produce una condición análoga a la *Casa Texas 3* en cuanto al tratamiento del límite y su función dentro de la utilización de la *taxis*, la diferenciación clara entre el mundo exterior y el mundo interior. Cada una de las obras siguiendo un procedimiento opuesto, la *Casa Texas 3* mediante la definición y manipulación de uno de los elementos ordenado por la *taxis* y *Splitting* mediante la manipulación material de una obra arquitectónica.[33]

En la *Casa Texas 3* existe una inversión de la idea de límite entendido como una parte integral de la *taxis*. El límite, en la *taxis* tiene la función de ser la clara diferenciación entre el exterior indiferenciado y el orden interno, define un principio y un fin y de esa manera "protege" el interior. En la *Casa Texas 3* esta noción está invertida por la manipulación de los elementos verticales presentados como columnas metálicas. Al reemplazar el centro de las columnas con paneles de vidrio, Hejduk, transforma un elemento estructurante, ordenador, dispuesto en función de la *taxis* de la casa a su contrario. El lugar en el que es introducida la fisura a los límites de la misma.

Mientras que en esta obra la manipulación del límite permite, como en *Splitting*, exponer la fragilidad que existe entre el interior de la casa, el centro, con el espacio exterior, apenas con la manipulación puntual de los elementos verticales. En las *Casas Diamond* Hejduk incorpora el espacio entre el interior y el exterior como un espacio constitutivo de la casa. En las *Casas Diamond* existe una materialización de ese espacio indeterminado, una espacialización del límite.

---

[33] Sobre la explícita oposición de Gordon Matta-Clark a la separación entre forma y materia en arquitectura véase: Cohn, David. "Blow-Out: Gordon Matta-Clark and the New York Five". En ¿Construir...o deconstruir? Textos sobre Gordon Matta-Clark, editado por Darío Corbeira, 1a ed., 77–90. Salamanca, España: Ediciones Universidad de Salamanca, 2000.

El límite como espacio no determinado

"In the Diamonds one is always talking about the edge membranes. That membrane is an edge condition, a line condition, a threshold condition. It's non-physical; it's physical by memory. There's a universal; it's an expanding universe. It's emanating from a center; it's an explosive center. There is an armature which is reflecting energy out to the corners and then you build up that condition outside."[34]

"En las Diamantes uno siempre está hablando de las membranas de los bordes. Esa membrana es una condición de borde, una condición de línea, una condición de umbral. Es no-física; es física por memoria. Hay un universal; es un universo en expansión. Está emanando de un centro; es un centro explosivo. Existe un armazón que está reflejando energía hacia las esquinas y luego acumulas esa condición afuera."[35]

John Q. Hejduk

"Mi casa es diáfana, pero no de vidrio. Es más bien de la misma naturaleza que el vapor. Sus paredes se condensan y se relajan según mi deseo. A veces, las estrecho en torno mío, como una armadura aislante...Pero otras, dejo que los muros de mi casa se expandan en su espacio propio, que es la extensibilidad infinita."[36]

Georges Spyridaki

---

[34] John Hejduk, "Explosive Center", en *Mask of Medusa: Works 1947-1983*, ed. Kim Skapich, 1a ed. (New York City: Rizzoli International Publications, 1985), 50.
[35] Traducción por el autor.
[36] Georges Spyridaki, *Mort Lucide* (París, Francia: Seghers, 1953).p.35. Citado en: Bachelard, Gaston. La poética del espacio. Traducido por Ernestina Champourcin. 2a ed. Ciudad de México, México: Fondo de Cúltura Económica, 2016.

El concepto de área virtual

Hasta el momento hemos observado como la manipulación material de elementos verticales del interior de la *Casa Texas 3* problematiza la aparente coherencia en la definición del límite de la obra. También, observábamos, como esta fisura del margen de la casa pone en cuestión el posicionamiento del centro, al invertir una característica esencial para la definición de este espacio, el hecho de estar "protegido". Protegido al estar completamente rodeado por otros espacios pertenecientes al interior de la casa. Sin embargo, esta problematización del espacio central mediante la contradicción del límite continúa operando dentro de las categorías opuestas de espacio interior y espacio exterior.

Si bien el espacio interior de la *Casa Texas 3* es expuesto como frágil por la fisura del límite, el espacio exterior no es integrado a la casa, como tampoco es integrado el límite como un problema espacial. Es decir, el límite es expresado como una línea o como la disposición de un elemento que marque la transición de una condición exterior a una interior. Esto cambia en las *Casas Diamond* en donde el límite es trabajado como un espacio no determinado entre interior y exterior. Es un espacio no determinado en cuanto no es evidente que la determinación de los elementos que componen esta parte, así como la definición de este espacio, esté condicionada por la *taxis* interior o por fuerzas externas. Condición presente en las *Casas Diamond A y B*.

En la *Casa Diamond A* por la disposición de una franja de transición entre el interior y el borde exterior de la casa. Esta franja interrumpe el orden interno y en ella están dispuestos elementos verticales unidireccionales. La organización de estos elementos, en apariencia, no tiene ninguna relación con el orden interior y además permite una doble lectura del cerramiento de la casa, a la vez abierto y cerrado.

En la *Casa Diamond B* esta condición está presente nuevamente en una franja de transición entre el interior y exterior de la casa. Pero en este caso, la franja está depurada de cualquier elemento, sus bordes están definidos únicamente por paneles completos de vidrio transparente que invierte la materialidad de los muros unidireccionales del interior de la casa.

Ambas casas comparten la incorporación de este espacio no determinado al espacio interior en el tratamiento de las terrazas. En las terrazas de estas casas este espacio no determinado no está configurado en franjas de transición, sino que pasa a ser el espacio principal, y, a su vez, el espacio "interior" de estas plantas está comprimido.

Esta complejización de la definición de los límites de la casa y por ende de la relación interior/exterior no está contemplada por la definición de *area* de Alberti que discutimos en la sección anterior. Frente a la necesidad de expandir sobre la definición de área Franco Purini propone el concepto de área virtual.

Purini identifica dos corrientes en la definición de área en arquitectura[37]. Por un lado, la definición albertiana, ya mencionada en la sección anterior. Para Purini la característica esencial de la mirada albertiana es la definición precisa, propia de una "abstracción clasificatoria", de una *parcela de tierra*[38]. En contraste, Purini, cita la descripción realizada por Palladio del lugar geográfico de una de sus villas. Si en el caso de Alberti la definición de lugar está supeditada a una lista de condiciones abstractas, no específicas a un sitio sino a condiciones compartidas entre lugares "buenos", Palladio enfatiza la particularidad del "paisaje vivido y experimentado"[39]. Un paisaje por fuera de los límites físicos del proyecto, qué sin embargo es utilizado por Palladio para describir el proyecto. Frente a estas dos posiciones, la definición Albertiana de una *parcela de tierra* delimitada que define un espacio interior con reglas autónomas y el *paisaje vivido y experimentado* de Palladio Purini define el concepto de área virtual de la siguiente manera:

"En este sentido, el área es resultado de una contradicción siempre presente en la formación del objeto arquitectónico, que surge de la imposibilidad de transferirle a la ocasión del lugar el orden geométrico formal, dotado de capacidad interior de desarrollo autónomo. Esta contradicción

---

[37] Franco Purini, "Una interpretación del concepto de área en arquitectura", en *La Arquitectura Didáctica*, trad. Antonio Pizza, 1a ed. (Valencia, España: Casa del libro Editrice, 1980), 67–84.
[38] Alberti, "Book One: Lineaments".
[39] Purini, "Una interpretación del concepto de área en arquitectura".p.67.

genera el área, que reviste entonces una dimensión necesariamente ausente, solamente concebible como "deseo".[40]

El "deseo" referido por Purini no es otra cosa que poder expresar transparentemente el *orden* del edificio, su *taxis,* de manera autónoma y al mismo tiempo estar localizado, el proyecto, en un lugar específico. La contradicción que resulta en el concepto de área en arquitectura es producto de la imposibilidad de definir un interior verdaderamente autónomo. Si la autonomía del interior está perfectamente expresada, es porque el proyecto no ha entrado en contacto con el lugar y cualquier proyecto de arquitectura localizado en una parcela de tierra encuentra que la autonomía de ese espacio delimitado interior es, como lo ha llamado Purini, apenas un *deseo.*

Volver sobre la problematización del límite en la *Casa Texas 3* es ilustrativo. Si bien, como afirmamos en la sección anterior, la organización de las partes, así como la disposición de los elementos sigue las reglas del esquema formal, el centro, que por otra parte es inaccesible y vacío, no está protegido en el sitio "más interior" sino que es precisamente por ese lugar que ocurre una fisura en la casa. Los límites, nuevamente en apariencia coherentes, evidencian la contradicción mencionada por Purini. El espacio interior, definido y posibilitado por ese "orden geométrico formal, dotado de capacidad interior de desarrollo autónomo", es mostrado por Hejduk como contingente.

La diferenciación entre espacio interior y exterior es una de las categorías fundamentales para "el entendimiento de la estructura del mundo físico"[41]. La apertura realizada por Hejduk entre las dos, interior y exterior, no es algo menor. En este sentido Purini cita al psicólogo Kurt Lewin quien en su ensayo titulado *Principios de psicología topológica* estudia la importancia de estas categorías.

Categorías como *interior-exterior, adentro-fuera, cercano-lejano, arriba-abajo* permiten establecer puntos de referencia dentro de un sistema espacial. Esto es cierto no sólo para un sistema espacial cerrado, de

---

[40] Ibid.p.70.
[41] Ibid.p.79.

márgenes definidos, sino también para la comprehensión del espacio exterior. La presencia de objetos, o entidades reconocibles dentro de la expansión del espacio exterior permiten reconocer un punto específico, fijo, afectado por la presencia de una entidad definida.

"La idea de una especia de materia esférica y sin diferencias, siempre igual a sí misma, se anima de este modo, con sistemas orientativos de diferencias dependientes de posiciones, de relaciones recíprocas entre puntos diversos. Así un recinto instituye en el espacio abierto un principio de reconocibilidad, una cosa "altra da sé"; una habitación cerrada afirma (en su calidad de elemento que toma parte en el espacio extenso constituyendo una cavidad) la existencia de sistemas dentro de sistemas; un conjunto de habitaciones permite establecer entre éstas jerarquías de posición, referir el espacio interior de una al de las otras, considerar unos espacio como más interiores que los contiguos, justamente porque están rodeados por ellos."[42]

En el caso de las casas Diamond, no existe ninguna consideración acerca de un lugar específico, todas las casas están dibujadas sin sitio. El espacio exterior al orden de las casas es únicamente representado por la neutralidad del papel que contiene los planos. Podría afirmarse entonces, teniendo en cuenta lo anterior, que las reflexiones acerca del área virtual no son pertinentes para las Casas Diamond, pero es exactamente lo contrario. El hecho de trabajar la apertura del interior y la continuidad del orden interno hacia el exterior (FIG. 73) implica que la apertura no es hacia el "paisaje vivido y experimentado" que engloba el lugar de la casa, como lo describe Palladio. No, esta apertura de las Casas Diamond está realizada a la expansión indiferenciada del exterior: el plano espacial infinito.[43]

En un sentido análogo, Purini utiliza el ejemplo del faro de Étienne-Louis Boullée para referirse a la influencia ejercida por un elemento en un área infinita. La monumentalidad expresada por Boullée en los alzados del *Faro por niveles* (FIG. 74) y el *Faro truncado*, así como la am-

---

[42] Ibid.p.79.
[43] Michele Furnari, "Aspects of Formal Design in Renaissance Architecture", en *Formal Design in Renaissance Architecture*, 1a ed. (New York City: Rizzoli International Publications, 1995), 175–97.

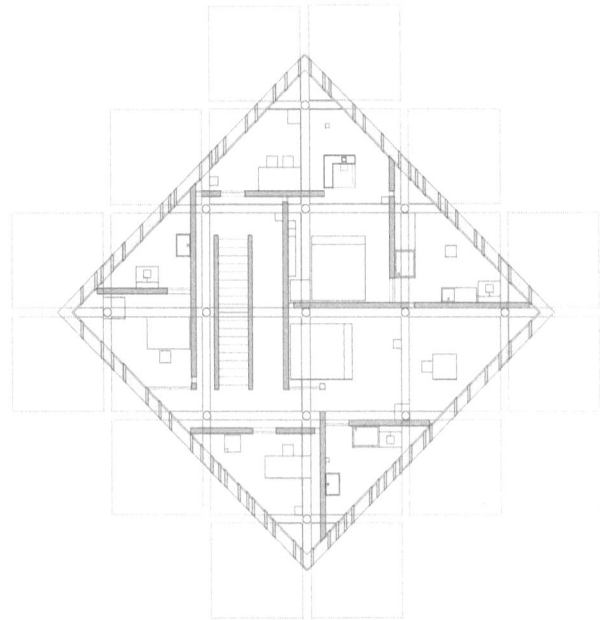

Fig. 73. Diagrama de esquema formal y su relación con el borde en la Casa Diamond A
Casa Diamond A, Diagrama en planta– basado en el plano "DR1998 0060 003 002 " (Centro Canadiense de Arquitectura), Fuente: Elaboración propia.

bigüedad en la representación del lugar de estas dos estructuras, una representada sobre el mar y la otra en el desierto, le permite a Purini afirmar que: "El área que le corresponde es metafóricamente la de una vastedad sin fin..."[44]

El área que le corresponde a las *Casas Diamond* es metafóricamente, también, la de una vastedad sin fin. Pero en el caso de esta serie de casas de John Hejduk, estas estructuras no ayudan a "guiar a los viajantes en el desierto". Estas casas no pueden ser puntos de referencia porque el proceso de expansión del orden interior, así como la apertura de los límites de la casa imposibilitan la lectura de un cuerpo definido y cerrado.

[44] Purini, "Una interpretación del concepto de área en arquitectura".p.71.

Fig. 74. **Fanal à étages, faro por niveles**
Imagen: Étienne-Louis Boullée, Élévation, Fanal à étages, 1781-1793.

Transgresión del límite

La transgresión de los límites de una obra, es una condición no exclusiva al trabajo de John Hejduk. Jacques Lucan, en su libro *Composición, no-composición*, describe el paso entre las operaciones compositivas por partes, propia de comienzos del siglo XIX hacia la incorporación de ideas de espacio abierto de comienzos del siglo XX.

Lucan afirma que la palabra espacio era prácticamente inexistente en el vocabulario arquitectónico previo al siglo XIX. Y durante el siglo XIX la utilización de esta palabra contempla únicamente el exterior de las obras en un sentido negativo de ausencia de caracterización[45]. Lucan cita los comentarios de Julien Guadet sobre el *Grand* y el *Petit Palais* construidos en París en ocasión de la Exposición Universal de 1900 para ilustrar esta utilización de la palabra:

"*...él alabó la arquitectura en sí misma, pero fue incapaz de entender lo que creaba la confrontación entre estos dos edificios – ni una calle ni una plaza, sino lo que él describió despectivamente como "un espacio", queriendo decir una expansión sin atributos.*"[46]

Guadet representa una tradición que considera la pieza, o la habitación, como la materia de trabajo de la arquitectura. Las consideraciones sobre estas piezas son entonces: sus dimensiones, su forma, su estructura y su iluminación, además de, la relación de esta pieza con otras[47]. La *taxis* del edificio radica en la relación y variación que mantienen estas piezas y dado que la cantidad de piezas es siempre un número finito el proyecto tiene un límite definido. El límite está construido por las piezas de borde, todo el espacio más allá de estas piezas es inconsecuente para el proyecto, y por ende la consideración despectiva de Guadet frente a este espacio sin atributos.

A pesar de la incomprensión por parte de los arquitectos franceses del siglo XIX del espacio exterior, la apertura del espacio, es decir la apertura de los límites del espacio, que concebían únicamente el espacio contenido en el interior, hacia una idea de espacio expansible infinitamente ya estaba presente en la experiencia de la arquitectura del renacimiento italiano. Michele Furnari identifica en la Basílica de San Lorenzo diseñada por Fillipo Brunelleschi esta idea espacial ya articulada[48]. Furnari argumenta que en San Lorenzo existe una diferencia ante las

---

[45] Jacques Lucan, "The Enclosure Breached: Space and Time", en *Composition, Non-Composition: Architecture and Theory in the Nineteenth and Twetieth Centuries*, trad. Theo Hakola, 1a ed. (Lausanne, Switzerland: EPFLS Press, 2012), 385–403.
[46] "...he praised the architecture itself, but failed to grasp what the confrontation between these two buildings was supposed to create – neither street nor square, but rather what he disparagingly referred to as "a space," meaning a virtueless expanse." (traducción por el autor). Ibid.p.385.
[47] Ibid. p. 385.
[48] Furnari, "Aspects of Formal Design in Renaissance Architecture".p.176.

construcciones góticas y románicas, en donde el espacio interior era el resultado de la sumatoria de unidades estructurales independientes. La articulación entre estas unidades estructurales era dada por elementos que interrumpían cualquier posible continuidad espacial interior, cada una de las unidades estructurales contenía un fragmento del espacio constitutivo de la obra. No existía entonces una regla general más allá de la construcción de cada una de las piezas. El espacio gótico no concibe el espacio como una entidad que pueda existir de manera independiente a los objetos.

Brunelleschi trabaja de otra manera en la Basílica de San Lorenzo. Según Furnari, todos los elementos del interior no están definidos y proporcionados individualmente, sino que siguen un patrón general que gobierna su posicionamiento en planta como también su definición vertical[49]. La importancia de este cambio radica en que la aplicación del esquema abstracto de composición implica el reconocimiento de la existencia del espacio de manera independiente a la presencia de los cuerpos. Sobre este tema comenta Furnari:

"El espacio se convierte en un contenedor unitario, dentro del cual habitan personas-objetos, edificios-objetos y así sucesivamente. Permanece impalpable en su infinitud, pero perceptible en la continuidad y homogeneidad de la superficie que lo define. Y cuando, cerca de un siglo y medio después, Descartes define este aspecto, describiendo la realidad espacial como "res extensa", la humanidad se hallará a sí misma la protagonista de un espacio-ambiente expandiéndose unitaria e infinitamente en todas las direcciones a su alrededor."[50]

Es importante señalar este cambio en la concepción espacial del Renacimiento porque es esta idea de espacio que los arquitectos de comienzo del siglo XX incorporarán. Volviendo al paso entre la composición por partes y la incorporación de la idea de espacio continuo Jacques Lucan

---

[49] Ibid.p.176.
[50] "Space becomes a unitary container, within which dwell people-objects, building-objects, and so on. It remains impalpable in its infinity, but perceptible in the continuity and homogeneity of the surfaces that limit and define it. And when, nearly a century and a half later, Descartes defines this aspect, describing spatial reality as res extensa, mankind will find itself the protagonist in a space-environment expanding unitarily and infinitely in all directions around it." (traducción por el autor). Ibid.p.178.

ve en la figura de Theo van Doesburg el celebrador en arquitectura de esta condición de espacio infinito[51].

Lucan señala cuatro condiciones que resultan de la incorporación del espacio abierto en la obra de van Doesburg, y que están descritas por el mismo van Doesburg en su artículo *L'evolution de l'architecture moderne en Hollande*; la *planta abierta*[52], que está directamente relacionada con la segunda condición de *espacio universal*. El espacio universal, como es llamado por van Doesburg[53], que no es otra cosa que el espacio absoluto en expansión que describimos anteriormente. Pero la apertura a esta idea de espacio le interesa a van Doesburg en cuanto, el *espacio universal* niega cualquier jerarquía de un punto sobre otro. Si el espacio es definido como infinito ningún punto puede asumir una posición privilegiada dentro del sistema. La tercera condición es la *eliminación de la habitación*. Dentro del sistema del *espacio universal*, van Doesburg elimina la posibilidad de definir un espacio autónomo, completamente cerrado, y opta por determinar los espacios por planos rectangulares aislados. Por último, las condiciones anteriores culminan en la *eliminación de la dualidad entre interior y exterior*[54].

Todas estas condiciones son evidentes en una pintura de van Doesburg titulada *Ritmo de una danza rusa*, de 1918 (Fig. 75). La pintura consiste de una serie de rectángulos esbeltos y sueltos dibujados sobre un fondo gris. Todos los rectángulos tienen el mismo grosor, aunque de longitudes variables, y están dibujados en uno de cuatro colores; negro, amarillo, azul o rojo. No existe un patrón geométrico evidente que permita adivinar el posicionamiento de cada uno de los rectángulos, sin embargo, es evidente el cambio de frecuencia en cuanto a la cantidad de rectángulos en zonas de la pintura. La mayor cantidad de elementos determina espacios, aunque no completamente cerrados, sí definidos por estos elementos rectangulares. La determinación del espacio interior, identificable

---

[51] Lucan, "The Enclosure Breached: Space and Time".
[52] *open plan* en el texto.
[53] Theo van Doesburg, "L'evolution de l'architecture moderne en Hollande", *L'Architecture vivante*, núm. Otoó e Invierno (1925). Citado en Lucan, Jacques. "The Enclosure Breached: Space and Time". En Composition, Non-Composition: Architecture and Theory in the Nineteenth and Twetieth Centuries, traducido por Theo Hakola, 1a ed., 385–403. Lausanne, Switzerland: EPFLS Press, 2012.
[54] Lucan, "The Enclosure Breached: Space and Time".p.387.

Fig. 75. **Ritmo de una danza rusa**
Imagen: Theo van Doesburg, Rhythm of a Russian Dance, 1918

únicamente por el cambio de color del fondo, es en apariencia arbitraria. No existe ningún cambio en el tratamiento de los elementos rectangulares que indique el cambio entre espacio interior y exterior. El hecho de que dos rectángulos amarillos de la zona inferior de la pintura estén ubicados completamente en la zona exterior confirma esto. Así como la presencia de rectángulos completamente imbuidos en el espacio interior confirma que la definición de este, el espacio interior, es accidental en cuanto al orden o cantidad de elementos longitudinales necesarios para definirlo. Es decir, la cantidad y posición de rectángulos puede variar, alguno puede incluso desaparecer, pero la definición de estos espacios no cambia. La configuración del espacio interior no resulta en un volumen geométrico reconocible, sobre esto van Doesburg afirma:

"La nueva arquitectura es anti-cúbica, lo que quiere decir que no comprime los diversos espacios en un cubo cerrado. Al contrario, las diferentes células espaciales (volúmenes de balcones etc. Incluidos) son desarrollados excéntricamente – del centro a la periferia del cubo – y de esta manera las dimensiones de altura, ancho, profundidad y tiempo son dotadas de una expresión plástica nueva."[55]

Esta negación del objeto como un cuerpo definido es la principal diferencia en el tratamiento de la relación del espacio interior con el *espacio universal* entre Theo van Doesburg y las *Casas Diamond* de John Hejduk. Si bien existe una relación directa entre los dos, confirmada por el mismo Hejduk[56], y evidente por la utilización de un lenguaje formal de muros sueltos en el interior para la definición de los espacios y la no coincidencia de este esquema con los límites de la casa, condición que aplica para las dos *Casas Diamond*. Ambas casas conforman volúmenes geométricos definidos, y mantienen una relación de apertura al espacio exterior. Relación que es contrastante entre las dos casas, una mediante la doble condición abierto/cerrado y la

---

[55] van Doesburg, "L'evolution de l'architecture moderne en Hollande". Citado en Lucan, "The Enclosure Breached: Space and Time". Cita original: "The new architecture is anti-cubic, which is to say it does not compress the various spaces into a closed cube. On the contrary, the different spatial cells balcony volumes etc. included) develop eccentrically – from the center to the periphery of the cube – and in this way the dimensions of height, breadth, depth and time are endowed with a new plastic expression."
[56] John Hejduk, "Introduction to the Diamond Catalogue", en *Mask of Medusa: Works 1947-1983*, ed. Kim Skapich, 1a ed. (New York: Rizzoli International Publications, 1985), 48–49.

otra mediante un borde de un espacio "sin atributos". Las *Casas Diamond* establecen una relación distinta de apertura del espacio interior a la descrita por van Doesburg. A pesar de la conformación de un volumen geométrico en ambas casas, este volumen no "es una forma de separación" ni un elemento en "oposición"[57] al espacio exterior. Las *Casas Diamond* incorporan el espacio exterior en la espacialización del borde y en la expresión del espacio exterior, como plano espacial infinito, en las terrazas.

Incorporación del espacio exterior al interior (*Casas Diamond*)

Theo van Doesburg afirmaba que su exploración del *espacio universal* resultaba en la negación de objetos comprimidos en volúmenes unitarios y, por ende, en una arquitectura anti-cúbica. Las dos *Casas Diamond* conforman volúmenes definidos, e incluso en la *Casa Diamond A* la apertura ocurre inscrita dentro del volumen de un cubo virtual (Fig. 76).

En ambas casas los volúmenes están conformados por el apilamiento de cuatro planos horizontales que corresponden con los cuatro niveles habitables. En el caso de la *Casa Diamond A* esta incluye un quinto plano horizontal que corresponde a la cubierta de la terraza del nivel superior. Ningún elemento del interior de las casas transgrede los límites de las placas horizontales. Son estas placas las que definen la línea de borde externo de los volúmenes de ambas casas.

Es notable la disociación que existe entre la orientación del orden interno de las *Casas Diamond* con respecto a las placas horizontales; un giro de 45° a las placas, cuadradas en planta, resulta en la lectura de esta figura como diamante. Hejduk da una explicación de esta operación por su efecto en un tema específico a la representación en arquitectura.

"Cuando un cuadrado en planta es dibujado en isométrica se muestra al ojo como una proyección tridimensional. Cuando más de una planta es proyectada en isométrica, estas se apilan naturalmente y aún parecen una

---

[57] Yve-Alan Bois, "Mondrian and the Theory of Architecture", *Assemblage* 4, núm. Oct. 1987 (1987): 102–30.

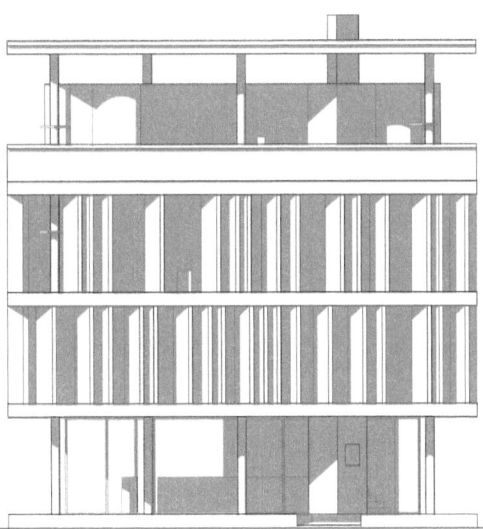

Fig. 76. **Alzado Casa Diamond A**
Casa Diamond A, Alzado – basado en el plano "DR1998 0060 003 " (Centro Canadiense de Arquitectura), Fuente: Elaboración propia.

representación tridimensional. Cuando el diamante es dibujado en isométrica, ocurre un fenómeno especial. Las formas parecen bidimensionales; los pisos se traslapan en una visión bidimensional primaria. Las formas se inclinan hacia adelante en la isometría hacia el cuadro de visión..."[58]

Las axonometrías de las casas ilustran la condición señalada por Hejduk (Fig. 77). En la axonometría general de la *Casa Diamond A* todo el espacio interior de la casa está comprimido entre la placa inferior, colocada sobre el suelo, y la cubierta de la terraza. El hecho de que ambas placas estén

---

[58] "When a square form in plan is drawn in isometric it appears to the eye as a three-dimensional projection. When more than one floor plan is projected in isometric, it builds up quite naturally and still appears as a three-dimensional representation. When the diamond is drawn in isometric and has a plan of more than one floor, a very special phenomenon occurs. The forms appear two-dimensional; the stories overlap each other in a primary two. dimensional vision. The forms tip forward in isometric towards the picture plane..." (traducción por el autor). Hejduk, "Introduction to the Diamond Catalogue".p.49.

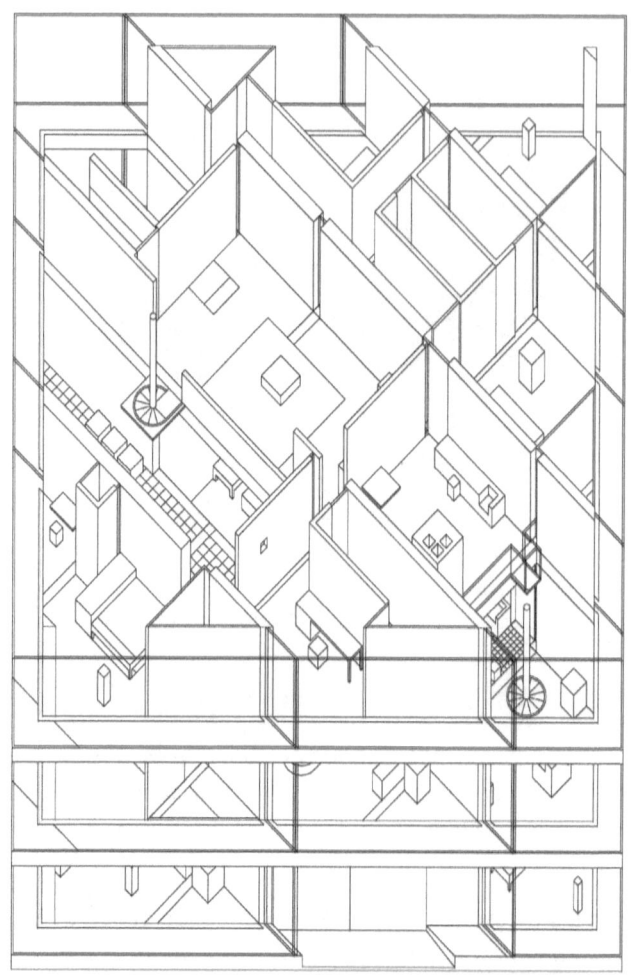

FIG. 77. **Axonometría tercer nivel Casa Diamond B**
Casa Diamond B, axonometría – basado en el plano "DR1998 0061 001 017" (Centro Canadiense de Arquitectura), Fuente: Elaboración propia

alineadas y paralelas, junto con los planos horizontales intermedios, deforma la lectura del cubo del volumen de la casa al estirarlo. La axonometría del tercer nivel de la *Casas Diamond B* enfatiza esta misma condición. Pero más allá de la relación entre proyecto y su representación explorados por Hejduk[59], esta segunda axonometría evidencia una condición importante para nuestro tema. No sólo que ningún elemento del interior transgrede los bordes de los planos horizontales, sino que en el interior de ambos proyectos existe un segundo límite, previo a los extremos de los planos horizontales, que establece el final del orden interno.

Previamente hemos señalado la caracterización del borde en la *Casa Diamond A* en relación con la construcción del orden interior, en este caso hablaremos del tratamiento de este elemento con respecto a los límites de la casa. Este borde interno tiene tres tratamientos diferentes en la casa. En la planta de acceso el borde está expresado como una línea marcada sobre la placa horizontal, base del proyecto. Este borde no corresponde con el inicio del espacio interior, puesto que este está delimitado sobre los cuatro cuadrados del centro. Esta línea no tiene ningún efecto material sobre los elementos de esta planta aparte de indicar el inicio y el fin de los pequeños desniveles de acceso. Hejduk mantiene la expresión de este borde interno, así como la dimensión completa del plano horizontal base.

Los siguientes dos niveles de la *Casa Diamond A* están caracterizados por el posicionamiento de elementos verticales, unidireccionales, sobre el espacio de este borde interno. El segundo nivel contiene 74 elementos mientras que en el tercer nivel la cantidad de elementos verticales es reducida a 54. Todos los elementos están girados 45° con respecto a los bordes de los planos horizontales, es decir, están orientados de la misma manera que la organización interna de las plantas. Sin embargo, no existe

---

[59] La relación entre el proyecto arquitectónico y el significado de su representación es constantemente mencionada por Hejduk en las explicaciones de sus propios proyectos. Alberto Pérez-Gómez posiciona este tema en el centro de la problemática trabajada por Hejduk y afirma que Hejduk se encuentra en la vanguardia de una tradición que ha buscado en la representación arquitectónica nuevos significados. La tradición mencionada por Pérez-Gómez comienza con el espacio perspectivo del renacimiento, pasa por Etienne-Louis Boullée y encuentra en John Hejduk una propuesta para un espacio *post-perspectivo*. Véase: Alberto Pérez-Gómez, "The Renovation of the Body: John Hejduk & the Cultural Relevance of Theoretical Projects", *AA Files* 13, núm. 13 (1986): 26–29.

una relación clara entre estos dos. Como hemos mencionado, la aparente separación entre la organización de los muros de la casa y el posicionamiento de los elementos verticales de la fachada tiene una conexión con respecto a su dirección. En el sentido paralelo a la dirección de los elementos verticales, que coincide con la dirección longitudinal de la escalera, el punto de intersección entre el esquema formal y el borde interno de las fachadas establece la posición de dos elementos verticales. El espacio entre estos dos elementos es exactamente el ancho del eje del esquema formal. En estos puntos, además, ocurre una inversión a la posición del vidrio perimetral. Este pasa de su posición sobre el borde interno de la planta hacia el exterior. El tratamiento de esta intersección ocurre cinco veces en el interior de la planta, incluyendo el eje central, la hipotenusa. El último tratamiento de este borde ocurre en las terrazas en donde esta franja espacial es materializada en la construcción del parapeto. (FIG. 78)

Es la presencia de estos elementos verticales lo que permite la caracterización de las fachadas de esta casa. En la *Casa Diamond B* la ausencia de cualquier elemento en las fachadas imposibilita la lectura de una fachada en sentido tradicional de *frons aedis*. Pero al mismo tiempo el tratamiento de estos elementos de la fachada de la *Casa Diamond A* condicionan una doble lectura de *abierto/cerrado* de la casa. Vista en el sentido paralelo a los elementos verticales no existe ninguna interrupción visual frente al espacio interior (FIG. 79). Los elementos verticales únicamente establecen una sucesión rítmica de elementos lineales. Al contrario, la vista perpendicular al sentido de los elementos de fachada bloquea completamente el espacio interior (FIG. 80). La lectura, en este caso, es de una sucesión de muros fragmentados.

Los templos griegos presentan una condición análoga en cuanto al establecimiento del límite. El hecho de rodear completamente el espacio sagrado interior por columnas ha generado una doble lectura de este elemento. Por un lado, la lectura de Sigfried Giedion quien ve en el trabajo de estas columnas una expresión de una exterioridad absoluta[60]. El cuidado en la definición y manufactura de cada uno de

---

[60] Sigfried Giedion, "La primera concepción espacial arquitectónica", en *El presente eterno: Los comienzos de la arquitectura*, trad. Joaquín Bernaldo de Quirós, 6a ed. (Madrid, España: Alianza Editorial, 1981), 465–96.

Fig. 78. **Borde nivel 4 Casa Diamond A**
Casa Diamond A, Alzado – basado en el plano "R1998 0060 003 " (Centro Canadiense de Arquitectura), Fuente: Elaboración propia.

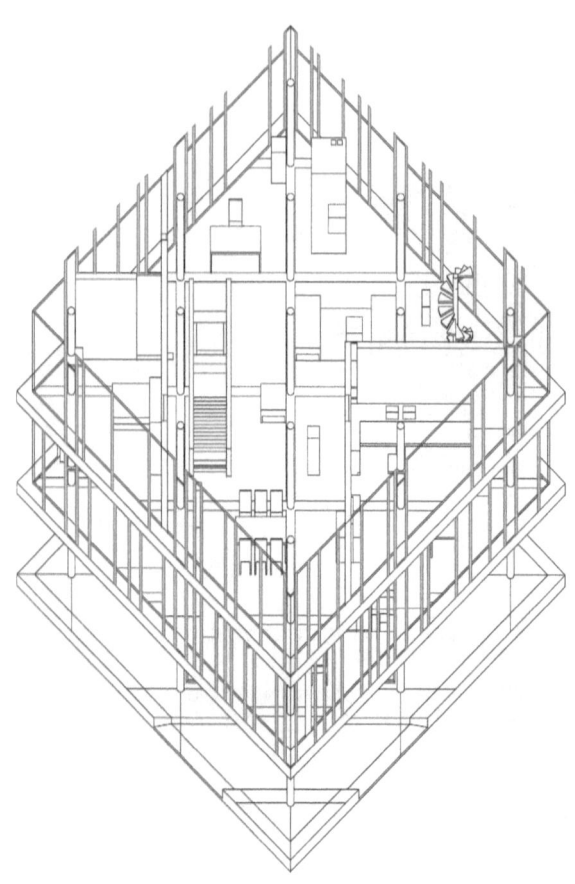

Fig. 79. **Borde nivel 3 en sentido paralelo a los elementos verticales Casa Diamond A**
Casa Diamond A, Alzado – basado en el plano "DR1998 0060 003" (Centro Canadiense de Arquitectura), Fuente: Elaboración propia.

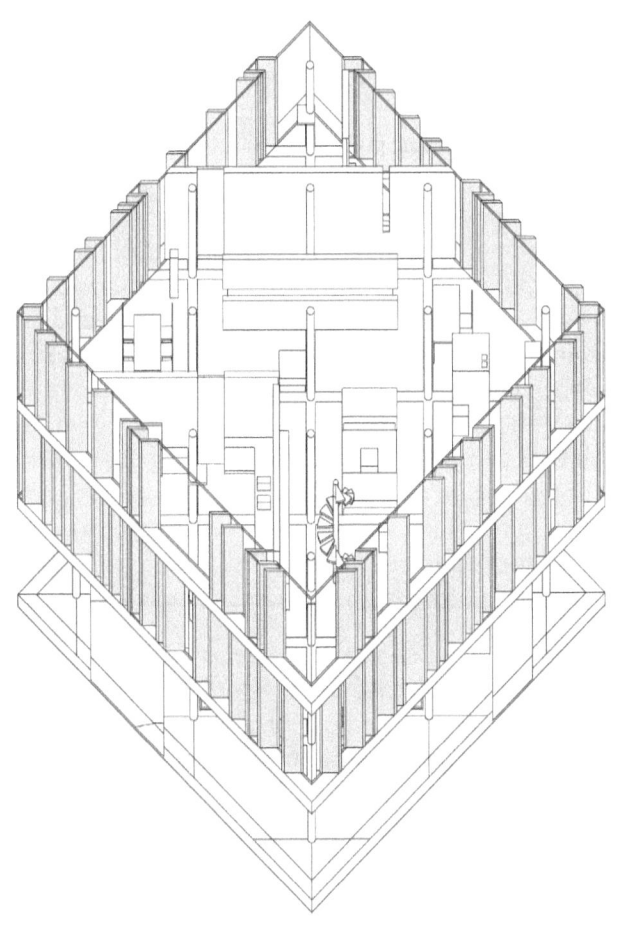

Fig. 80. **Borde nivel 3 en sentido perpendicular a los elementos verticales Casa Diamond A**
Casa Diamond A, Diagrama en axonometría – basado en el plano "DR1998 0060 003" (Centro Canadiense de Arquitectura), Fuente: Elaboración propia.

estos elementos, la definición de un espacio exterior definido por estas columnas y el hecho de que el interior de los templos contraste con el exterior por su austeridad y por su pobreza espacial, además de que el espacio interior de los templos sea inaccesible para los ciudadanos de Grecia es visto por Giedion como la prueba de que esta arquitectura niega cualquier relación entre estas dos condiciones, interior exterior. La arquitectura griega, dice Giedion, es pura exterioridad[61]. Las afirmaciones de Giedion son hechas en función de la exposición de su teoría de las concepciones espaciales, y el ejemplo griego le sirve para posicionar la arquitectura griega como una evolución de lo que ya había sido trabajado, en cuanto a concepciones espaciales, en la arquitectura mesopotámica y egipcia[62]. Pero aún así, teniendo en cuenta esta mirada la posición de Gideon frente al desarrollo de las columnatas no da cuenta de la sofisticación de este espacio intermedio. A pesar de no tener una apertura concreta que abra el espacio interior frente al exterior la inclusión de estos espacios "intermedios" como la definición de los límites de los templos griegos no es un hecho casual.

Vincent Scully en su libro *La tierra, los templos y los dioses* argumenta que la sofisticación de los bordes de los templos griegos radica en la definición de un espacio intermedio. Mitad abierto, mitad cerrado, con una disposición ordenada de las aperturas que permitía un punto medio entre el interior y el exterior[63] (FIG. 81). El comentario de Scully acerca de las columnatas, aunque extenso, es pertinente, por la importancia que coloca sobre este elemento.

"Es también engañoso el tratar de ver la columnata períptera como simplemente un porche en anillo; es demasiado angosta a los lados para eso.

Su propósito tampoco pudo haber sido simplemente soportar la cubierta para proteger los ladrillos de barro de la cella; habría sido fácil simplemente extender las cubiertas para ese propósito. En vez, las primeras columnatas

---

[61] Ibid.p.492.
[62] Sigfried Giedion, *El Presente Eterno: los comienzos de la arquitectura*, trad. Joaquín Bernaldo de Quirós, 6a ed. (Madrid, España: Alianza Editorial, 1964).
[63] Vincent Scully, *The Earth, the Temple, and the Gods: Greek Sacred Architecture* (San Antonio, EE.UU.: Trinity University Press, 2013).p.81.

FIG. 81. **Partenón de Atenas**
"Vista tomada desde el interior, hacia la columnata este (esquina noreste), en el peristilo norte, al amanecer."
Fotografía de Samivel.

perípteras pueden pensarse sirviendo un propósito visual y plástico. El propósito parece claro: articular, penetrar y extender la envolvente exterior del edificio para que pueda convertirse en un verdadero elemento de espacio intermedio, a la vez limitado e ilimitado, enmascarando sus superficies perimetrales, abriendo el espacio y recibiéndolo, estructurando con sus columnas, principalmente, un estándar regular de medidas desde el cual horizontes distantes puedan ser retenidos. *este dispositivo, a lo largo de toda la historia griega, fue utilizado únicamente para los templos. Era por ende sagrado y participaba, una vez inventado, de la sacralidad de los dioses a los cuales simultáneamente protegía y representaba.*"[64]

---

[64] "It is also misleading to attempt to see the peripteral colonnade as simply a ring of porch; it is much too narrow at the sides for that. Nor can it have been intended simply to support roofs to shelter the mud brick walls of the cella; it would have been easy simply to overhang the roofs for that purpose. Instead, this first of peripteral colonnades can only be

Los elementos verticales de la fachada de la *Casa Diamond A* no parecen estar relacionados con la protección y representación de un espacio sagrado interior, pero comparten la misma ambigüedad en cuanto a la definición entre apertura y cerramiento. En el capítulo anterior habíamos observado la implícita continuidad del orden interior de la *Casa Diamond A* más allá de los límites. La posible continuidad infinita de este orden imposibilita la definición de un centro estable. Ahora, el tratamiento de los límites de la casa refuerza esta condición al imposibilitar la determinación de una de las características fundamentales de un espacio; su condición de apertura o cerramiento.

Esta ambigüedad es eliminada en el tratamiento del borde de la *Casa Diamond B*.

La *Casa Diamond B* mantiene el mismo esquema formal utilizado en las casas analizadas previamente. El esquema formal es nuevamente expresado en los trazados del suelo, pero en el caso de esta casa existen dos diferencias importantes en el tratamiento del esquema formal con respecto a la *Casa Diamond A*. La utilización de muros ubicados sobre los ejes del esquema formal en una única dirección y el deslizamiento de este esquema liberando el centro geométrico de la casa (Fig. 82), dejando cuatro ejes longitudinales ocupados por los muros.

Los muros están posicionados y dimensionados con respecto a las dimensiones del esquema formal, con la excepción de una sección del muro ubicado a la izquierda del centro geométrico de la casa, y una pequeña variación en el muro del eje de la extrema derecha. Estos cambios en las dimensiones de los muros son repetidos en todas las plantas de la casa. Las delimitaciones de los espacios internos están complementadas por

---

imagined as having been intended to serve a visual and plastic purpose. What that purpose was seems clear: to articulate, penetrate, and extend the exterior envelope of the building so that it should become a true mid-space element, at once bounded and boundless, masking its enclosing surfaces, opening to space and receiving it, setting up with its columns, most of all, a regular standard of measure whereby distant horizons could be grasped. And this device, throughout the whole of Greek history, was used only for temples. It was therefore holy and partook, once invented, of the sanctity of the gods whom it both protected and imaged." (Traducción por el autor). Ibid.p.81.

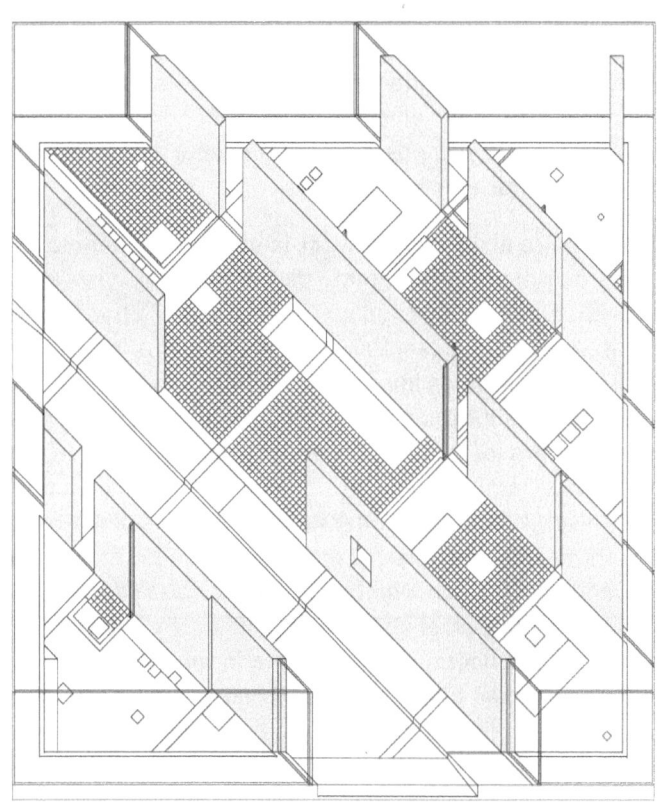

Fig. 82. **Diagrama de organización de muros Casa Diamond B**
Casa Diamond B, Diagrama en axonometría – basado en el plano "DR1998 0061 001 016" (Centro Canadiense de Arquitectura), Fuente: Elaboración propia.

la utilización de paneles divisorios dispuestos también sobre los ejes del esquema formal, pero en sentido transversal a la dirección de los muros. Todos los paneles mantienen el mismo grosor, menor que el ancho de los ejes del esquema formal y su posición con respecto al esquema formal alterna entre caras inferiores y superiores.

La coincidencia entre el esquema formal, la ubicación y definición del sistema de muros y el posicionamiento de los paneles divisorios significa que las cuatro caras de los espacios interiores de la *Casa Diamond B* están completamente definidas. Pero la relación de los muros longitudinales y los paneles divisorios imposibilita la definición completa de los límites de los espacios internos. Esto debido a que no existen puntos de contacto directo entre los paneles divisorios y los muros. Esta regla no es violada en ningún lugar de la casa, ni siquiera en la definición de los baños del tercer nivel. Además, las intersecciones de los ejes trasversales del esquema formal con los ejes correspondientes a los muros longitudinales están vaciadas. (Fig. 83) Mientras que en la *Casa Diamond A* estas intersecciones organizaban el sistema de columnas y el sistema de divisiones internas estaba liberado del esquema formal, en la *Casa Diamond B* los muros, que cumplen una función tanto estructural como de división espacial interna, están organizados en uno de los sentidos del esquema formal. Y es en estas intersecciones en donde ocurren desplazamientos entre los elementos que resultan en una ambigüedad en la definición de los espacios internos. (Fig. 84) La comparación del tratamiento de una de estas intersecciones en tres niveles de la casa es ilustrativo.

La intersección entre el eje correspondiente al muro longitudinal a la izquierda del centro geométrico de la casa con el eje trasversal directamente arriba del centro geométrico tiene un tratamiento diferente en cada una de las tres plantas. En el nivel de acceso el muro ocupa la totalidad de la intersección. Los paneles divisorios alternan entre la posición sobre el borde inferior, hacia la izquierda del muro, delimitando el mueble de la cocina, y la posición contraria, a la derecha del muro, como límite superior del vestíbulo de acceso. En ambos casos, los paneles están dilatados con respecto al muro longitudinal. En el tramo directamente superior el muro está interrumpido para permitir el paso entre la sala de estar y el comedor.

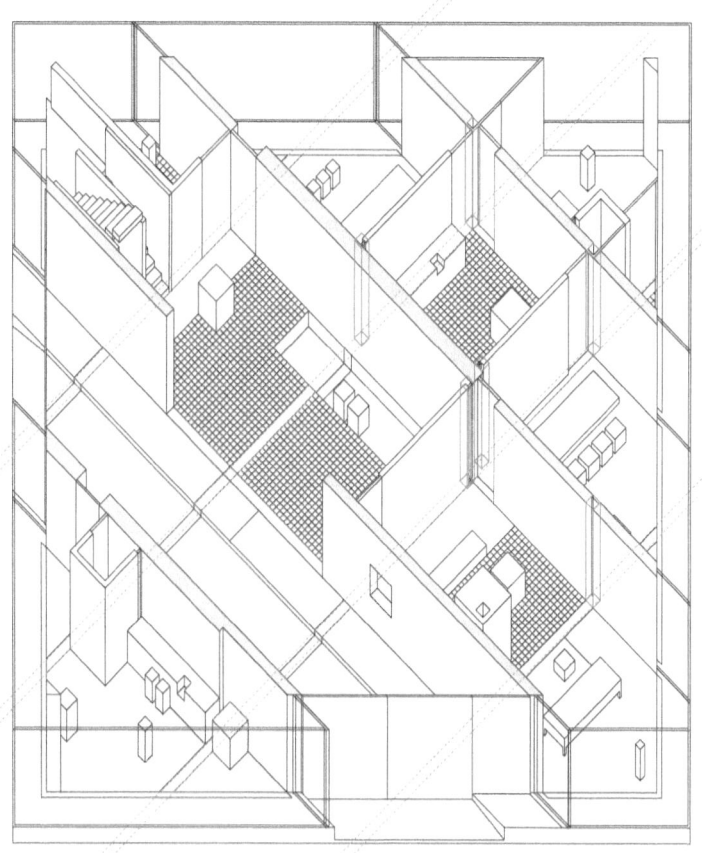

Fig. 83. **Diagrama de vacío sobre intersecciones en la Casa Diamond B**
Casa Diamond B, Diagrama en axonometría – basado en el plano "DR1998 0061 001 016" (Centro Canadiense de Arquitectura), Fuente: Elaboración propia.

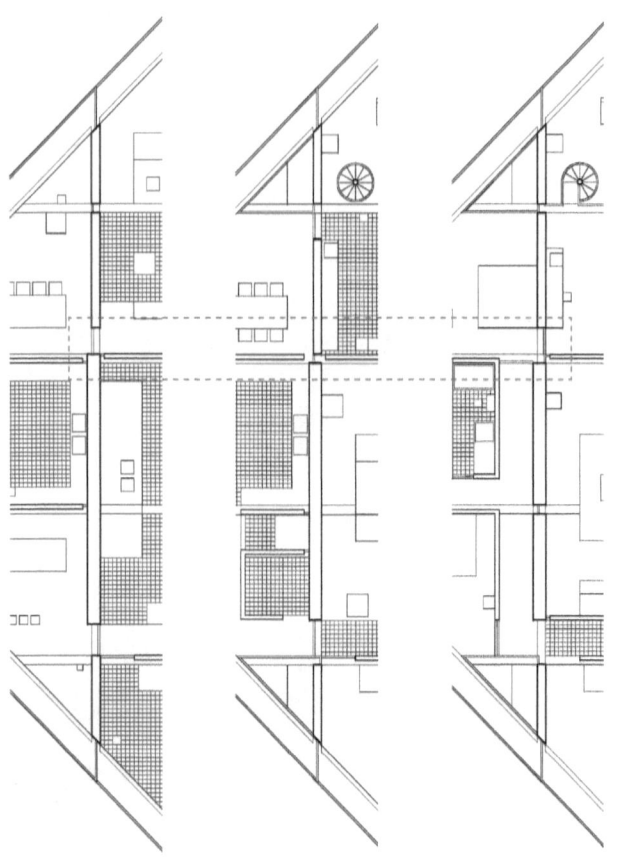

Fig. 84. **Detalles plantas de la Casa Diamond B**

a. Casa Diamond B, Detalle planta nivel acceso, basado en el plano "DR1998 0061 001 012" (Centro Canadiense de Arquitectura), Fuente: Elaboración propia.

b. Casa Diamond B, Detalle planta nivel 2, basado en el plano "DR1998 0061 001 015" (Centro Canadiense de Arquitectura), Fuente: Elaboración propia.

c. Casa Diamond B, Detalle planta nivel 3, basado en el plano "DR1998 0061 002 003" (Centro Canadiense de Arquitectura), Fuente: Elaboración propia.

En el segundo nivel esta intersección está completamente vaciada. Los paneles divisorios están alineados sobre el borde superior del eje transversal, pero mantienen la dilatación hacia el eje longitudinal, a pesar de la ausencia de muro en este espacio. El muro por su parte está interrumpido en la intersección con un cambio de grosor entre los dos tramos. Los dos tramos del muro están conectados por un elemento de vidrio dispuesto sobre el límite izquierdo del espacio vacío de la intersección. Esta interrupción del muro junto con la dilatación de los paneles divisorios trasversales resulta en la apertura de la esquina de los cuatro módulos espaciales relacionado con esa intersección. En el tercer nivel el tratamiento de esta intersección es la combinación de la solución utilizada en los niveles inferiores. Los paneles divisorios están dispuestos alternando su posición, como en el primer nivel. El muro longitudinal, está interrumpido en el límite inferior de la intersección. La puerta que conecta el dormitorio y el estudio del tercer nivel en los módulos espaciales contiguos podría estar simplemente articulada a la cara superior del muro, mas Hejduk utiliza otra estrategia. La inserción de un elemento con el perfil en L, articulado al panel divisorio y a la cara superior del muro, que produce la superficie necesaria para disponer la puerta. La operación de extender el muro longitudinal a ocupar el espacio de la intersección solucionaría de una manera simple el problema, por otro lado, la solución desarrollada por Hejduk de introducir un perfil adicional desarticula la definición de las esquinas de los espacios relacionados por esta intersección. A pesar de la organización de los elementos divisorios del interior sobre un esquema formal regular, Hejduk niega la definición clara de los límites de los espacios interiores y mantiene la ambigüedad en la definición de sus límites en el interior de la *Casa Diamond B*.

Es posible observar la ambigüedad en la definición de los límites no sólo de los espacios interiores de la *Casa Diamond A* sino también en el tratamiento de los elementos verticales de las fachadas. Los primeros esquemas de la *Casa Diamond B* utilizan la misma estrategia de construcción de sus bordes, la utilización de elementos verticales unidireccionales (FIG. 85). En una planta esquemática de la casa son identificables varias de las características discutidas hasta el momento; la utilización de los muros longitudinales, los paneles divisorios dispuestos sobre los ejes transversales, la dilatación entre los elementos del interior de la planta e inclusive el vaciado de las intersecciones entre los ejes longitudinales y transversales. Pero el tratamiento de los bordes generales en esta planta varía considerablemente.

La definición de una franja espacial perimetral de la casa, propia de propuesta final, es insinuada en el dibujo, pero no tiene ninguna incidencia en la organización de los elementos internos de la casa. Tanto los muros longitudinales como los paneles divisorios están extendidos hasta intersectar los límites del plano horizontal de la planta. El grosor de esta franja espacial corresponde a la dimensión de los elementos verticales dispuestos perimetralmente. Análogos a los elementos utilizados en la *Casa Diamond A* estos tienen un menor tamaño, y no son lo suficientemente contundentes ni en tamaño ni en cantidad para producir el mismo efecto de ambigüedad en la definición de los límites de la casa. En el caso de esta planta de la *Diamond B* la caracterización del límite es la del desvanecimiento del borde. Es interesante notar como en ambas esquinas laterales del plano horizontal de la casa la debilidad en la expresión del borde interno perimetral es repetida en la expresión del límite externo hasta el punto de casi desaparecer estos trazos. No existen, tampoco, elementos internos de la casa dibujados en estas zonas de la planta. La combinación de estas condiciones debilita la delimitación del espacio interior de la casa. Al igual que la definición del espacio interior que habíamos observado en la pintura de van Doesburg, este no tiende a la separación sino a continuidad con el espacio exterior *infinito*.

En otras plantas, correspondientes con los niveles dos y tres de la *Casa Diamond B* la franja espacial perimetral así como los elementos verticales dispuestos sobre esta franja asumen las mismas características observadas en la *Casa Diamond A*. En este dibujo de la planta del nivel dos (Fig. 86) son dispuestos en total 63 elementos verticales en las fachadas. Mientras que en la planta para el nivel tres son dispuestos un total de 70 elementos. La relación con la fachada de la *Casa Diamond A* no radica únicamente en la utilización de estos elementos, en esta versión de la *Casa Diamond B* hay un repetición de la relación entre esquema formal y disposición de elementos verticales en la fachada. Todas las intersecciones de los ejes longitudinales del esquema formal con la fachada definen la posición de dos elementos verticales, al igual que en la casa anterior, con el agregado de que en la *Casa Diamond B* estos ejes longitudinales definen la posición de los muros que estructuran el espacio interior de la casa. El énfasis longitudinal expresado por esta relación entre la fachada y el esquema formal en la *Casa Diamond A* define la característica interior principal de la *Casa Diamond B* la disposición de muros longitudinales.

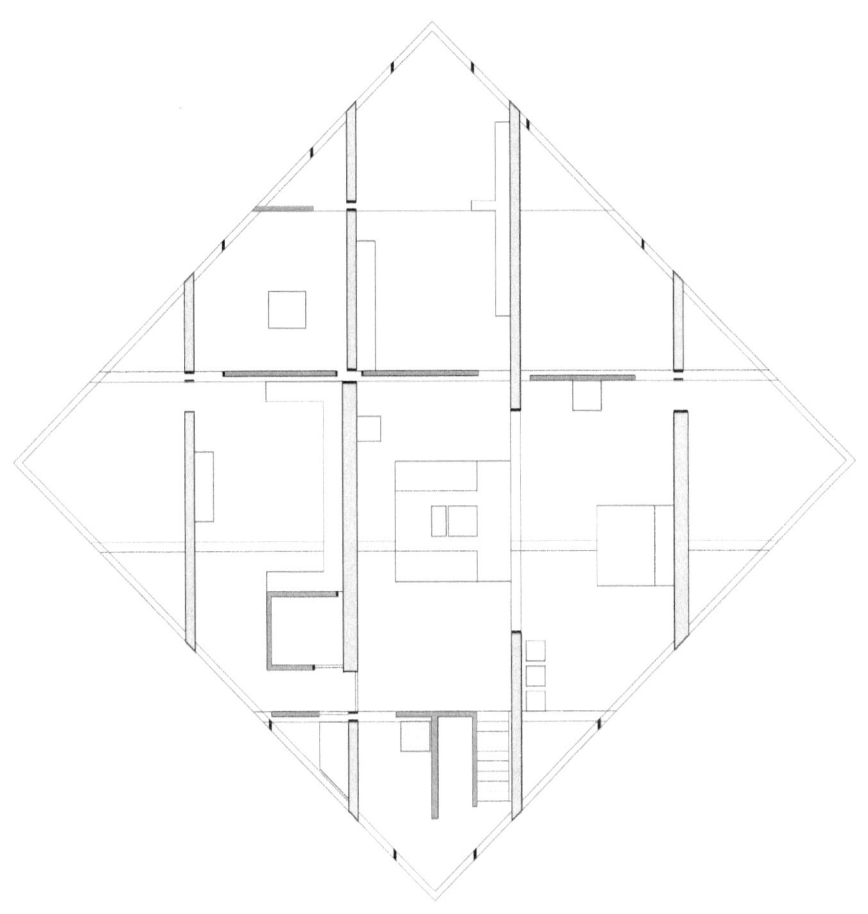

Fig. 85. **Planta Casa Diamond B**
Casa Diamond B, planta desarrollo, basado en el plano "DR1998 0061 001 004" (Centro Canadiense de Arquitectura), Fuente: Elaboración propia.

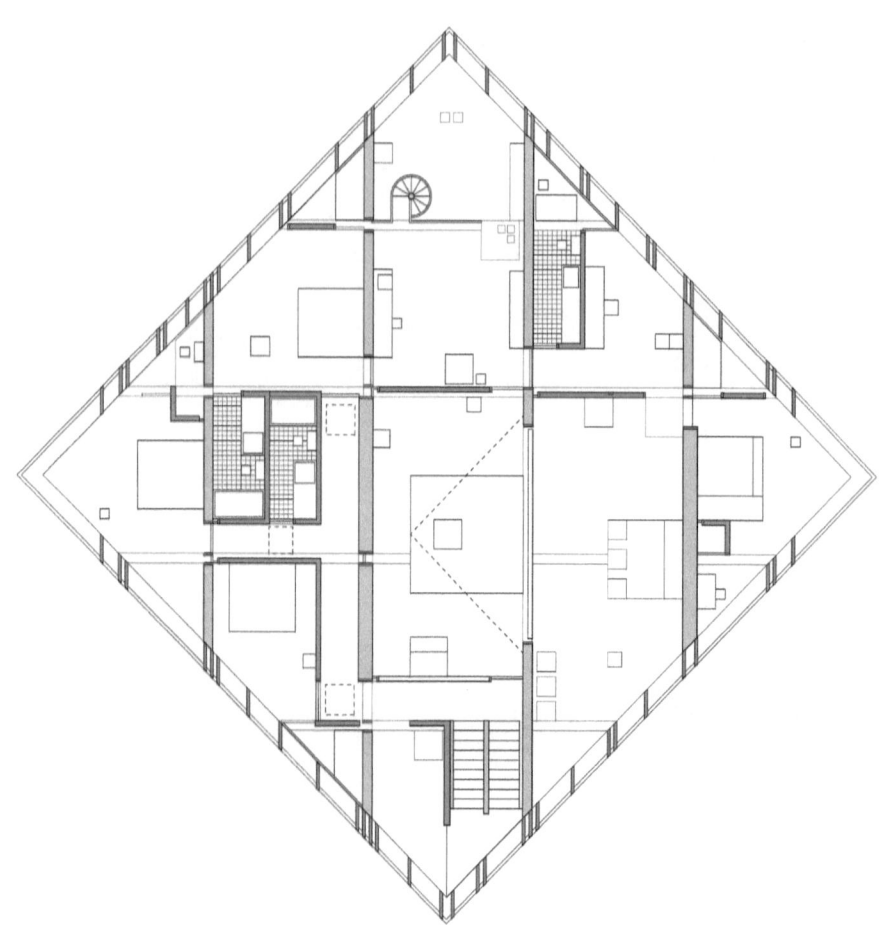

Fig. 86. **Planta Casa Diamond B**
Casa Diamond B, planta , basado en el plano "DR1998 0061 001 005" (Centro Canadiense de Arquitectura),
Fuente: Elaboración propia.

Pero es sobre la definición del borde que está concentrada la principal diferencia entre las dos casas Diamond. En la versión final del proyecto todos los elementos dispuestos sobre la franja espacial del borde son eliminados. (Fig. 87) La planta del tercer nivel contiene el mismo tratamiento del borde que las plantas inferiores. La franja espacial de borde de la casa mantiene la misma dimensión en planta, pero es vaciada de elementos verticales. Sobre el borde externo de esta franja están dispuestos los paneles de vidrio que ocupan la totalidad de la altura de la planta. Los vidrios no tienen ningún tipo de elemento complementario para su articulación con las placas horizontales, y las únicas juntas identificables ocurren en la intersección de tres paneles. Dos paneles dispuestos sobre el borde externo y un tercero que articula los paneles exteriores con las caras cortas de los muros longitudinales del interior de la casa. Es decir, que estos paneles de vidrio articuladores están alineados con el esquema formal que rige la organización de los muros de la casa. Además de la presencia estos elementos articuladores, los bordes internos de la franja espacial perimetral están definidos por la delimitación de una segunda franja perimetral. De menor tamaño y sin ninguna incidencia material sobre los demás elementos presentes, ni en planta ni en alzado. La franja de menor tamaño tiene, entonces, la función de servir como un segundo límite, el paso entre el espacio interior de la planta y el espacio no determinado del borde de la *Casa Diamond B*.

Mientras que el cerramiento de la *Casa Diamond A* posibilita una doble lectura del límite espacial, abierto/cerrado, este está directamente relacionado con la definición de los espacios interiores. Dependiendo de la orientación relativa del espacio interior los elementos verticales de los bordes sirven para delimitar el espacio o para su apertura. Es decir, estos elementos tienen un papel activo en la definición de los espacios del interior de la *Casa Diamond A*. En el caso de la *Casa Diamond B* esta relación es escindida. La franja espacial perimetral no proporciona ninguna caracterización al espacio interior. Independiente de si es contigua a un dormitorio o al vacío de la doble altura, la franja espacial no puede ser caracterizada más allá de su condición de borde. No proporciona un cerramiento capaz de definir una entidad separada del espacio exterior y tampoco ninguna contención para el espacio interior. La franja perimetral de la *Casa Diamond B* constituye un espacio no determinado entre el exterior y el interior.

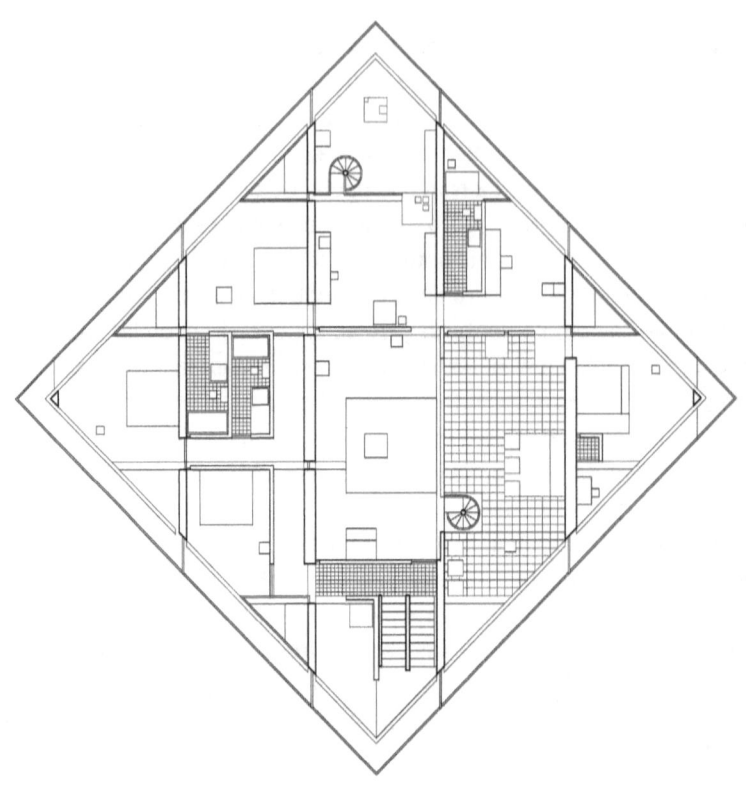

Fig. 87. **Planta tercer nivel Casa Diamond B**
Casa Diamond B, planta , basado en el plano "DR1998 0061 002 003" (Centro Canadiense de Arquitectura), Fuente: Elaboración propia.

La eliminación de la idea de borde

Perhaps that's what I feel: an outside and an inside and me in the middle. Perhaps that's what I am: the thing that divides the world in two - on the one side the outside, on the other the inside. (That can be as thin as foil.) I'm neither one side nor the other, I'm in the middle. I'm the partition. I've two surfaces and no thickness. Perhaps that's what I feel: myself vibrating.[65]

Tal vez sea eso lo que siento: un afuera y un adentro y yo en el medio. Tal vez eso es lo que soy: lo que divide el mundo en dos – por un lado, el afuera, por el otro el adentro. (Que puede ser delgado como una hoja.) No soy ni un lado ni el otro, estoy en el medio. Soy la partición. Tengo dos superficies y ningún espesor. Tal vez sea eso lo que siento: a mí mismo vibrar.[66]

The Unnamable
Samuel Beckett

Y aquí no hay apenas espacio; y tú te calmas casi, pensando que es imposible que algo demasiado grande pueda sostenerse en esta estrechez ...pero fuera, fuera todo es desmedido[67]

Los cuadernos de Malte Laurids Brigge
Rainier María Rilke

---

[65] Samuel Becket, *The Unnamable*, 1958) ed. Steven Connor, 2a ed. London: Faber and Faber Ltd, 2010).p.108.
[66] Traducción por el autor.
[67] Rilke citado en: Gaston Bachelard, "La dialéctica de lo de dentro y de lo de fuera", en *La poética del espacio*, trad. Ernestina de Champourcin, 2a ed. (Ciudad de México: Fondo de Cúltura Económica, 2016), 250–70.p.89

Las tres concepciones espaciales

Sigfried Giedion propone tres concepciones espaciales, desarrolladas en dos libros: *El presente eterno: los comienzos de la arquitectura*[68] y *La arquitectura fenómeno de transición*[69]. Las tres concepciones espaciales coinciden con arquitecturas desarrolladas por diferentes culturas a lo largo del tiempo. Giedion define *concepción espacial* de la siguiente manera:

"La relación entre el hombre y el espacio hecho por el hombre aparece en su concepción espacial, que, como su actitud hacia el Estado y su actitud hacia el mundo, está relacionada con la naturaleza de su época...

"La concepción espacial es instintiva y halla su expresión en el modo en que el hombre sitúa los objetos tridimensionales en relación unos con otros. Por lo general, el hombre es inconsciente de la concepción espacial a la cual responde. Por esto la concepción espacial de una época puede dar una idea de la actitud del hombre hacia el cosmos, hacia la naturaleza y hacia la eternidad."[70]

La primera concepción espacial, afirma Giedion, es la que rige la arquitectura de las culturas de Summer, Egipto y, en su fase final, Grecia. Esta primera concepción está caracterizada por la disposición de volúmenes, "objetos escultóricos" independientes, como los nombra Giedion, en el espacio[71]. Los templos griegos, entonces, no estaban organizados siguiendo ejes de composición generales ni relaciones entre el espacio interior y exterior. Los templos griegos estaban dispuestos sobre el espacio exterior.

Es importante caracterizar el espacio exterior de la primera concepción espacial. La idea de un espacio infinito, discutida anteriormente, que está presente desde el renacimiento, define este espacio neutro como

---

[68] Giedion, *El Presente Eterno: los comienzos de la arquitectura*.
[69] Sigfried Giedion, *La Arquitectura Fenómeno de Transición*, trad. Justo G. Beramendi, primera ed (Barcelona, España: Gustavo Gili, 1971).
[70] Giedion, "La primera concepción espacial arquitectónica". p.467.
[71] Ibid. *El presente eterno: los comienzos de la arquitectura,* op.cit.p. 490.

un receptáculo vacío, lo que a su vez permite el posicionamiento de cuerpos dentro de este. El espacio exterior de los griegos, por su parte, es una construcción *mitopoética*[72]. Esto significa que el espacio exterior no es entendido como un plano neutro en expansión infinita sino como el conjunto de *lugares* geográficos conocidos y relacionados con los acontecimientos históricos y míticos de la cultura griega. "Los griegos llenaban el paisaje de significado psíquico y religioso: daban un contenido espiritual a las rocas, las montañas y el mar."[73] El espacio exterior en la primera concepción espacial era un exterior contenido y conocido por la cultura.

En esta concepción espacial hay una atención completa por el desarrollo exterior de la obra arquitectónica. No obstante, como señala el mismo Giedion, hay ejemplos, en la arquitectura mesopotámica, de exploraciones e innovaciones de espacios interiores, así como lo es el palacio de Shapur I, del siglo III D.C., con una luz de 25 metros y una altura, en el punto más alto de bóveda, de 30 metros[74]. Dichas características lo posicionan como el espacio jerárquico de este conjunto particular. Sin embargo, en general, en la arquitectura contenida en esta concepción espacial existe una marcada diferencia entre el nivel de detalle que está presente en las caras exteriores, que como en el caso de los templos griegos "con sus pórticos creadores de sombra y el complejo plasticismo de sus entablamientos y frontones"[75] contrasta con la falta de atención prestada al espacio interior. Alois Riegl afirma que la arquitectura griega, como la egipcia, carece de ventanas, es decir del elemento básico de comunicación entre el interior y el exterior:[76] es decir, son pura exterioridad.

La segunda concepción espacial, entonces, es el desarrollo inverso. La atención en esta arquitectura está puesta sobre el espacio interior[77]. Giedion, encuentra en la arquitectura romana, específicamente en el

---

[72] Giedion, *La Arquitectura Fenómeno de Transición*.p.11.
[73] Ibid.p.11.
[74] Ibid.p.88.
[75] Giedion, "La primera concepción espacial arquitectónica".p.492.
[76] Afirmación de Alois Riegl tomada de Ibid. "La primera concepción espacial arquitectónica".p.492.
[77] Ibid.

Fig. 88. **Vista exterior del Panteón por Giovanni Battista Piranesi**
En la vista exterior del Panteón de Piranesi están representadas las monumentales columnas del pórtico de ingreso revestidas de mármol que, según el mismo Giedion, esconden la estructura en mampostería del interior de las columnas.

Panteón, la cumbre y la definición de esta concepción espacial[78]. El desarrollo escultórico del interior y el exterior entendido únicamente como una "cara" para este espacio interior. Dos grabados de dos Piranesi distintos resultan ilustrativos de este aspecto (Fig. 88). En el grabado exterior del Panteón, por Giovanni Battista Piranesi es evidente una de las características fundamentales de esta concepción espacial, el aspecto exterior del volumen, aparte del pórtico de ingreso, es ignorado. Giedion lo describe así:

"El carácter radicalmente novedoso del Panteón puede apreciarse en su aspecto exterior...En contraste con el elaborado tratamiento de su interior, el exterior del Panteón parece casi descuidado..."

---

[78] Sigfried Giedion, "La bóveda romana", en *La Arquitectura Fenómeno de Transición: las tres edades del espacio en arquitectura*, trad. Justo Beramendi, 2a ed. (Barcelona, España: Gustavo Gili, 1971), 166–97.

Fig. 89. **Vista interna del Panteón por Francesco Piranesi**
Autor: Francesco Piranesi.

"El panteón representa, además, el clímax monumental del proceso evolutivo que llevó desde el tolo y la gran obertura hasta la segunda concepción del espacio.[79]"

Este contraste entre la austeridad exterior del Panteón y el desarrollo interior es evidente en otro grabado, en este caso realizado por Francesco Piranesi, hijo de Giovanni Battista. (Fig. 89) Este grabado muestra una escena del espacio interior, están representados los dos elementos principales de Panteón; el tambor, que tiene la forma de un cilindro y la cúpula semi-esférica. En la perspectiva están presentes cuatro de los siete nichos (el octavo nicho está abierto completamente pues es el acceso). Estos nichos han sido excavados directamente de los ocho metros de grosor del tambor[80], y comenta Giedion, "La identidad entre altura y diámetro...contribuye a darle un misterioso encanto."[81] Pero también sirve para contener el centro del espacio protegido en el interior del proyecto, sus límites claramente delimitados.

---

[79] Ibid. "La bóveda romana".p.178.
[80] Ibid.p.176.
[81] Jacob Burckhardt citado por Giedion en: Ibid. "La bóveda romana".p.184.

En la tercera concepción espacial existe una conexión entre las dos primeras, espacio exterior y espacio interior. Por un lado, la sensibilidad de la primera concepción espacial por la definición de volúmenes, vistos desde el exterior, sobre el espacio[82]. Y la definición de espacios interiores, interrelacionados con el exterior.

Si bien, en la tercera concepción espacial de Giedion existe ya una caracterización de un espacio interrelacionado entre el interior y el exterior, no existe una definición de un espacio intermedio, no determinado, entre el interior y el exterior. En las terrazas de las *Casas Diamond* y en las *Casas Muro* no existe una expresión de la tercera concepción espacial. En las terrazas de las *Casas Diamond* existe una condición doble. El espacio exterior, entendido como infinito, es expresado en la superficie del plano horizontal de la terraza. Los espacios delimitados de las terrazas no siguen la misma *taxis* que las plantas inferiores de las casas. Estos espacios son definidos como volúmenes cerrados, sin alguna relación formal con la *taxis* del resto de la casa.

Eliminación de la idea de borde en las terrazas de las *Casas Diamond*

Es evidente como la definición de los bordes de las *Casas Diamond* establecen una franja de espacio no determinado entre el interior y el exterior. La ausencia de elementos en esta franja, así como la no reciprocidad de la franja y los espacios interiores son los que permiten la caracterización de este espacio como no determinado. En las terrazas de las *Casas Diamond* la condición espacial de la franja perimetral es trasladada a la totalidad del plano horizontal de la planta. El tratamiento específico de esta operación contrasta entre las *Casas Diamond A y B*.

En el caso de la *Casa Diamond A* la terraza está caracterizada por la presencia de espacios delimitados por muros de formas irregulares (FIG. 90). Estos muros pierden toda relación con el esquema formal, aún expresado en los suelos. Son tres los espacios delimitados de esta manera en la terraza.

---

[82] Giedion, *La Arquitectura Fenómeno de Transición*.p.325.

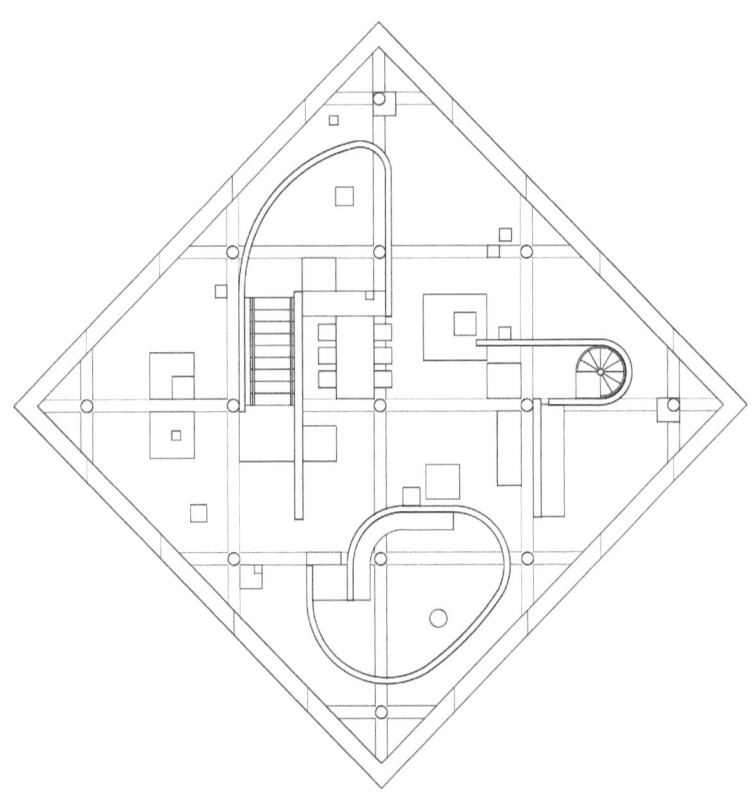

Fig. 90. **Planta cuarto nivel Casa Diamond A**
Casa Diamond A, planta nivel 4, basado en el plano "DR1998 0060 003 017" (Centro Canadiense de Arquitectura), Fuente: Elaboración propia.

La llegada de la escalera en caracol, rodeada por un muro curvo que describe un medio círculo en planta. Los puntos finales del medio círculo son prolongados hacia el interior de la planta. El segundo espacio está localizado en la zona inferior del dibujo y su muro perimetral está compuesto por la sucesión de curvas que unen tres direcciones de muros rectos. Dos segmentos paralelos a las direcciones del esquema formal de la casa y un tercero paralelo a la dirección de los bordes. La actividad contenida por este espacio no está definida más allá una superficie que adopta la curvatura del muro perimetral y un mobiliario circular dispuesto al otro extremo del espacio. Es interesante notar que el acceso a este espacio está marcado por un escalón dentro de la planta, un pequeño cambio de nivel con respecto a la superficie general. El tercer espacio está localizado en la zona superior del dibujo, y su muro perimetral está compuesto de la sucesión de un muro longitudinal, dispuesto a la manera de los muros de las plantas inferiores, y dos curvas de ángulos distintos continuas. El espacio contiene una superficie horizontal que abalcona sobre el comedor de la terraza. La característica más importante de este espacio es precisamente el cambio de nivel con respecto a la superficie general de la terraza. Mientras el espacio "irregular" de la zona inferior está separado mediante un único escalón, el espacio de la zona superior está separado del plano horizontal de la terraza por un tramo de diez escalones, sin contar el escalón de mayor dimensión en planta de llegada. La escalera está dispuesta en la misma posición que la escalera general de las plantas inferiores, y en una mirada rápida sobre la planta de la terraza de la *Casa Diamond A* podría confundirse con la escalera de acceso para este nivel. Pero el único acceso es mediante la escalera en caracol descrita anteriormente, la escalera longitudinal de esta planta únicamente sirve para el cambio de nivel de este espacio irregular. Lo significativo de los cambios de nivel de estos dos espacios irregulares de la terraza radica en la doble independización de estos espacios con respecto a la *taxis* expresada en las plantas inferiores. Por un lado, la irregularidad de las formas de los muros que contienen estos espacios y su variación en altura.

Sin embargo, no existe en la terraza de la *Casa Diamond A* una ruptura total con el orden de la casa porque este sistema formal está aún describiendo la lógica de colocación de las columnas y está también expresado en los trazados de piso. Además, la aparente irregularidad de las formas de los muros está puesta en entredicho por el dibujo de construcción de estas formas realizado por Hejduk. Las curvas que describen los muros perimetrales de los espacios irregulares de la planta posicionan sus centros de curva sobre líneas pertenecientes al esquema formal trazado sobre los pisos. La aparente irregularidad de estos espacios tiene como punto de origen el mismo esquema formal que organiza los demás elementos de la casa. Es decir que este lenguaje formal, en apariencia independiente de la *taxis* de la casa no es más que una nueva configuración, una variación posible.

En cambio, en la *Casa Diamond B* los espacios irregulares de la terraza niegan cualquier relación con el esquema formal de las plantas inferiores. El esquema formal no tiene presencia sobre los trazados del plano horizontal de la terraza. Este es ocupado por el espacio no determinado entre interior y exterior. (Fig. 91)

Los cuatro espacios principales de la planta de terrazas están delimitados por secuencias de muros, que siguen la misma orientación de las plantas inferiores. Pero a diferencia de los niveles inferiores, los muros ocupan ambas direcciones de la planta sin ninguna diferenciación entre su función portante y divisoria. Los paneles divisorios son eliminados de la planta de terraza. Además, la posición de los muros no tiene ninguna relación con los ejes del esquema formal que gobernaban su posición en el resto de la casa. Estos ejes están aún expresados, sobrepuestos al trazado del suelo, con el que no comparten relación y además disociados de los elementos presentes en la planta.

La concentración de espacios en el centro, definidos por la secuencia de muros libera el perímetro de la planta. Esta superficie liberada no está ocupada por elementos del interior de la casa, y como mencionábamos anteriormente, el trazado del suelo de esta zona no corresponde con el esquema formal utilizado en el resto de la planta. En lugar del esquema formal, utilizado como trazado de suelo en todas las casas analizadas hasta el momento, la periferia de la *Casa Diamond B* utiliza una retícula de 12x24 módulo, que resulta en rectángulos de proporción 2:1, orientados en sentido paralelo a los bordes de los planos horizontales de la casa, lo que enfatiza su disociación con los espacios delimitados de la terraza.

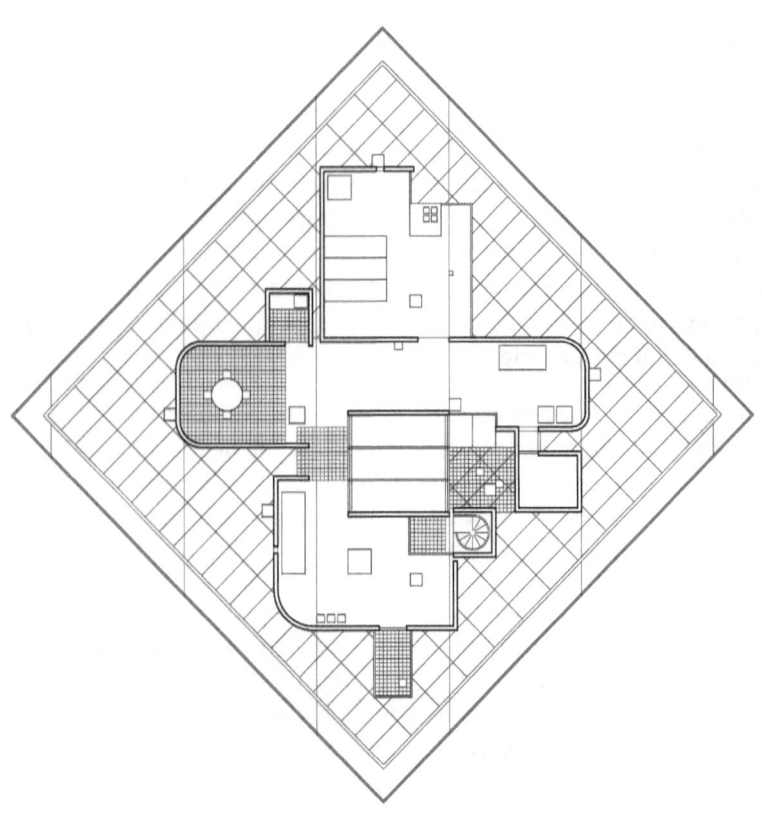

Fig. 91. **Planta cuarto nivel Diamond House B**
Casa Diamond B, planta nivel 4, basado en el plano "DR1998 0060 003" (Centro Canadiense de Arquitectura), Fuente: Elaboración propia.

Todos los espacios de permanencia, delimitados por la secuencia de muros, están orientados hacia el interior de la planta. Los muros cortan cualquier relación visual con la apertura espacial de la terraza. Esto es evidente en el caso del comedor al aire libre presente en esta planta. Los muros perimetrales de este espacio tienen la totalidad de la altura, la misma de los muros de los niveles inferiores, y ninguna perforación, la única conexión con el espacio exterior es la ausencia de cubierta de este espacio. Más interesante aún es la relación con el espacio perimetral de la terraza articulada en la sala de estar, localizada en la zona inferior del dibujo de la planta.

La sala de estar, nuevamente, está rodeada por una secuencia de muros de altura completa, y con la excepción de una pequeña apertura cuadrada, en el muro opuesto al lugar de llegada de la escalera en caracol de la planta inferior, los muros son completamente cerrados. Pero, en el costado inferior de este espacio Hejduk coloca un observatorio exterior. Una interrupción en el muro perimetral define el acceso a un espacio delimitado en tres de sus caras por paneles de vidrio de la misma altura de los muros. Este espacio que en apariencia hace parte de la zona perimetral de la planta está cuidadosamente separado de esta por la delimitación de los panales de vidrio e inclusive por el trazado de piso utilizado por Hejduk en este espacio, orientado de acuerdo con los espacio interiores. La relación visual negada por los muros perimetrales de los espacio de la terraza es complementada por la negación de apertura en la continuidad espacial entre el espacio interior y exterior de la terraza. En vez de permitir la circulación libre hacia el perímetro de la planta, Hejduk limita la exposición a esta zona a un espacio transparente, pero cerrado, y articulado y sostenido por su contigüidad al espacio interior.

Esta categorización de espacio *interior/exterior* que ocurre dentro de los límites físicos de la planta, es decir dentro del espacio interior comúnmente entendido, refleja un cambio en la concepción espacial de los espacios de las terrazas de las *Casas* Diamond. Branko Mitrovic en su texto "Alberti y la homogeneidad del espacio", debe recurrir a la teoría de Aristóteles acerca del "lugar", en contraposición con "espacio", para definir el cambio en la concepción espacial en la arquitectura del renacimiento. Aristóteles en la física, define la imposibilidad de la existencia de un "espacio" no asociado a la materia. Puesto que cualidades como longitud y distancia son indisociables a la "sustancia", es decir son indisociables a los cuerpos.[83] El espacio entonces no es una extensión independiente que permite la localización de los cuerpos, sino que el espacio es una consecuencia de la existencia de los cuerpos, necesita estar contenido por ellos. Por su parte Leonardo Benévolo lo resume de la siguiente manera.

"La teoría aristotélica del "lugar" pone fin, en el siglo IV, a la especulación de la filosofía presocrática sobre el infinito y sobre sus posibles representaciones, y define el espacio como uno de los accidentes de los objetos concretos: no es un receptáculo donde están los cuerpos, sino una propiedad de los cuerpos. El cosmos es el ensamblaje de los lugares ocupados por los cuerpos, y no existe por sí mismo, sino que depende de los cuerpos."[84]

En la terraza de la *Casa Diamond B*, esta condición de espacio explica la separación, en el interior de la planta, de espacios interiores y exteriores. El espacio contenido por la secuencia de muros como el espacio contenido por los cuerpos, el espacio interior. Al otro lado de estos muros el espacio sin atributos, por fuera de los cuerpos. Esto tiene una implicancia en la definición del límite de la casa. Habíamos observado como el borde especializado constituye un espacio no determinado entre el interior y exterior en la *Casa Diamond B*. Este borde, definido anteriormente, está nuevamente presente en la terraza, pero Hejduk ha repetido la operación de definir otro límite interno con la diferenciación entre espacio interior y exterior al interior de la planta.

 En las terrazas de las *Casas Diamond* el límite de la casa no cumple con los atributos de límite definidos al comienzo de este capítulo.
(Fig. 92, 93) Estos elementos no separan el mundo exterior del interior del proyecto. Y el espacio interior no está caracterizado por el desarrollo autónomo del orden, o *taxis*, de la casa. En este sentido, en las terrazas de las *Casas Diamond* el borde, o límite, general del proyecto es eliminado. El límite, junto con el espacio interior es relegado a los cuerpos y formas irregulares relacionado ya no por un sistema formal de taxis, sino por su contigüidad.

---

[83] Mitrović, "Leon Battista Alberti and the Homogeneity of Space".
[84] Leonardo Benévolo, *La captura del infinito*, trad. Margarita García Galán, 1a ed. (Madrid: Celeste, 1994).p.15.

Fig. 92. **Diagrama de límites del espacio interno en la terraza de la Casa Diamond A**
Casa Diamond A, Diagrama en axonometría – basado en el plano "DR1998 0060 003" (Centro Canadiense de Arquitectura), Fuente: Elaboración propia.

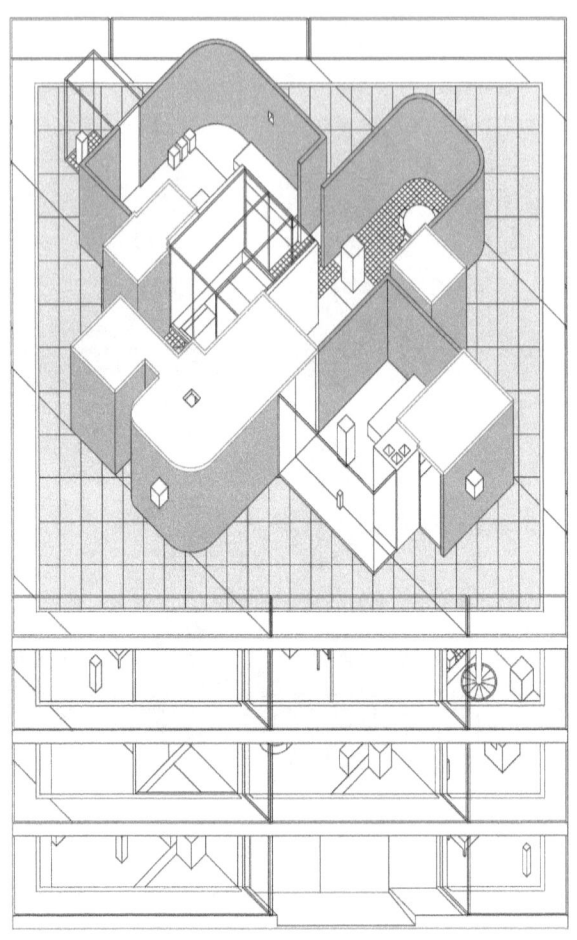

Fig. 93. **Diagrama de límites del espacio interno en la terraza de la Casa Diamond B**
Casa Diamond B, Diagrama en axonometría – basado en el plano "DR1998 0061 003 001" (Centro Canadiense de Arquitectura), Fuente: Elaboración propia.

La eliminación del interior (*Wall House 1*)

A pesar de la complejización del borde en las *Casas Diamond* señalado anteriormente, aún es posible identificar la diferencia entre interior y exterior. Es posible, en estas casas, imaginar como la lógica del esquema formal que define la colocación y relación de los elementos de delimitación espacial interior puede replicarse más allá de las líneas de comienzo y fin del proyecto. Los límites del proyecto no coinciden con la lógica de conformación espacial. Pero no hay duda: existe un interior y un exterior de la casa, y este es definido mediante un borde.

"El borde establece una diferencia, real o imaginaria, entre dos lugares diferentes, entre el interior y exterior. En un nivel simbólico, el muro en arquitectura representa protección espiritual y material. Define el corral, el espacio cerrado, y cierra y protege, límites defendiendo y creando espacio."[85]

En las *Casas Diamond*, entonces, la inversión de la definición de borde mediante las dos operaciones observadas, su definición ambigua entre cerrado y abierto, y su caracterización como un espacio no definido entre interior no elimina la categoría de borde de la casa. Si bien, las operaciones de los bordes resultan en el incumplimiento de todas las funciones mencionadas por Francesco Iodice en el apartado anterior, Hejduk aún utiliza el borde para mediar la relación entre interior y exterior. En el mismo texto citado, Iodice ve en el muro el elemento arquitectónico que condensa todas las características esenciales del borde, y es precisamente con este elemento que Hejduk elimina la idea de borde de las casas. En las *Casas Muro* de John Hejduk el muro pasa de ser el elemento que encierra el espacio a ser el elemento que lo expone.

Las tres *Casas Muro* fueron desarrolladas por Hejduk entre 1968 y 1974[86]. Este análisis está concentrado sobre la *Casa Muro 1*, las siguientes dos

---

[85] Francesco Iodice, "Architocturo of tho limit. The limit as strong thickness, the limit as a thin layer (from meter to micron)", en *Cavity and Limit*, 1a ed. (Siracusa, Italia: LetteraVentidue Edizioni, 2015), 56–87. "The boundary establishes a difference, real or imaginary, between two different places, between inside and outside. At a symbolic level the limit, the wall in architecture, represents spiritual and material protection. It defines the corral, the closed space, and closes and protects, limits defending and creating space." (Traducción por el autor)
[86] Hejduk, *Mask Medusa Work. 1947-1983*. p.59.

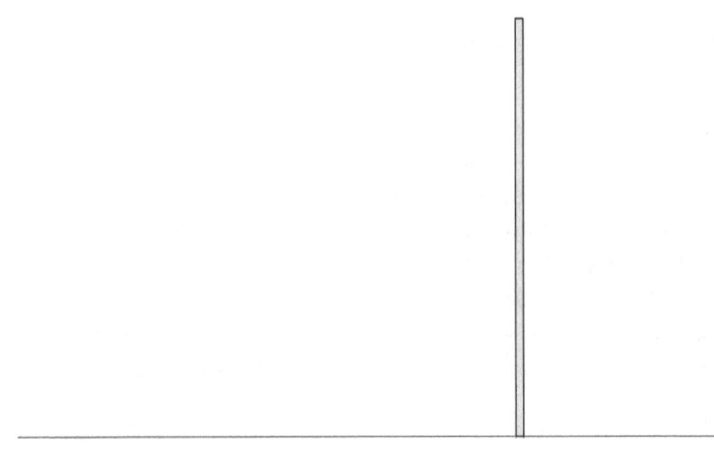

Fig. 94. **Corte Casa Muro 1**
Casa Muro 1, corte – basado en el plano "DR1998 0077 018" (Centro Canadiense de Arquitectura), Fuente: Elaboración propia.

casas[87] comparten muchas de las mismas condiciones señaladas en la primera y serán mencionadas en cuanto sus particularidades aporten algún contenido específico.

La característica principal de las *Casas Muro* es la disposición de sus espacios y elementos sobre las caras de un muro libre, o *freestanding* como es descrito por Hejduk. No es casualidad entonces que Hejduk incluya entre sus dibujos de la *Casa Muro 1* un corte que muestra únicamente la independencia de este elemento sobre la línea horizontal del suelo. (Fig. 94) En cuanto a la planta correspondiente a esta relación del muro libre y el suelo es evidente la lógica que estructura la organización de las partes de la casa. (Fig. 95) A la derecha del muro están dispuestos y proyectados los tres elementos de movimiento vertical de la casa. La rampa, de la cual únicamente vemos en este dibujo la proyección de su

---

[87] La *Casa Muro 2*, también es conocida por el nombre de Bye House, por haber sido encargada por Edgar Bye, también profesor de la Cooper Union. La *Casa Muro 3* fue posteriormente incluida por Hejduk como parte de una obra posterior titulada *The Silent Witness*. Ibid.*Mask of Medusa*. P.60.

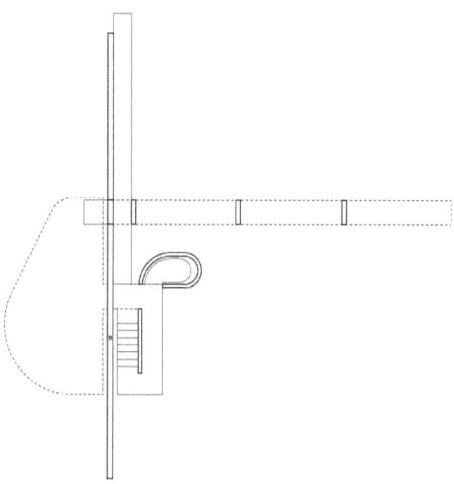

Fig. 95. **Planta Casa Muro 1**
Casa Muro 1, planta primer nivel – basado en el plano "DR1998 0077 002" (Centro Canadiense de Arquitectura), Fuente: Elaboración propia.

plano inclinado, orientado de manera perpendicular a la dirección del muro, y la sucesión de tres pantallas estructurales paralelas. Abajo, alineado con el espacio irregular del otro lado del muro, está definida la escalera de dos tramos, exterior. La escalera no tiene cerramientos perimetrales ni cubierta, y está estructurada alrededor de una pantalla, paralela, como el movimiento de la escalera, al muro central de la casa. El tercer elemento de movimiento vertical, ubicado entre los primeros dos, es un cilindro alargado que contiene el ascensor.

Al otro lado del muro, están representados únicamente dos formas. Una forma ovalada, irregular, que corresponde con la proyección de las placas de los niveles superiores en voladizo, estas contienen las actividades de la casa. Cada una de las tres placas superiores contienen una única actividad, con excepción del dormitorio. Los espacios de la *Casa Muro 1* son; la cocina, la sala de estar y el dormitorio, que está apareado junto a la unidad del baño. El pequeño rectángulo dibujado también sobre este lado del muro corresponde con la continuidad de la placa base, sobre la que están ubicados los elementos de circulación. Este escalón pertenece a una apertura del muro que permite atravesarlo al nivel de acceso, a la derecha del muro esta placa es prolongada más allá de los límites superiores de este.

Estos elementos de circulación constituyen las diferentes opciones de acceso de la *Casa Muro 1*. (FIG. 96) La apertura del muro al nivel de acceso junto con la disposición de la escalera y el ascensor permiten acceder al primer nivel de la *Casa Muro 1* de tres maneras distintas. Sin embargo, es la rampa el elemento principal.

En las otras dos *Casas Muro* el acceso es modificado. En la *Casa Muro 2* la rampa es reemplazada por una escalera con una inclinación de 45°[88] de un sólo tramo. La escalera está conectada al muro mediante un pasillo, nuevamente perpendicular, y conectado visualmente con el salón, al fondo y al otro lado del muro, y por ende también conectado con las aperturas hacia el exterior de este espacio[89]. En la *Casa Muro 3* la escalera de esta inclinación permanece, pero el pasillo es eliminado, la escalera está directamente articulada con el muro. (FIG. 97) Los otros dos volúmenes presentes del lado derecho del muro corresponden con el cilindro de la escalera en caracol y el volumen cerrado de la escalera de doble tramo.

Volviendo sobre la *Casa Muro 1*, es en este elemento, la rampa, que es evidente la condición de eliminación del borde de la casa. La rampa de la *Casa Muro 1* está constituida como un elemento exterior. Es este elemento que provee la manera de ingresar a la casa, y su relación perpendicular, es decir de aproximación al plano vertical del muro para atravesarlo, indica la utilización del muro como un umbral para el ingreso de la casa. (FIG. 98) La anomalía radica en que, al atravesar el muro, hacia lo que en apariencia debería ser el espacio interior, la condición de aproximación a esta superficie, junto con la necesidad de atravesarla, es replicada sobre la cara posterior del muro. Al otro lado del umbral, al atravesar el muro, el resultado es la misma condición previa, una aproximación al momento de atravesar el límite de la casa. Las actividades de la casa están ubicadas, al igual que la rampa, al exterior del umbral. Además, para pasar de espacio a espacio es necesario a travesar el muro, y por ende el umbral continuamente.

---

[88] Carlos Barberá Pastor, "Staircases in the wall house 2", *EAR: Theory, Art and Architecture Journal*, núm. 5 (2013): 4–27.p.13.
[89] Ibid.p.16.

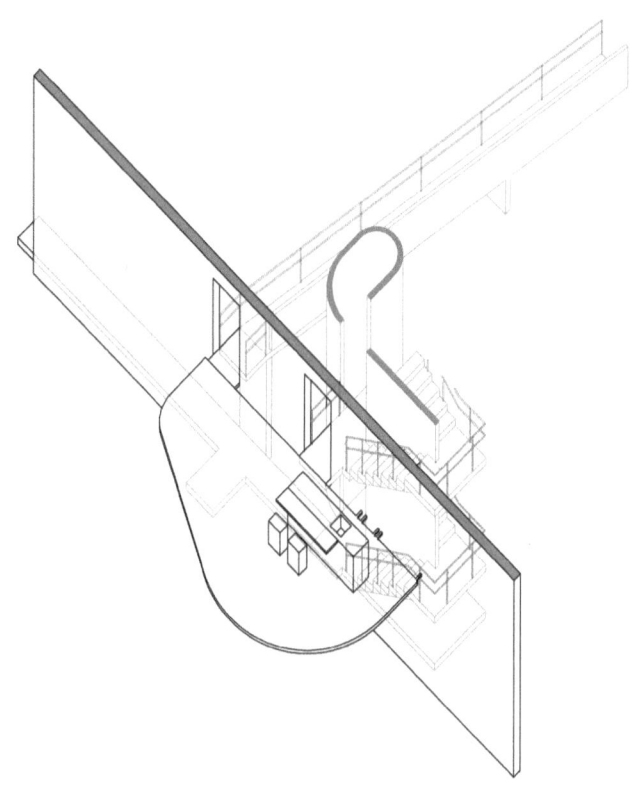

Fig. 96. **Elementos de circulación vertical y su relación con el espacio habitable en la Casa Muro 1**

Casa Muro 1,Diagrama en axonometría – basado en el plano "DR1998 0077 025" (Centro Canadiense de Arquitectura), Fuente: Elaboración propia.

Fig. 97. **Planta Casa Muro 3**
Casa Muro 3, planta – basado en el plano "DR1998 0079 003 002" (Centro Canadiense de Arquitectura),
Fuente: Elaboración propia.

Todas las actividades domésticas de la *Casa Muro 1* están dispuestos sobre las tres placas en voladizos mencionadas previamente, con una cuarta dispuesta como cubierta y terraza recorrible. (Fig. 99) El borde interior, es decir el próximo al muro, de las placas que soportan las actividades no está articulado directamente sobre el muro. Sino apenas por la extensión de la placa horizontal correspondiente con la circulación y las perforaciones sobre el muro de cada nivel, además de conexiones puntuales correspondientes a instalaciones. Esto provoca una dilatación entre el volumen de actividades y la superficie del muro. Dilatación que es replicada en la superficie opuesta del muro en relación con las escaleras de doble tramo. (Fig. 100) Por otro lado, el límite del volumen de actividades consiste en un único panel de vidrio que rodea el perímetro de cada uno de los niveles de piso a techo, incluyendo el borde interior. Este panel de vidrio continuo no tiene ningún tipo de articulación o subdivisión, pero la ubicación de este borde hacia el muro no sólo genera

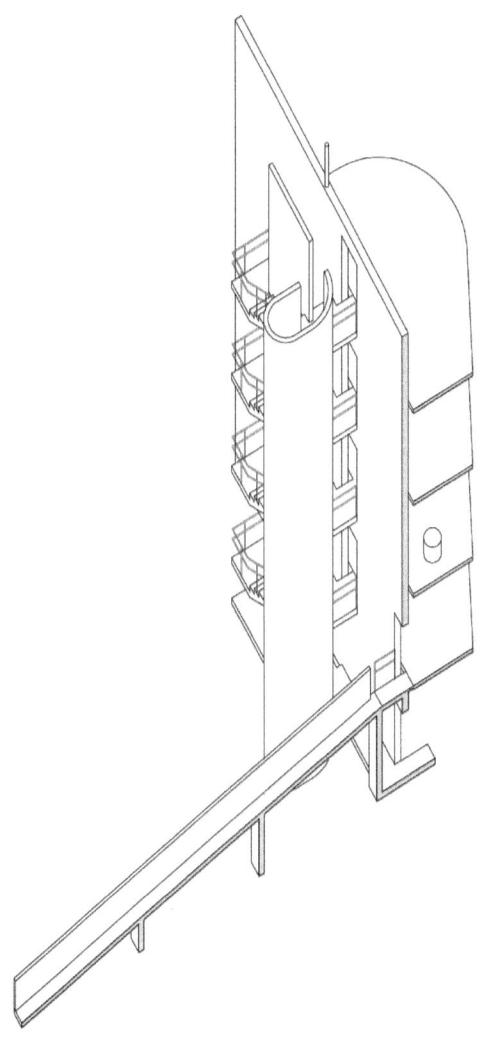

Fig. 98. **Corte en axonometría, Casa Muro 1**
Casa Muro 1, Corte en axonometría – basado en el plano "DR1998 0077 014" (Centro Canadiense de Arquitectura), Fuente: Elaboración propia.

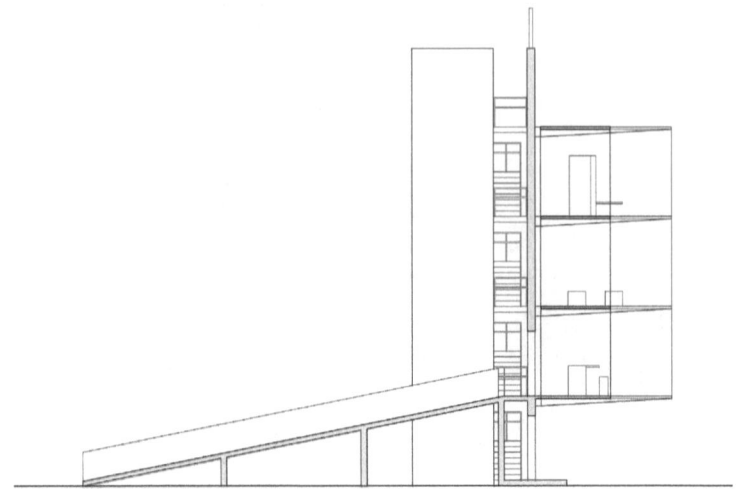

Fig. 99. **Corte Casa Muro 1**
Casa Muro 1, corte – basado en el plano "DR1998 0077 014" (Centro Canadiense de Arquitectura), Fuente: Elaboración propia.

un doble límite entre las actividades y el muro sino que, además, imposibilita la lectura de un espacio interior de la casa. Imposibilidad que está dada por los dos rasgos señaladas hasta el momento; el umbral que debe ser traspasado continuamente y el establecimiento de un doble límite entre el volumen de actividades y el muro de la casa. Eisenman e Iturbe señalan esta misma condición, pero en la *Casa Muro 2*:

"Como tal, lo que en otro caso sería una habitación interior debe en cambio ser percibida existiendo conceptualmente en una condición "exterior"...Conceptualmente, los espacios internos de la casa no residen en los cuartos habitables sino en el espacio entre las dos superficies verticales del muro. Todos los demás espacios están "por fuera" de este umbral, lo que da vuelta a la casa al revés."[90]

---

[90] "As such, what would have otherwise been an interior room can instead be perceived as conceptually existing already in an "exterior" condition...Conceptually, the interior spaces of the house do noy reside in the inhabited rooms but in the space between the two vertical surfaces of the wall. All other spaces are "outside" this threshold, which turns the house inside out." (traducción por el autor) Eisenman, Peter, y Elisa Iturbe. "John Hejduk". En

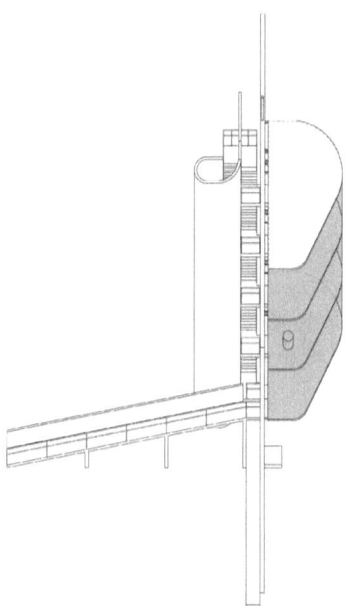

Fig. 100. **Elemento de cerramiento de espacios habitables, Casa Muro 1**
Casa Muro 1, Diagrama sobre axonometría – basado en el plano "DR1998 0077 025" (Centro Canadiense de Arquitectura), Fuente: Elaboración propia.

Esta misma imagen, la *casa al revés* es utilizada por Ana Pereira da Silva para caracterizar, nuevamente, la *Casa Muro 2*.

"En la Wall House 2 deja de existir una piel única para la casa. Cada estancia se presenta como un órgano independiente. En este sentido, la pared se plantea también como un elemento de unificación, a través de su encuadramiento delimita un cuerpo. En el fondo donde se encajan las diferentes piezas, es a la pared que se remite el todo, aunque la fragmentación de los volúmenes no oculte su independencia de cada pieza o la especificidad de cada habitar. En estos proyectos, Hejduk propone el espacio de la casa si volviese un cuerpo al revés; es decir, como si piel y esqueleto se hundiesen (lo más interior y lo más exterior) y colgasen los órganos en el exterior de esta fusión."[91]

Lateness, 1a ed., 63–92. Princeton: Princeton University Press, 2020.p.79.
[91] Ana Sofia Pereira da Silva, "La intimidad de la casa: El espacio individual en la arquitec-

Pereira da Silva concuerda con Eisenman e Iturbe acerca de la concepción de los espacios habitables de las *Casa Muro* como espacios exteriores. La ausencia de espacio interior, y, por ende, la ausencia de un límite que separe el espacio interior de las casas del *mundo exterior* tiene otro condición implícita. No es posible reconocer en las *Casas Muro* el establecimiento de un sistema formal, una *taxis*, que gobierne la relación y definición de los elementos y espacios de la casa. Cada uno de los elementos y espacios de la *Casas Muro* define un volumen, una forma y una disposición autónoma, sin evidenciar un sistema formal de organización abstracto que contenga todos los elementos y espacios en una totalidad.

La ausencia las dos condiciones fundamentales para el establecimiento de la *taxis,* la definición de un orden interior y el establecimiento de un borde, anula la lectura de *taxis* que hemos estudiado hasta el momento. Pero las *Casas Muro* no presentan una condición de ausencia absoluta de orden. Todos los volúmenes, si bien autónomos con formas y límites individuales están organizados con respecto a las superficies del muro. Y, lo que es fundamental, la relación de movimiento entre estos diferentes cuerpos está condicionada por la necesidad de traspasar repetidas veces el muro.

Carlos Barberá ve en la acción repetida de atravesar el muro de la *Casa 2* el efecto de la fragmentación de la imagen construida en cada una de las estancias. En vez de un movimiento continuo entre las diferentes habitaciones la presencia del muro obliga la construcción de los espacios de la casa a partir de la sobreposición de imágenes estáticas. Esto implica que:

"la casa muro es la casa de un cineasta porque es similar a lo que ocurre en el cine: a partir de una serie de imágenes fijas superpuestas sobre otras, el cineasta crea movimiento...La Casa Muro 2 obliga al ocupante a transformar y construir la imagen externa vista desde el espacio privado. Condiciona a su ocupante a construir en su ser interno, el movimiento de la imagen. Procesada como tal en la mente del ocupante, este es un movimiento íntimo."[92]

Barberá ve en la analogía con el cine la estructuración de un orden, construido individualmente por el habitante de la casa. Este sistema funciona

---

tura doméstica en el siglo XX." (Escuela Técnica Superior de Arquitectura, 2013).p.287.
[92] Barberá Pastor, "Staircases in the wall house 2".p.23. (Traducción por el autor).

para la *Casa Muro 2* no sólo por la separación de cada una de las actividades en volúmenes independientes, a diferencia de la *Casa Muro 1* en que estos están concentrados, sino que también por la individualización de las ventanas de cada uno de estos volúmenes que construye una relación de imágenes fragmentadas del exterior. Pero, en la *Casa Muro 1* no existe una individualización de las ventanas de las estancias, todas comparten la misma definición de sus bordes por los paneles de vidrio continuo, discutidos previamente. Por ende, el sistema de estructuración de la casa mediante la superposición de imágenes fijas, de la *Casa Muro 2,* no da cuenta de las condiciones más básicas de la *Casa Muro 1*. La organización de esta casa está estructurada únicamente por su relación con el muro.

Al analizar el fragmento *B1* de Anaximandro Indra Kagis Mcewen enfatiza sobre la frase final. *Kata ten tou chronou taxin*[93]. Que es traducida por la autora como:

"De acuerdo con el orden del tiempo."[94]

Más allá de la discusión desarrollada por McEwen sobre el resto del fragmento de Anaximandro lo que nos interesa sobre esa última frase es el uso del término *taxis* en relación con una categoría de tiempo. Sobre este tema específico, McEwen afirma:

*"En el fragmento la palabra para tiempo es chronos, un periodo de tiempo; un tiempo con un antes, durante y después; un tiempo que, como la vida humana, es esencialmente rectilíneo. Este ordenamiento secuencial del tiempo es la **taxis** del chronos...La **taxis** del chronos revela la tradición como necesidad en cuanto el tiempo secuencial hace necesariamente la categorización de eventos como repetidos o no repetidos, típicos o no, cíclicos o no. Únicamente el tiempo humano rectilíneo, al establecer el comienzo, el medio y el fin, puede revelar la ocurrencia de un comienzo repetido, de un medio repetido, de un final repetido."*[95]

---

[93] Fragmento de Anaximandro citado en Indra McEwen, *Socrates' Ancestor: An Essay on Architectural Beginnings*, 1a ed. (Cambridge, Massachusetts: MIT Press, 1993).p.10.
[94] "according to the ordenance, order, or assesment of time". (Traducción por el autor). Ibid.p.15.
[95] "The word for time in the fragment is Chronos, a period of time; a time with before, during, and after; a time that, like the human life span, is essentially rectilinear. This sequential order is the taxis of chronos...The taxis of chronos reveals custom as necessity

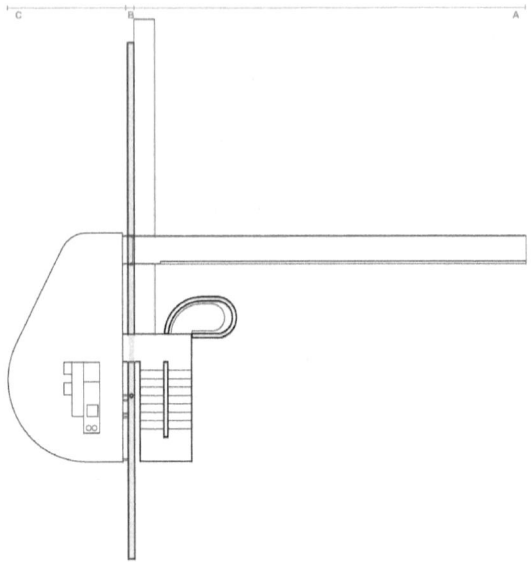

Fig. 101. **Diagrama de organización secuencial en planta, Casa Muro 1**
Casa Muro 1, Diagrama de organización secuencial sobre la planta de nivel 2– basado en el plano "DR1998 0077 011" (Centro Canadiense de Arquitectura), Fuente: Elaboración propia.

McEwen muestra como en la concepción lineal del tiempo, *chronos*, está articulada la configuración más elemental de la *taxis*; la tripartición del comienzo, el medio y el fin. Y es esta articulación elemental de la *taxis* la que estructura las *Casas Muro*.

Esto es evidente en la planta de la *Casa Muro 1* (Fig. 101) por la organización de tres elementos dispuestos en un sentido secuencial; la rampa (el comienzo), dispuesta de manera ortogonal al sentido del muro, es decir que su recorrido está dirigido *hacia* el muro; el espacio contenedor de las actividades de forma irregular (el fin), y el elemento del medio; el muro, que mantiene la cohesión entre el comienzo y el fin.

insofar as sequential time necessarily makes its assessment of events as repeated or not repeated, as customary or not, as cyclical or not. Only human rectilinear time, by establishing what is beginning, middle, and end, can reveal the occurrence of a repeated beginning, a repeated middle, a repeated end." (Traducción por el autor). Ibid.p.16.

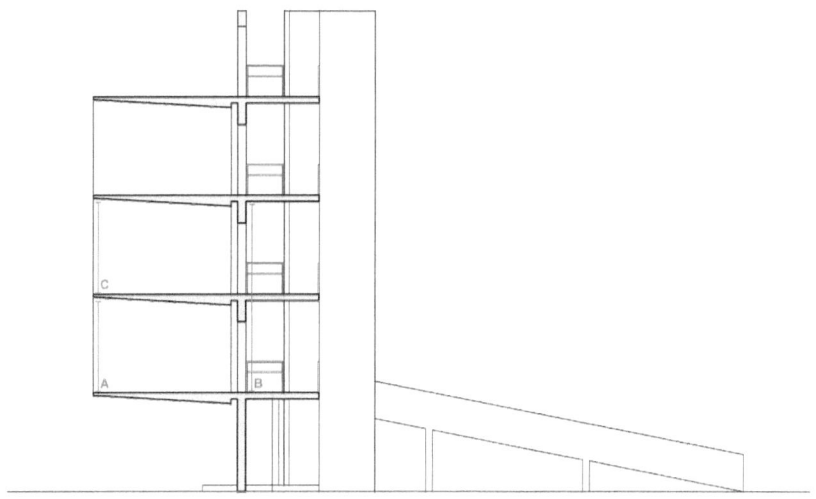

Fig. 102. **Diagrama de organización secuencial en corte, Casa Muro 1**
Casa Muro 1, Diagrama de organización en corte – basado en el plano "DR1998 0077 011" (Centro Canadiense de Arquitectura), Fuente: Elaboración propia.

La lógica secuencial es repetida en alzado. (Fig. 102) Y cómo afirma McEwen, el establecimiento de un comienzo funciona para identificar, de manera cíclica, la repetición de la secuencia. En la Casa Muro 1 esta secuencia es repetida todas las veces que el habitante deba moverse de un espacio a otro. Es este movimiento, o repetición del ciclo secuencial, lo que activa la *taxis* y da sentido al orden de la casa.

Al comienzo de este subcapítulo un fragmento de la novela de Samuel Beckett *Lo innombrable* está registrado. En el apartado el narrador describe su sensación de estar entre dos mundos inconciliables. Ambos mundos, el interior y el exterior, parecen espejos por su vastedad y el narrador está posicionado exactamente en el medio. Él lo describe, "Dos superficies y ningún espesor." En las Casas Muro estos "dos mundos" no están divididos por las dos superficies sin espesor. En las Casas Muro el espacio interior está contenido entre esas dos superficies, entre el muro. Y es el pasar de un lado a otro, por un instante por el interior, lo que causa que este muro, como el narrador de Beckett, vibre.

EL UNIVERSO EN UN CUBO

... y acerca de estas mismas cosas, dan una explicación más elevada y más acorde con la naturaleza... Heráclito [que] 'lo contrario es concordante', y 'de los diferentes [surge] la más bella armonía', y 'todas las cosas suceden por la discordia'.

Frag. 8.

*Conexiones,
cosas enteras y no enteras:
concordante discordante,
consonante disonante:
y de todas las cosas uno, y uno de todas las cosas.*

*Frag. 10.
Heráclito[1]*

Taxis y tiempo

Una pieza de Steve Reich

Dos aspectos, uno particular a las *Casas Muro* y otro a la secuencia general de casas son análogos a una pieza musical del siglo XX; tanto la composición *Pendullum Music* como las *Casas Muro* hacen uso de un "plano vertical" para organizar los elementos que las constituyen. Este plano es virtual en el caso de la pieza musical y determina las pulsaciones rítmicas de la composición en cambio el plano es material en las

---

[1] Heráclito, "Los Fragmentos de Heráclito: Texto griego y nueva versión al español", trad. Enrique Hülsz-Piconne, *Logos: Heráclito y los orígenes de la filosofía* (Universidad Autónoma de México, 2001).p.301,303.

Casas Muro y determina el orden secuencial de espacios de la casa. Por otra parte, las características específicas de la pieza musical permiten entender una condición fundamental del tratamiento de la *taxis* en las tres series de casa; la inclusión dentro de la obra de operaciones que invierten la relación de orden establecido por el sistema original.

En 1968 el compositor norteamericano Steve Reich nota un fenómeno extraño[2]: al pasar un micrófono directamente al frente del altavoz que emite su señal amplificada una realimentación de la señal, o *feedback*, es producida. El fenómeno genera un tono sostenido mientras el receptor del micrófono esté lo suficientemente cerca del altavoz. Pequeños cambios en la distancia de estos dos elementos resultan en fluctuaciones del tono, hasta que finalmente, desaparece la señal por la distancia entre el micrófono y el amplificador. Ese mismo año Steve Reich compone *Pendulum Music*, o *Música de péndulo*.

Una serie de instrucciones que establecen las condiciones necesarias para interpretar esta pieza reemplazan la tradicional notación musical. Reich define la pieza para micrófonos, amplificadores, altavoces e intérpretes y explica:

"2, 3, 4 o más micrófonos son suspendidos del techo por sus cables de manera que todos cuelguen a la misma distancia del suelo y estén libres para oscilar en un movimiento pendular. El cable de cada micrófono está conectado a un amplificador que, a su vez, está conectado a un altavoz. Cada micrófono cuelga unas pulgadas por encima de su altavoz."

"La ejecución", continua Reich, *"comienza con los intérpretes tomando cada uno de los micrófonos, jalándolos como un columpio, y en ese momento soltándolos todos juntos, en unísono. Desde luego, una serie de pulsaciones por realimentación son escuchadas, estas serán en unísono o no dependiendo del cambio gradual de las relaciones de fase de los diferentes péndulos de micrófonos."*[3]

---

[2] Steve Reich, "Pendulum Music", en *Writings on Music, 1965-2000*, ed. Paul Hillier, 1a ed. (New York City: Oxford University Press, 2002), 31–32.
[3] "2, 3, 4 or more microphones are suspended from the ceiling by their cables so that they all hang the same distance from the floor and are all free to swing with a pendular motion. Each microphone cable is plugged into an amplifier which is connected to a speaker. Each

Aunque en principio pareciera que las operaciones que producen la pieza *Pendulum Music* generan una serie de sonidos azarosos, la posición fija de los altavoces, así como la recurrencia de los micrófonos por el mismo punto espacial de manera cíclica, posibilita el reconocimiento de patrones rítmicos entre los tonos generados[4].

Al igual que las *Casas Muro, Pendulum Music* está estructurada a partir del atravesamiento de un plano vertical[5]. Mientras que en las *Casas Muro* este plano vertical es material, divide la experiencia de la casa en dos, en la pieza musical de Reich el plano vertical es virtual (FIG. 103), generado por los altavoces alineados horizontalmente sobre el suelo y la línea de micrófonos descolgados directamente encima. Cada vez que uno de los micrófonos en su movimiento pendular pasa por encima del altavoz el tono es generado, y este sonido corresponde con el momento en que el micrófono cruza los límites virtuales del plano vertical.

---

microphone hangs a few inches directly above or next to its speaker." Transcripción y traducción de fragmento del manuscrito de Steve Reich para *Pendulum Music*. Tomado de: Ibid.p.33.
"the performance begins with performers taking each mike, pulling it back like a swing, and there in unison releasing all of them together. Performers then carefully turn up each amplifier just to the point where feedback occurs when a mike swings directly over or next to its speaker. Thus, a series of feedback pulses are heard which will either be all in unison or not depending on the gradually changing phase relations of the different mike pendulums."
[4] La grabación realizada en el escenario *The Kitchen* en el año 1977 por Steve Reich es recomendada. Steve Reich, From The Kitchen, Archives No. 2: Steve Reich and Musicians, Live 1977, publicado 2005, CD audio.
[5] Steve Reich también reconoce en *Pendulum Music* una relación directa entre la pieza musical y una condición *física*. Sobre esto dice, Reich: "And not only that, they're *musical* in the sense that *Pendulum Music* is strictly *physical*. A pendulum is not a musician. So of all my pieces, that was *the* most impersonal, and was the most emblematic and the most didactic in terms of the process idea, and also the most sculptural. In many ways, you could describe *Pendulum Music* as audible sculpture, with the objects being the swinging microphones and the loudspeakers. I always set them up quite clearly as sculpture. It was very important they the speakers be laid flat on the floor, which is obviously not usual in concerts." En Steve Reich, "Second Interview with Michael Nyman (1976)", en *Writings on Music, 1965-2000*, ed. Paul Hillier, 1a ed. (New York City: Oxford University Press, 2002), 91–96.p.95.

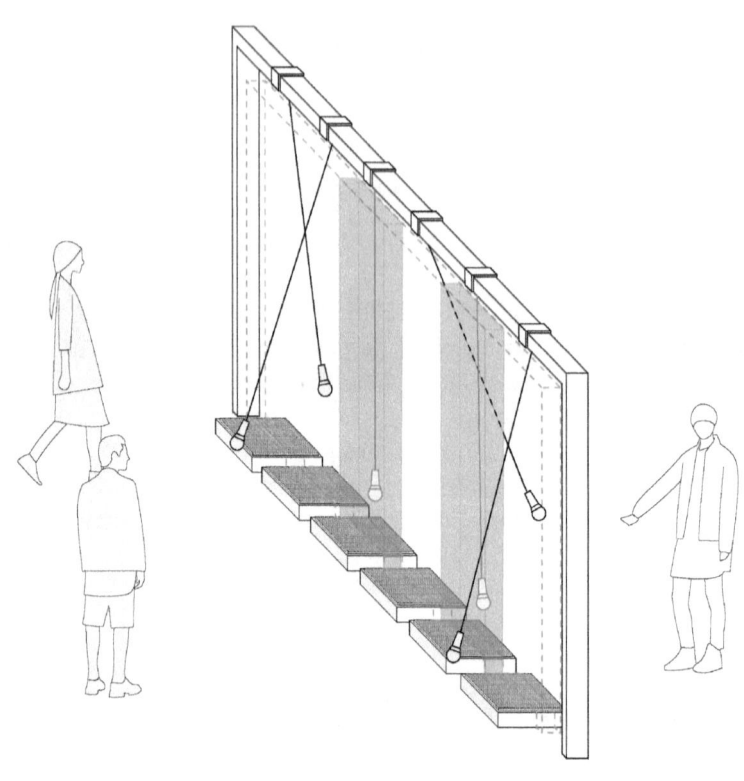

Fig. 103. **Diagrama de activación de sonido y plano vertical en Pendulum Music**
El plano vertical, virtual, de la pieza Pendulum Music es activado únicamente por el tiempo en uno de los micrófonos esté lo suficientemente cerca del altavoz como para generar una realimentación de la señal. Al comienzo de la pieza
Fuente: Elaborado por Andrea Ramos.

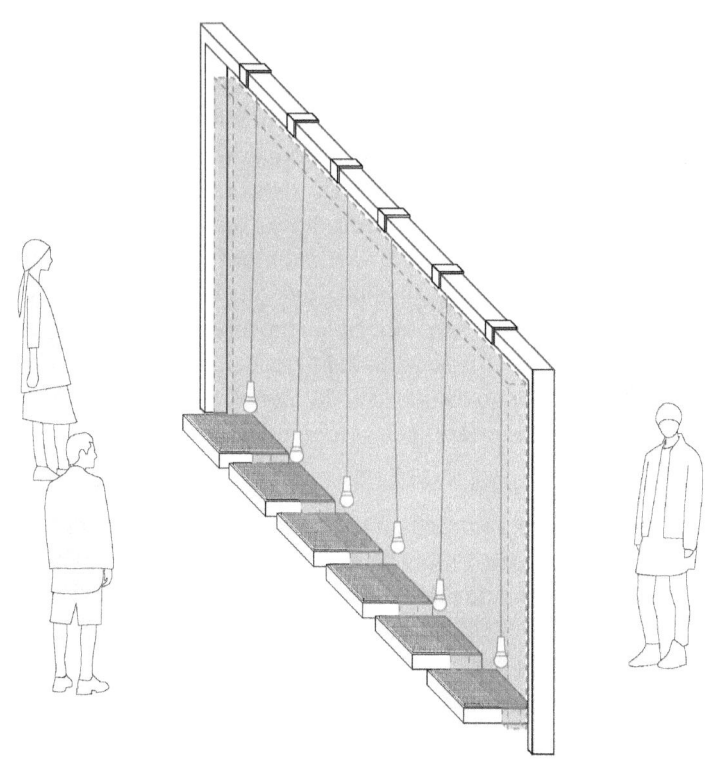

Fig. 104. **Diagrama de micrófonos en reposo en Pendulum Music**
Fuente: Elaborado por Andrea Ramos.

Al comienzo de la pieza estos sonidos son puntuales, y por ende las relaciones entre ellos, la *taxis* de la pieza en sentido análogo a nuestros términos, es claramente marcada. Pero como menciona Reich, el movimiento pendular implica un cambio gradual de estas relaciones: los intervalos de tiempo disminuyen entre cada iteración del péndulo hasta que eventualmente la separación entre tonos desaparece. Aquella separación, el silencio que permitía el reconocimiento de repeticiones rítmicas dentro de la pieza, da paso a la unificación de estos sonidos dentro de un amalgama cuyas partes son imposibles de diferenciar (Fig. 104). El final de la pieza, es definido por Reich, por la interrupción de la señal amplificada en "algún momento"[6] luego de que los micrófonos estén estáticos sobre los altavoces y el sonido generado sea la acumulación de tonos continuos.

Nuevamente, el movimiento de los micrófonos sobre los altavoces genera las sucesiones de tonos en secuencias rítmicas; un orden de sonido dentro de la pieza. En las *Casas Muro* es necesario el movimiento continuo sobre ambos lados del muro, pues es el constante paso a través de este elemento lo que estructura la secuencia espacial de la casa. Del mismo modo que en la obra musical, detenerse entre el muro, en busca del espacio interior, como los micrófonos de Reich sobre los altavoces, elimina la relación de orden entre los espacios de la casa.

Como es mencionado previamente, la pieza *Pendulum Music* es análoga a las *Casas Muro* en particular, y a la secuencia de casas de John Hejduk en general. Mientras que con respecto a las *Casas Muro* existe una analogía en la estructura de la pieza, la analogía con respecto a la secuencia de casas estudiadas en esta investigación radica en la sistemática desestructuración de las condiciones de *taxis*. Esto ocurre tanto en el *orden interno* de las casas como en la definición y tratamiento de sus *límites*.

En *Pendulum Music* a partir de una serie de indicaciones precisas, replicables, que establecen condiciones homogéneas para la producción del sonido de la pieza musical, el resultado final es el deterioro de las diferentes voces autónomas que estructuran la pieza. Los mismo ocurre en las series de casas de Hejduk.

[6] Reich, "Pendulum Music",p.33.

Basta observar los dibujos realizados por Hejduk que sintetizan las secuencias de casas realizadas por él. En el dibujo correspondiente a las *Casas Texas* (FIG. 63), la secuencia que comienza con la *Casa Texas 1*, en donde el esquema formal de los nueve cuadrados está inalterado y todos los módulos espaciales adicionales están ordenados en el exterior del esquema formal, pasa por alteraciones intermedias como en el caso de la *Casa Texas 3*; en dónde los módulos espaciales adicionales están limitados a la cara frontal y posterior de la casa, pero en el interior el esquema de los nueve cuadrados está alterado con subdivisiones adicionales.

Lo que resulta más interesante de esta secuencia de dibujos de Hejduk es el tratamiento de tres casas adicionales, no materializadas dentro de la serie de *Casas Texas*. La primera está marcada con el número ocho, las siguientes dos no incluyen enumeración. Esta primera planta, muestra el esquema de los nueve cuadrados con la ubicación de volúmenes internos cuya posición no está gobernada por los trazos del esquema formal, condición que es desarrollada en la última planta de la secuencia. Nuevamente los volúmenes dibujados en el interior de esta planta no están gobernados por los trazos del esquema formal, sus posiciones son libres dentro de la planta, al igual que el esquema *ocho*. Sin embargo, en el caso del esquema final estos volúmenes no están contenidos por la casa y sus bordes transgreden los límites de la planta. Cerca de la esquina superior derecha de este esquema Hejduk escribe: "explosión."

En un dibujo publicado en *Mask of Medusa* (FIG. 01) Hejduk sintetiza en una misma secuencia, sus proyectos desarrollados entre 1954 y 1974. Al finalizar las *Casas Texas*, las primeras de la secuencia, los tres proyectos *Diamond* están dibujados. Las *Casas Diamond A y B*, aunque no están marcadas con esos nombres, son reconocibles por la relación del esquema formal interior y la relación con el borde: en la *Casa Diamond A* la presencia de elementos puntuales y en la *Casa Diamond B* la sucesión de muros longitudinales. En ambas, está presente la separación del esquema formal interno de la definición de los bordes. A pesar de la presencia de otros proyectos entre las *Casas Diamond y Casa Muro*, Hejduk establece una relación directa entre esta dos series de proyectos.

En un tercer dibujo, una serie de bosquejos muestran el proceso de estirar el diamante de la planta de una de las *Casas Diamond* por sus esquinas superior e inferior (Fig. 105). El proceso muestra la deformación del diamante hasta convertirse en una línea, el muro de las *Casas Muro*. Sobre esto comenta Hejduk:

"El muro también surgió en planta de los diagramas en planta de las Diamante. Es decir, la hipotenusa del diamante se convirtió en la planta del muro. Uno puede borrar los vestigios periféricos del contorno del diamante, la Casa Muro 1 fue un descubrimiento nuevo.

El nuevo espacio es aquel del más rápido, el más fugaz, el más comprimido, la distancia más corta, el presente. Su propósito era realzar el hecho de que estamos continuamente entrando y saliendo del pasado y el futuro, cíclico...De una manera, irónicamente, esta casa tenía que ver con la "idea" del presente, la celebración de lo bidimensional; se trataba de conducir y condensar a un punto. Tenía que ver con el tiempo."[7]

En un pasaje citado al final del capítulo anterior la historiadora de arquitectura Indra Kagis McEwen demostraba que la articulación más elemental de la *taxis* también tenía que ver con el tiempo: el establecimiento de un orden en la sucesión del tiempo, el tiempo *chronos*; caracterizado por un antes, durante y después. Y es valioso, ahora, notar la distinción recogida por McEwen que realiza Aristóteles de dos concepciones de tiempo contrarias. Por un lado, el ya mencionado, *chronos*, tiempo en orden secuencial, y por otro lado el *aiōn*:

"Aiōn (de aei, siempre, y ōn, ser) es caracterizado como un círculo: completo, sin comienzo ni fin, y Aristóteles dice, "esta palabra aiōn poseía

---

[7] "The wall also emerged in plan from the Diamond plan diagrams. That is, the hypotenuse of the diamond became the wall in plan. One could erase the peripheric vestiges of the diamond outline; the Wall House 1 was a new discovery.
"The new space was that space which was the quickest, the most fleeting, the most compressed, the shortest distance, the present. It was meant to heighten the fact that we are continually going in and out of the past and future, cyclical...In a way, ironically, this house had to do with the "idea" of the present, the celebration of the two dimensional; it was leading and condensing to a point. It had to do with time." (traducción por el autor). John Hejduk, "Wall House 1", en *Mask of Medusa: Works 1947-1983*, ed. Kim Skapich, 1a ed. (New York City: Rizzoli International Publications, 1985), 59.

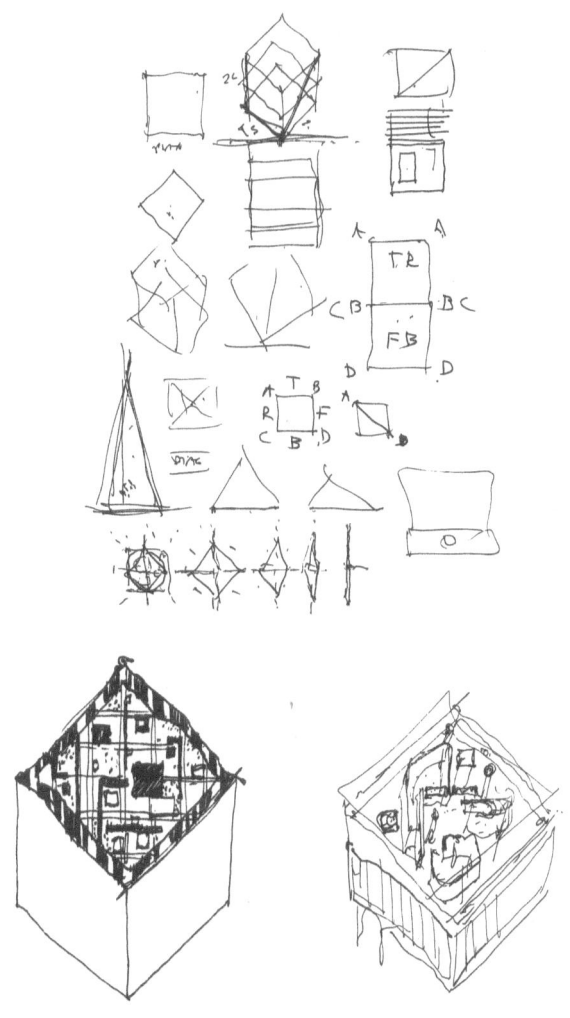

Fig. 105. **Notas y bosquejos sobre la transformación del diamante al muro**
Imagen: Hejduk, John. Mask of Medusa: Works 1947-1983. Editado por Kim Skapich. 1a ed. New York City: Rizzoli International Publications, 1985.p.p.251.

un significado divino para los antiguos; porque la realización [telos] que abarca [periechon] el tiempo [chronos] de cada vida...ha sido llamado su aiōn."[8]

La filósofa Heleen M. Kaizer comenta que la definición dada por Aristóteles de esta concepción de tiempo ha servido para traducirla como equivalente a *eternidad*; la analogía de McEwen del *aiōn* con un círculo podría interpretarse también de esa manera. Sin embargo, esta es una interpretación errónea del término[9], sobre el sentido de *aiōn* de Aristóteles dice Kaizer:

"Que la palabra se refiere a la vida de una persona como una totalidad completa con el aspecto inherente del tiempo. Aristóteles subsecuentemente señala que aiōn, como duración de vida (life-span) o "totalidad de vida", es aplicable por analogía (kata ton auton logon) a la totalidad del cosmos también."[10]

Es decir que *aiōn* no significa eternidad exactamente sino la compresión de la totalidad del tiempo de una vida, y por analogía, la totalidad del tiempo del universo, en una única entidad. Por ende, la *taxis* del tiempo, el antes, durante y después, como lo describe McEwen, desaparece en esa entidad. Es importante esta aclaración porque es en los mismos términos que Hejduk explica la transformación de la planta de la *Casa Diamond* hacia el muro de las *Casas Muro*.

La compresión de la planta, mencionada por Hejduk en su comentario y cuyo proceso está ilustrado en la imagen citada anteriormente, implica que la *taxis*, la relación entre elementos, el establecimiento de un orden

---

[8] "Aiōn (from aei, always, and ōn, being) is characterized as a circle; complete, with no beginning and no end, and Aristotle says, "this word aiōn possessed a divine significance for the ancients; for the fulfilment [telos] which encompasses [periechon] the time [chronos] of each life...has been called its aiōn." (Traducción por el autor). McEwen, *Socrates' Ancestor An Essay Archit. Beginnings*.p.135,136"
[9] Heleen M. Keizer, "AIΩN and Time in Aristotle", en *Le Temps Chez Aristote*, ed. Demetra Sfendoni-Mentzou, 1a ed. (Paris: Éditions Ousia, 2016), 131–56.
[10] "That the word refers to a person's life as a completed or complete whole with the inherent aspect of time. Aristotle subsequently points out that aiōn, as life-span or "life-completeness", applies by analogy kata ton auton logon) to the entire cosmos as well." (traducción por el autor). Ibid.p.134.

interior y la definición de bordes de la casa desaparece. Todos los elementos están comprimidos dentro del espesor del muro.

El comienzo de este documento hace referencia a la figura mitológica de Anfión, el hijo de Antiope, quien junto con su hermano Zeto construyen las murallas de Tebas. Pero a diferencia de Zeto, quien debe cargar y posicionar cada una de las gigantescas piedras de la muralla usando su fuerza corporal, Anfión logra moverlas y ordenarlas únicamente con la música que interpreta desde su lira[11]. La música de Anfión, entonces, permite entender el ordenamiento secuencial de elementos y espacios en arquitectura. Y, por ende, es un análogo al sentido original de *taxis*.

La secuencia de casas de John Hejduk presenta un desarrollo de la *taxis*, ya no similar al sentido de la acción mágica de Anfión sino a la pieza musical *Pendulum Music* de Steve Reich. Es decir, a partir de una serie de operaciones replicables que generan la estructura de la pieza en sonidos ordenados, y en las casas de Hejduk en estructuras formales coherentes, y que en ambos casos, progresivamente comprimen el orden de las obras dentro de una entidad. Esto es evidente, en el caso de la composición de Reich, en la sumatoria de tonos continuos generados por los micrófonos; y en el caso de las series de casas de Hejduk, en la compresión de la *taxis* de las casas en el muro de las *Casas Muro*. Es decir, la manipulación de la *taxis* en la serie de casas de John Hejduk permite, al igual que en la obra de Reich, la simultaneidad de condiciones opuestas; *taxis* como orden secuencial y *taxis* comprimido en una única entidad.

---

[11] Robert Graves, *The Greek Myths: The Complete and Definitive Edition*, 1a ed. (London: Penguin Books Ltd., 2017).p.347.

Materialización del orden en un objeto

Orden y realización

En el primer capítulo de este texto se ha presentado la aplicación del esquema formal de los nueve cuadrados, presente en las plantas de las *Casas Texas*, para organizar las cuatro fachadas de la *Casa Texas 7*.

Lo que enfatiza esta aplicación del esquema formal es que implica una literalidad en la expresión de la *orthographia*[12] en la fachada de la *Casa Texas 7* (Fig. 38), es decir una expresión perpendicular de la misma exploración formal de la planta. Mientras que la coincidencia entre esquemas reguladores en planta y en alzado parecería asegurar la coherencia del desarrollo de las partes, existe una contradicción entre el exterior unitario y la no-relación entre partes apiladas del interior; pero la presencia del esquema formal de los *nueve cuadrados* en los alzados de la casa implica una relación más profunda.

Indra Kagis McEwen sostiene, en *Dédalo y el descubrimiento del orden*[13], que en la tradición griega preclásica la relación entre la producción de objetos que contengan orden y su conceptualización, la conceptualización de *orden* en abstracto, siguen una cronología contraria a la comúnmente creída. Es sobre un objeto realizado que posteriormente, analíticamente, a través de su observación y comentario que surge el concepto de orden:

"Es mi contención que, con el amanecer del pensamiento griego, el patrón descubierto, o permitido aparece, a través de la realización fue universalizado para convertirse en el patrón que eventualmente llegó a ser entendido como encarnado en el cosmos de la manera en que entendemos la palabra...es a través de la realización que el kosmos *aparece, o no. De hecho* kosmos, *en ocasiones, parece compartir identidad con realización."*[14]

---

[12] Arnau-Amo, "Disposición".p.49-50.
[13] Indra K McEwen, "Daedalus and the Discovery of Order", en *Socrates' Ancestor: An Essay on Architectural Beginnings*, 1a ed. (Cambridge, Massachusetts: MIT Press, 1993), 41–78.
[14] "It is my contention that, with the dawn of Greek thought, the pattern discovered, or allowed to appear, through making was universalized to become the pattern that eventually

El amanecer del pensamiento griego, al que se refiere McEwen, está contenido específicamente en las epopeyas homéricas; en la utilización homérica de la palabra *kosmos*. Dos de los ejemplos de esta identificación de *realización* y *orden* presentados por McEwen son: *orden* realizado mediante el adorno, y *orden* materializado en un daidala, es decir *orden* realizado en un objeto de manufactura excepcional[15].

Para la utilización de *kosmos* como adorno, McEwen señala que efectivamente la palabra *cosmético* tiene raíz en *kosmos*[16]. Esta relación está aclarada por un fragmento de la *Ilíada* en que la diosa Hera decide seducir a su esposo Zeus para así, *"verter dulce y plácido sueño en sus párpados como también en su mente prudente."*[17] La manera en que Hera prepara la seducción de Zeus es mediante la ornamentación[18] de su cuerpo. El proceso es descrito en detalle: la limpieza y utilización de diferentes aceites y perfumes, la elaboración de trenzas con su pelo, envolverse con un manto divino adornado, a su vez, con bordados realizados por la diosa Atenea, así como el broche de oro, los aretes de tres piedras, etc[19]. El fin de este proceso es envolver su cuerpo de *orden* y hacerlo aparecer; hacerlo visible.

"Para ellos [los griegos], cuando una mujer kosmêse *(se adornaba), ella envolvía su* chrôs *(su piel) en una segunda piel o cuerpo, de forma que traía la superficie-cuerpo viva a la luz; para hacerla aparecer – si las mujeres,*

---

came to be understood as the one embodied in the cosmos as we understand the word." (Traducción por el autor). Ibid. p.42.
...it is through making that kosmos appears, or does not. In fact kosmos, at times, seems to share the very identity of making." P.42-43. (Traducción por el autor).
[15] Ibid.p.43,48.
[16] Ibid.p.43.
[17] Homero, *Ilíada*, trad. Fernando Gutiérrez, 1a ed. (Bogotá, Colombia: Penguin Random House Grupo Editorial, 2015).Canto XIV. 165.) p.339
[18] McEwen señala que es frecuente que el verbo *kosmeô*, el acto de ornamentar sea traducido como equipar (*array* es el término utilizado por McEwen) cuando el sujeto de la acción sea un hombre. De esta manera, señala McEwen, el hombre se equipa de armadura mientras que la mujer se ornamenta, implicando una superficialidad en el acto de ornamentar. McEwen afirma que esta distinción del término no existe en el griego y que ambos actos eran descritos con la misma palabra. McEwen, "Daedalus and the Discovery of Order". Notas de la página; 147.
[19] Homero, *Ilíada*.Canto XIV. 175-190)p.340.

en la Grecia antigua, eran esencialmente invisibles, kosmos *cosmético las volvía visibles."*[120]

Esto es aclarado por McEwen al explicar la concepción de chrôs para los griegos. Esta palabra, equivalente a la palabra piel, pero dista de una concepción anatómica. La piel para los griegos era la expresión visible de una entidad, McEwen, además, señala que el hecho de su visibilidad era necesaria para afirmar la existencia de la entidad a la que pertenecía. Por ende, cubrirse con un "manto divino" como la diosa Hera no significa la desaparición de la piel por el velo sino la exaltación de la piel *visible* de Hera por la presencia del manto. Cuya elaboración a manos de la diosa Atenea enfatiza la calidad de este objeto y lo dramático de este enriquecimiento.

El hecho de que sea una diosa, Atenea, la que haya adornado con bordados el manto utilizado por Hera tiene otra connotación; vuelve este objeto una *maravilla a contemplar* (*thaumai idesthai*). Indra Kagis McEwen señala que esta expresión homérica es otorgada a todos aquellos artefactos cuya manufactura sea tan extraordinaria que incitan una contemplación asociada a la presencia de una entidad divina. Mientras la expresión *maravilla a contemplar* describe este tipo de objetos el término para referirse a ellos es *daidala:*

*"Las maravillas que Homero y Hesíodo califican como thauma idesthai, una maravilla a contemplar, son cada una de ellas **daidala**. El trabajo metalúrgico, de carpintería o de tejidos que los traen a la luz, de manera que puedan ser contemplados, lo logran mediante el kosmon, que es simultáneamente disponer, organizar y ornamentar. El trabajo sobre las cosas les da vida, y no es accidente que tiktein sea dar a luz, tektein construir y technê un permitir aparecer."*[121]

---

[20] "For them [the greeks], when a woman kosmêse adorned) herself, she wrapped he chrôs in a second skin or body, in order to bring the living surface-body so clothed to light; to make it appear- If women, in ancient Greece, were essentially invisible, cosmetic kosmos made them visible." (Traducción por el autor). McEwen, "Daedalus and the Discovery of Order".p.44.
[21] "The marvels Homer and Hesiod qualify as thauma idesthai, a wonder to behold, are each and every one of them daidala. The metalwork, carpentry, or weaving that bring them to light, so that they may be beheld, do so through kosmon, which is simultaneously arran-

La expresión de *orden* en la piel visible, entonces, no es algo menor. Este hecho no es la manifestación de un orden traído a priori, exterior al objeto, sino que en el acto de realización de un objeto extraordinario el orden es articulado y "permitido aparecer". Las fachadas de la *Casa Texas 7* no son un *thauma idesthai* pero sí están realizadas de tal manera en que *hacen aparecer* el *orden* contenido en la casa (Fig. 39); vuelven visible el *orden* que rige la organización, en planta, del interior de la casa.

En el proyecto de Miguel Ángel para el Campidoglio en Roma (Fig. 106), existe una condición análoga de *hacer aparecer* el orden a través de su materialización en un objeto, en este caso en la conformación de una plaza cívica, específicamente en el trazado del pavimento.

James Ackerman afirma que a diferencia de otras ciudades italianas Roma no desarrolló un centro cívico reconocible durante la edad media. "*Roma medieval no tiene centro*"[22], afirma Ackerman. Y fue durante el siglo XII que el gobierno de la ciudad decidió ocupar el terreno del antiguo *tabularium*, y concentrar allí las oficinas administrativas de la ciudad. A pesar de ser efectivamente el centro que maneja la ciudad; y de estar en un lugar privilegiado, sobre una de las siete colinas de Roma, próxima al antiguo foro romano, el Campidoglio, comenta Ackerman, no logra suscitar suficiente orgullo cívico para justificar la construcción de un gran proyecto público[23].

Entre las razones de esta situación Ackerman enumera la separación de esta colina de la vida pública de roma y el hecho de no contar con caminos pavimentados, que la conecten con el resto de la ciudad, condición que también afectaba la plaza que permanecía como terreno abierto; (Fig. 107) un grabado anónimo del siglo XVI ilustra estado del Campidoglio[24]. El punto de vista está posicionado aproximadamente en el mismo punto que en el grabado de Dupérac y muestra los desniveles y montícu-

---

ging, ordering, and adorning. Craft gives things life, and it is no accident that that tiktein is to give birth, tektein to build, and technê a letting appear." (Traducción por el autor). Ibid.p.55.

[22] James Ackerman, *The Architecture of Michelangelo*, 2a ed. (Chicago, EE.UU.: Chicago University Press, 1986).p.136.

[23] Ibid.p.136.

[24] Giulio Carlo Argan y Bruno Contardi, *Michelangelo: Architect*, ed. y trad. Marion L. Grayson, 1a ed. (New York City, EE. UU.: Harry N. Abrams Publishers, 1993).p.255.

Fig. 106. **Perspectiva del complejo capitolino, Étienne Dupérac, 1569**

los presentes en el centro de la plaza, contiguos a la escultura del emperador romano Marco Aurelio. Además, este grabado ilustra dos edificios ya construidos en este lugar y que posteriormente serán adaptados e incorporados a la propuesta de Miguel Ángel; en el costado derecho, caracterizado por la sucesión de arcos de medio punto, está el *Palacio de los conservadores*; al fondo el *Palazzo senatorio.*

La intervención de Miguel Ángel consta de: la renovación de la fachada del *Palacio de los conservadores*. La construcción del *Palazzo Nuovo*, que no hacía parte del encargo original[25], y que repite la misma solución de fachada; la intervención sobre las escaleras de ingreso del *Palazzo senatorio*, y la construcción del pavimento en la base de la escultura de Marco Aurelio (Fig. 108).

---

[25] "This third palace was neither requested nor necessary, and the municipal government apparently had no interest in building it." Ibid.p.215.

Fig. 107. **Perspectiva del complejo capitolino, antes de la obra de Miguel Ángel.**

El trazado sobre el pavimento describe una estrella de doce puntas, con la estatua posicionada en el centro de la figura. Sobre cada una de las puntas, conectado al centro de la plaza, un óvalo está dibujado, intersectado con los óvalos correspondientes a las puntas siguientes. Además, en el centro de la figura, alrededor de la base de la estatua una estrella está dibujada. Ackerman asocia esta estrella con el símbolo del escudo de Aquiles, posteriormente adoptado por Alejandro Magno, la señal del *kosmokrator*[26].

"Usualmente, la serpiente Pitón aparece en el centro de estos escudos... El mito de Pitón está asociado al santuario de Apolo en Delfos, en dónde la serpiente, supuestamente, habita debajo de una piedra-montículo conocida como el omphalos o umbilicus, que marcaba el centro del cosmos."[27]

---

[26] Ackerman, *The Architecture of Michelangelo*.p.169.
[27] "Usually, the snake Python appears at the centre of these shields...The myth of Python

Fig. 108. **Planta Campidoglio, Bernardo Faleti, 1567**

Miguel Ángel transporta este ornamento al centro del *Campidoglio*, haciendo aparecer así el *orden*. De esta manera materializa el centro cívico de la ciudad, y lo estructura como "centro del universo". Además, construye todas las caras que rodean el centro de la plaza, mediante la adición del *Palazzo Nuovo*, y de esta manera "permite aparecer" el *orden*.

is associated with the shrine of Apollo at Delphi, where the snake reportedly dwelt under a mound-like stone known as the omphalos or umbilicus, which marked the centre of the cosmos." (Traducción por el autor). Ibid.p.169.

En este sentido las operaciones de Miguel Ángel en el *Campidoglio* son análogas a las operaciones de Hejduk en la *Casa Texas 7*: la articulación del esquema de los nueve cuadrados en altura expresa que el orden de la casa no está presente únicamente en la conformación de la planta sino también en la conformación del volumen, un control y coordinación completa del espacio. Pero el interior de la *Casa Texas 7* está constituido por partes no relacionadas que además presentan un proceso de desmaterialización en altura que podría continuarse más allá de los límites de la casa y por ende del volumen contenido por este orden. Existe entonces, en esta casa, una contradicción entre la expresión de un *orden* que abarca la totalidad de la obra y el hecho concreto de que este orden esté en un proceso de desmaterialización progresivo.

En la primera de sus *Cartas de las heroínas* Ovidio presenta una carta escrita por Penélope a Ulises. Después de la caída de Troya muchos griegos ya han vuelto a casa y Penélope reflexiona sobre la inutilidad de la victoria griega si esta no es materializada en un hecho concreto: la llegada de Ulises.

"¿Pero a mí de qué me sirve una Ilión destrozada por vuestros brazos, o que ahora sea escombros lo que fue antes su muralla, si yo sigo igual que estaba mientras Troya resistía, si tengo que estar privada de mi marido para siempre? Pérgamo es ceniza para otras: sólo para mí sigue en pie lo que ahora es tierra..."[28]

Una reflexión parecida ha de pensar el habitante de la casa de Hejduk.

---

[28] Ovidio, "Cartas de las heroínas", en *Textos mitológicos*, ed. y trad. Ana Pérez Vega y Bartolomé Segura Ramos, 2a ed. (Madrid: Editorial Gredos, 2016), 7–180.p.11.

> *L'architecture est la première manifestation de l'homme crèant son univers, le créant à l'image de la nature, souscrivant aux lois de la nature, aux lois qui régissent notre nature, notre univers.*[29]

> La arquitectura es la primera manifestación del hombre creando su universo, creándolo a imagen de la naturaleza, sometiéndose a las leyes de la naturaleza, a las leyes que rigen nuestra naturaleza, nuestro universo.[30]

> Le Corbusier

El universo en un cubo

Dos concepciones del origen de la arquitectura relacionadas al orden

El capítulo *Los trazados reguladores* del libro *Hacia una arquitectura* de Le Corbusier comienza con una alegoría de los orígenes de la arquitectura. Allí describe las acciones del "hombre primitivo" que construye su casa, y la equipara con el establecimiento del templo.

Las acciones descritas por Le Corbusier son cinco. La primera acción es la elección de un lugar: el "hombre primitivo" detiene su carruaje y escoge un claro en el bosque[31]; el claro es liberado de árboles y el suelo aplanado. La segunda acción es el establecimiento del camino que ha de conectar el lugar del asentamiento con el río o con los demás miembros de su tribu. Le sigue el posicionamiento de las estacas que sostienen su tienda (Fig. 109). El cuarto paso es rodear su tienda con una empalizada,

---

[29] Le Corbusier. "Les Tracés Régulateurs". En Vers une architecture, 2a ed., 49–64. París: Les éditions G. Crès et C, 1925.p.56.
[30] Traducción por el autor.
[31] Le Corbusier, "Les Tracés Régulateurs", en *Vers une architecture*, 2a ed. (París: Les éditions G. Crès et C, 1925), 49–64.p.53.

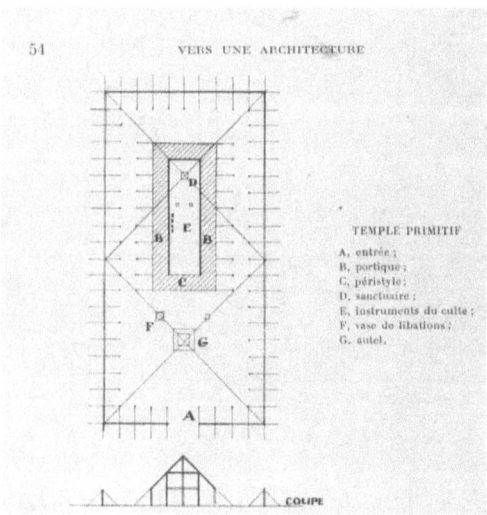

Fig. 109. **Planta y corte de un templo primitivo, Le Corbusier**
A pesar de que el esquema presentado por Le Corbusier de un *templo primitivo* corresponda al modelo de un tabernáculo la identificación de las partes no son específicas al tabernáculo. Le Corbusier anota: "A. entrada, B. pórtico, C. peristilo, D. santuario, E. instrumentos de culto, F. jarrón de libaciones, G. altar."

con el propósito de delimitar el espacio a su alrededor, la forma de esta empalizada es controlada. "La empalizada", dice, "forma un rectángulo donde los cuatro ángulos son iguales, son rectos."[32] La última acción corresponde con la organización de los espacio internos, en el caso del templo contempla la definición del espacio para uso exclusivo de los sacerdotes junto con el espacio para el altar de sacrificios, y esta acción de organización del espacio interno tiene una equivalencia en la casa y en el templo por la alineación de los accesos, las puertas, sobre el eje central del espacio.

En ningún momento del relato contado por Le Corbusier está nombrada la amenaza de los elementos de la naturaleza como una justificación

---

[32] "La palissade forme un rectangle dont les quatre angles sont égaux, sont droits." (traducción por el autor).Ibid.p.53.

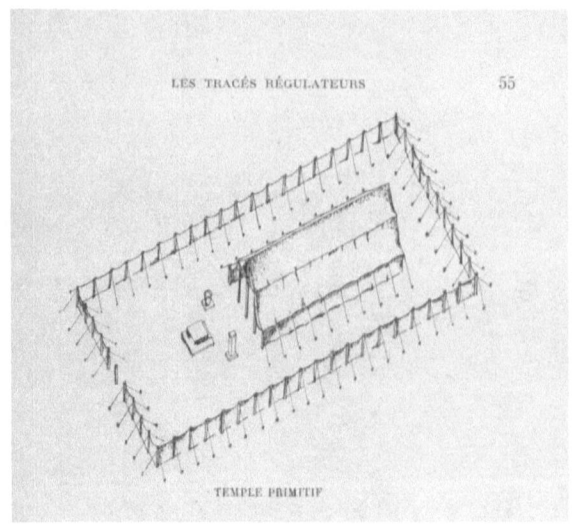

Fig. 110. **Axonometría de un** *templo primitivo*, **Le Corbusier**

para la construcción de la casa, así como tampoco está nombrado el accidentado descubrimiento del fuego que hace parte fundamental del relato de Vitruvio, no. El énfasis del relato está puesto sobre la conciencia de las acciones del supuesto "hombre primitivo". Tanto así que afirma que no existe tal hombre primitivo, únicamente "medios primitivos," dado que "la idea es constante, y en potencia, desde el inicio."[33]

La *idea* mencionada por Le Corbusier es la idea de orden; la conciencia que evidencia las acciones de estos hombres primitivos es el intento, consciente, de establecer un orden ajeno a la naturaleza (Fig. 110). Así lo explica:

"Para construir bien y para repartir sus esfuerzos, por la solidez y utilidad de la obra, él ha tomado medidas, él ha adoptado un módulo, él ha regulado

---

[33] "Il n'y a pas d'homme primitif; il y a des moyens primitifs, L'idée est constante, en puissance dès le début." (Traducción por el autor). Ibid.p.53.

su trabajo, él ha traído el orden. Porque, a su alrededor, el bosque está en desorden con sus lianas, sus zarzas, sus troncos que le incomodan y paralizan sus esfuerzos."[34]

Le Corbusier enfatiza sobre la utilización de una medida base, de una idea básica matemática que permita ordenar y establecer un carácter rítmico a la obra, y su énfasis no está puesto sobre el sentido poético, en términos Aristotélicos, de ese orden. Sin embargo, el resultado es el mismo: el establecimiento de un espacio delimitado y ordenado bajo una lógica o regla distinta a la de la naturaleza que permite que el espacio delimitado esté definido como algo ajeno a ella.

Joseph Rykwert identifica en este relato de una de las dos corrientes principales sobre la explicación de la morada primitiva. Por un lado, la posición contraria que sostiene que la arquitectura es desarrollada como una respuesta a las inclemencias del entorno[35], explicación dada al inicio de *A History of Architecture* de Sir Banister Fletcher[36]. Y por otro lado, Rykwert introduce las observaciones del arqueólogo e historiador André Leroi-Gourhan, quien comenta sobre los primeros asentamientos humanos:

"Es curioso que los primeros edificios supervivientes sean contemporáneos de la aparición de las primeras marcas rítmicas...lo poco que se sabe [de las habitaciones del pero-Homo sapiens] basta para demostrar que se produjo un profundo cambio hacia el momento que se corresponde al desarrollo de sectores de control del cerebro en las estirpes relacionadas con el Homo sapiens... Tal evidencia arqueológica parece justificar la hipótesis de que, desde el paleolítico superior en adelante, hubo un intento de controlar todo el fenómeno espacio-temporal por medios simbólicos, de los

---

[34] "Pour construire bien et pour répartir ses efforts, pour la solidité et l'utilité de l'ouvrage, il a pris des mesures, il a admis un module, *il a réglé son travail*, il a apporté l'ordre. Car, autour de lui, la forêt est en désordre avec ses lianes, ses ronces, ses troncs qui le gênent et paralysent ses efforts." (traducción por el autor). Ibid.p.54.
[35] Joseph Rykwert, *La casa de Adán en el paraíso*, trad. Justo G. Beramendi (Barcelona, España: Gustavo Gili, 1999).p.22.
[36] "La arquitectura...debe haber tenido un origen simple en el esfuerzo primitivo de la humanidad por lograr una protección contra las inclemencias del tiempo, las bestias salvajaes y los enemigos humanos..." Sir Banister Fletcher citado por Rykwert en: Ibid.p.22.

que el lenguaje fue el principal. Estos medios implican un auténtico "hacerse cargo" del espacio y el tiempo a través de la mediación de los símbolos: una domesticación de los mismos en sentido estricto, pues entraña, dentro y alrededor de la casa, un espacio y un tiempo controlables."[37]

Aunque provenga de una investigación distinta a la alegoría del hombre primitivo citada anteriormente, Rykwert sitúa las observaciones de Leroi-Gourham del mismo lado que Le Corbusier en cuanto a la concepción del origen de la arquitectura. Lo que tienen en común estas dos explicaciones es que el cambio fundamental es un cambio conceptual y no físico. No implica un cambio material radical el control del *fenómeno espacio-temporal por medios simbólicos*, mas sí un cambio cualitativo, que Leroi-Gourhan identifica con el surgimiento de las marcas rítmicas. En Le Corbusier estas marcas rítmicas son el origen del *módulo* y en términos de esta investigación, *taxis*.

Leroi-Gourham menciona que la investigación sobre el cambio de espacio natural a espacio construido tiene el problema de contar con pocos rastros arqueológicos, y los pocos disponibles no han sido estudiados a profundidad como para resultar en registros fósiles detallados[38]. No existe entonces un modelo material que contenga las características esenciales de este cambio hacia el espacio controlado con una lógica humana.

Sin embargo, la alegoría mencionada anteriormente nombra una serie de características y acciones precisas sobre la conformación de esta casa/templo primitiva. Características como: la disposición del espacio central interno en forma de tienda, la definición del espacio alrededor contenido por la empalizada construida rítmicamente, además del alineamiento de ambos ingresos sobre el eje central del espacio. Características que perfectamente describen la disposición de espacios y elementos de la *Casa Texas 1* (Fig. 23) de John Hejduk, la cual comparte la disposición de los ingresos de la casa sobre el eje central. Eje que, además, rige el esquema de organización espacial de la casa. Esta equivalencia es aún

---

[37] Leroi-Gourhan, "Memory and Rythms".p.313-15. Citado en: Rykwert, *La casa Adán en el paraíso*.p.22-23.
[38] Leroi-Gourhan, "Memory and Rythms".p.314.

más dramática en la planta inferior de la *Casa Texas 1* que contiene el espacio central de permanencia de la casa. Nuevamente, el ingreso de este espacio está dispuesto sobre el eje central, relacionado directamente con la escalera en caracol. Los espacios alrededor de la caja central están definidos por la sucesión de elementos verticales estructurales, análogos a la empalizada del templo primitivo de la alegoría.

Pero más allá de las correspondencias formales entre las *Casas Texas* y la casa primitiva de Le Corbusier, o el hecho de que el título *templo primitivo* acompañe las ilustraciones al texto, este *templo primitivo* corresponde con una figura formal y cultural específica: el tabernáculo del desierto.

El tabernáculo

El tabernáculo (Fig. 111) es el mítico templo de la tradición judía cuyas características fueron reveladas al profeta Moisés, y en cuyo interior, que podía transportarse por el desierto, se albergaba el *Arca de la alianza*. La detallada descripción del tabernáculo contenida en el Éxodo, el segundo libro del *Pentateuco,* significa que existe un consenso general en cuanto a sus características formales[39].

Son tres los espacios que constituyen el tabernáculo: el patio, la tienda que es el tabernáculo como tal, y que, a su vez, contiene el santuario, y el *sanctasanctórum*. El espacio destinado para la ya mencionada *Arca*, y por ende el recinto más sagrado del templo.

El patio está conformado por la disposición de postes perimetrales, la empalizada del templo primitivo de Le Corbusier, que sostienen una sucesión de telas descolgadas. Sus dimensiones, (Fig. 112) de acuerdo con el arquitecto Robert Jan van Pelt son de 150 pies x 75 pies[40] (o 45m por 22.5m), un rectángulo de proporción 2:1. Sobre el patio y frente al ingreso de la tienda están dispuestos el altar de sacrificios y la fuente de bronce. El tabernáculo, la tienda, está rodeada en tres de sus caras por muros

---

[39] Robert Jan van Pelt, "Philo of Alexandria and the Architecture of the Cosmos", *AA Files* 4, núm. July (1983): 3–15.
[40] Ibid.p.7.

Fig. 111. **Tabernáculo en el desierto, Atrii et Tabern. Scenographia**
Algunas de las imágenes tomadas del libro Physica sacra, están referenciadas en: Jan van Pelt, Robert. "Philo of Alexandria and the Architecture of the Cosmos". AA Files 4, núm. July (1983): 3–15.
Imagen: Johann Andreas Pfeffel (1674-1748) TAB. CXCIX Exodi Cap XXVII.v9-19. (...) Atrii et Tabern. Scenographia. 1731 - 1735.

cerrados; sobre el costado este está dispuesto el ingreso entre cinco pilares, (Fig. 113) número que es reducido posteriormente a cuatro en la división entre el santuario interior y el *sanctasanctórum*. Las dimensiones de este volumen central son, nuevamente de acuerdo con Jan van Pelt, de 5m x 15m[41]. Mientras que la división interior para el recinto sagrado es de 5m x 5m (Fig. 114).

[41] Ibid.p.7.

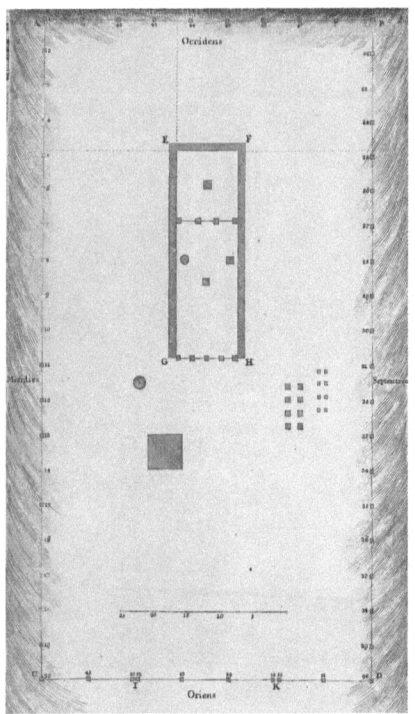

Fig. 112. **Tabernáculo en el desierto, Atrii et Tabern. Ichnographia**
Imagen: Johann Andreas Pfeffel (1674-1748) TAB. CXCVIII Exodi Cap XXVII.v9-19. (...) Atrii et Tabern. Ichnographia. 1731 - 1735.

Robert Jan van Pelt asocia la importancia de la figura del tabernáculo con las interpretaciones y utilizaciones de esta estructura arquitectónica como modelo de la estructura del universo. El ejemplo más importante de la utilización del tabernáculo está en los escritos de Filón de Alejandría, y Jan van Pelt explica la utilización del tabernáculo por dos razones: la primera reside en el hecho de que el tabernáculo sea una estructura de orden espacial, lo que abre las posibilidades interpretativas. Ninguno de los objetos contenidos en él, como el *altar de los inciensos* o el *Menoráh* (el candelabro de siete brazos) tiene un significado cosmológico totalizante, mientras que la sucesión espacial tripartita, entre el patio, el santuario y el *sanctasanctórum,* permite múltiples relaciones con la

Fig. 113. **Tabernáculo en el desierto, Tabernaculum ex Lundio**
Imagen: Johann Andreas Pfeffel (1674-1748) TAB. CXC, Exodi Cap XXVI.v15-36. Tabernaculum ex Lundio.
1731 - 1735.

simbología religiosa. La segunda razón radica en que, de acuerdo con los textos bíblicos, la estructura formal del tabernáculo le fue revelada a *Moisés* en el Monte Sinaí, es decir que su construcción implicaba la materialización de planes intervenidos directamente por dios. Más allá de esas relaciones entre el orden del tabernáculo y *fuerzas divinas*, lo que resulta interesante para esta investigación es el hecho de asociar la materialización de los actos de los dioses con una estructura de orden, y que este orden pueda expresarse arquitectónicamente.

En el último capítulo del ya mencionado libro de Joseph Rykwert *La casa de Adán en el paraíso*, Rykwert afirma que las celebraciones de iniciación

Fig. 114. **Tabernáculo en el desierto, Tabernaculum juxta Scacchi**
Imagen: Johann Andreas Pfeffel (1674-1748) TAB. CLXXXIX, Exodi Cap XXVI.v15-36. Tabernaculum juxta Scacchi. 1731 - 1735.

de diferentes culturas, como año nuevo y matrimonios, estaban frecuentemente asociadas con la mitos de creación correspondientes[42]. Tal como en el caso de la celebración de las fiestas de los tabernáculos judías, que están relacionadas, además, con la construcción de los *huppas*, pórticos simbólicos bajo los cuales las parejas celebran el ritual del matrimonio. Afirma sobre estos últimos que su función no es la de brindar un cobijo físico de un techo o de un cerramiento definido; su función es brindar un cobijo conceptual que permita al individuo utilizar ese marco para relacionarse con la estructura general del cosmos[43].

Pero existe una relación adicional entre el tabernáculo y la historia de origen de la tradición *judeocristiana*, que está centrada en la construcción de orden como acto creativo original, el libro del *Génesis* comienza con una descripción del estado previo a la *creación*:

"Mientras la tierra se halla desolada e informe, y la oscuridad prevalecía sobre la faz del abismo..."[44]" (Gen.1-2.)

En su comentario sobre este pasaje del libro del *Génesis*, Daniel Colodenco hace una aclaración fundamental sobre el significado original de los términos hebreos.

"El texto parecería aludir a un estado informe, de límites y contornos imprecisos, que impide toda identificación y separación. Identificar y separar constituyen actos primordiales para crear y denominar.

El término hebreo es Tóhu vabóhu, que suele ser entendido como "amorfa y vacía". El texto no parece estar proponiendo una creación del mundo de la nada sino tomando como punto de partida una materia en estado indiferenciado y amorfo."[45]

---

[42] Joseph Rykwert, "Una casa para el alma", en *La casa de Adán en el paraíso*, trad. Justo G. Beramendi (Barcelona: Gustavo Gili, 1999), 227–40.p.228.
[43] Ibid.p.237.
[44] Daniel Colodenco, trad., *Génesis*, 1a ed. (Buenos Aires, Argentina: Ediciones Lilmod, 2006).
[45] Daniel Colodenco, *Génesis: el origen de las diferencias*, 1a ed. (Buenos Aires, Argentina: Ediciones Lilmod, 2006).p.22.

Es decir que la acción principal de la cosmología judeocristiana referida en el *Génesis* como origen del universo no es la *creatio ex nihilo*, o creación de la materia a partir de la nada[46], sino que el acto creativo es la organización de la materia original, y Colodenco lo define específicamente como: identificar y separar. Términos análogos a los discutidos en este documento como aspectos fundamentales de la *taxis,* delimitar y ordenar.

Entonces la construcción del tabernáculo no es sólo el establecimiento de un templo cuyo orden tiene cualidades de revelación divina, sino que la construcción del tabernáculo, dentro de la tradición *judeocristiana* es la repetición, a menor escala, del acto original de creación del cosmos, materializado como una obra de arquitectura. Un espacio delimitado, cuyos elementos y subdivisiones internas obedecen a una *taxis* u orden específico. Orden que es un contraste con el *caos* del exterior: en el caso de la alegoría de Le Corbusier, este caos estaba representado en el bosque; en el caso de la mitología *judeocristiana* es el espacio indiferenciado del desierto. El efecto en ambas es el mismo: la *paralización de sus esfuerzos*. Daniel Colodenco también comenta sobre la importancia de la relación entre orden y la construcción del tabernáculo:

"La construcción de un tabernáculo en el desierto equivale a la creación de un orden (ritual) a partir de un caos. Lo divino irrumpe en espacios y tiempos específicos. En el espacio indefinido del desierto, en el que no se distinguen límites ni tiempos, el tabernáculo consagra un orden y un tiempo, el ritual. La separación entre sacerdotes, reyes y seres humanos comunes. Y otra separación: entre días festivos y días ordinarios. Una de las primeras formas de expresión de la cultura humana."[47]

El universo en un cubo

La utilización o establecimiento de una *taxis* que rija el posicionamiento y relación de elementos y espacios en arquitectura con el fin de constituir una totalidad coherente es uno de los recursos más potentes de la

---

[46] Daniel Colodenco, "Glosario de términos bíblicos y afines", en *Génesis: el origen de las diferencias*, 1a ed. (Buenos Aires: Ediciones Lilmod, 2006), 419–66.
[47] Colodenco, *Génesis el Orig. las Difer.* p.31.

arquitectura ya que posibilita el establecimiento de un *mundo dentro del mundo*, de acuerdo con la poética clásica o repetir el acto de creación de acuerdo con la tradición *judeocristiana*[48]. Las dos acciones identificadas como correspondientes a la *taxis* son: la definición de un orden interior y la definición de los límites de la obra.

En las tres series de casas estudiadas en esta investigación; las *Casas Texas* (1954-1963), *Casas Diamond* (1963-1968) y *Casas Muro* (1968-1974), existe una utilización consiente e intencionada de esta herramienta. Esto no significa que Hejduk, en estas casas, recurra a la utilización de la *taxis* como un medio de reestablecer un orden original, cerrado y estable, por lo contrario, Hejduk utiliza operaciones enmarcadas dentro de la *taxis* que problematizan el sentido original del recurso. Basta una recapitulación de las conclusiones de los primeros dos capítulos para entender este punto.

En la *Casa Texas 1* (Fig. 33) los elementos y espacios de las casas son ordenados bajo la lógica de la *taxis* evidente en la utilización del esquema formal de los nueve cuadrados, sin embargo, la direccionalidad del espacio interior junto con la disposición de un centro como espacio de permanencia en el inferior de la casa niega el reconocimiento jerárquico del centro en la composición; el centro es exterior. La *Casa Texas 7* (Fig. 48) el esquema de los nueve cuadrados es utilizado en altura garantizando la relación coherente de tres partes apiladas; en el interior esto es invertido por la independencia y no relación existente entre los pisos de la casa, además de los cambios en la definición de elementos estructurales para cada una de

---

[48] "They are nomadic because we live in a nomadic time." John Hejduk en Michael Blackwood, *John Hejduk: Builder of Worlds, a conversation with David Shapiro* (EE. UU.: Michael Blackwood Production, 1991). Esta es la respuesta dada por John Hejduk frente a la pregunta de David Shapiro acerca de la crítica contemporánea que señala la aparente ausencia de relaciones de contexto en la obra de Hejduk, Hejduk utiliza reiteradas veces el lenguaje religioso en las explicaciones de sus propios proyectos. Además de la presencia cada vez más importante de imágenes, programas y alusiones a alegorías religiosas tanto en sus proyectos como en sus escritos. Véase: John Hejduk, *Pewter Wings, Golden Horns, Stone Veils*, ed. Kim Shkapich, 1a ed. (New York City, EE. UU.: Monacelli Press, 1997). 1998, *Alas de estaño, cuernos de oro, velos de piedra)*. Para sus poemas tardíos ver: *Such Places as Memory: Poems 1953-1996*, 1a ed. Cambridge, Massachusetts, EE. UU.: MIT Press, s/f). Y sobre sus últimas obras ver: K. Michael Hays, *Sanctuaries: The Last Works of John Hejduk* (New York City, EE. UU.: Whitney Museum, 2003).

las tres agrupaciones de plantas apiladas, el paso de muros longitudinales a columnas cuadradas, que independiza la lógica espacial de cada una de las plantas. En esta casa la relación entre parte y todo es invertida. Finalmente, la utilización de variación en el interior de las *Casas Diamond* (Fig. 24) provoca una escisión con respecto a la definición de los límites de la casa; el esquema formal de estas casas interrumpido por los bordes diagonales implica la posibilidad de una expansión del esquema formal más allá de los límites de la casa, *ad infinitum*. El hecho de que en estas casas el centro esté constituido en el exterior, las partes internas estén disociadas y el esquema formal exprese una expansión infinita resulta en un sistema de organización interno vacío. El centro no es un espacio reconocible y estructurante del interior, el centro es una ausencia.

En el segundo capítulo, las conclusiones están enfocadas con respecto a la importancia de la definición de bordes en la *taxis*. En la *Casa Texas 3* (Fig. 68) el borde está definido por las *loggias* de ingresos dispuestas en las caras frontal y posterior mientras que los muros de carga coinciden con los ejes laterales. A pesar de esta definición coherente de bordes que encierran el espacio interior, la manipulación material de la columnas que interrumpen los muros de carga laterales exponen el espacio interior de la casa al exterior. Además, la organización de partes de la casa obedece a una estructura de *quiasmo* cuyo eje central coincide con las columnas vacías y el patio central de la casa, vacío, excavado e inaccesible para los habitantes. En las *Casas Diamond*, aparte de la implícita expansión del esquema formal más allá de los límites de la casa, dicho límite es espaciado y *ambiguo*. En la *Casa Diamond A* (Fig. 79, 80) la disposición de elementos verticales sucesivos imposibilita la definición de los espacios como cerrados o abiertos; los elementos verticales, entonces, establecen una condición de doble lectura. Por otro lado, en la *Casa Diamond B* es la ausencia de elementos en el borde espaciado la que imposibilita su definición entre espacio interior y exterior: el borde (Fig. 93) es un espacio no determinado. Finalmente, en las *Casas Muro* existe una compresión de los bordes de la casa, junto con el espacio interior, dentro del muro que divide la casa en dos (Fig. 99). A pesar de significar la desaparición de todas las categorías de la *taxis* establecidas hasta el momento, la casa está estructurada a partir del continuo paso entre los dos lados del muro, y esta organización secuencial tripartita es una articulación elemental de la *taxis*.

En síntesis, Hejduk utiliza la manipulación del orden en las tres series de casas como un medio para expandir la definición de *taxis,* una herramienta que proporciona estructuras de organización interior cerradas y límites absolutos a favor de una utilización abierta de estos conceptos que permita lecturas múltiples y contradictorias. Así mismo, la manipulación de la *taxis* es una fuente inagotable de configuraciones formales, y por ende, de conocimiento y significados poéticos en arquitectura.

En una conferencia en la ciudad de Valencia Hejduk expresa esto:

"Hice un descubrimiento. Había trabajado durante 17 años con el sistema de proyecciones, sin entenderlo. Hace 2 semanas, antes de venir a Valencia, he empezado a entenderlo y ahora voy a hacer un dibujo que muestra cómo se constituye este sistema.

Partimos del cubo y la sección que dibujé antes. (Fig. 115) *Hice un cuadrado con el mismo lado, y tenéis que imaginar que puse una cuerda en cada uno de estos extremos, y comencé a estirar estas líneas. Mientras estiraba sobre este eje podéis ver lo que le pasaba a la figura: un eje se está extendiendo y otro se está comprimiendo en la misma dimensión. Lo que le quito de un lado lo añado a otro.*

No se ha perdido energía. A partir de la máxima extensión obtenemos la máxima compresión, o de la máxima compresión conseguimos la máxima extensión. Cuando llegué aquí no me lo podía creer. Ya que lo que ha ocurrido es que la figura ha colapsado sobre sí misma. Se ha concentrado en sí misma. Todo el mundo, de hecho, se ha colapsado y centrado sobre sí mismo...

Cualquier figura que ponga aquí dentro se colapsará sobre sí misma. Esto, de hecho, es un agujero negro. Es el fantasma de aquello. No estoy muy seguro de lo que esto quiere decir, perdonadme si espéculo. Ya me dijo mi mujer que no debería decirlo, pero me temo que el universo esté contenido dentro de un cubo. Esto son pensamientos de un arquitecto."[149]

---

[49] John Hejduk, *John Hejduk: Dos conferencias, Valencia, octubre, 1980,* 1a ed. (Valencia, España: Ediciones Generales de la Construcción, 2001). Citado en: Carlos Barberá Pastor, "Un dibujo de John Hejduk sobre LaTourette, entre la transformación de un cuadrado.", *Massilia: anuario de estudios lecorbusieranos,* núm. 2005 (2005): 210–21.p.215.

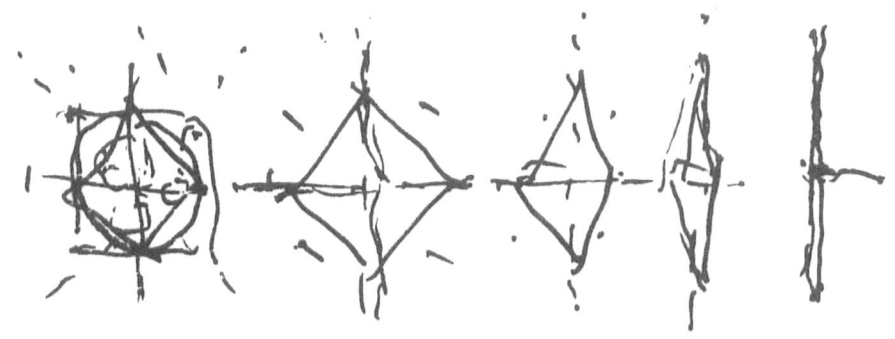

FIG. 115. **Notas y bosquejos sobre la transformación del diamante al muro (detalle)**

BIBLIOGRAFÍA

Ackerman, James. *The Architecture of Michelangelo*. 2a ed. Chicago, EE.UU.: Chicago University Press, 1986.

Agamben, Giorgio. "¿Qué es lo contemporáneo?" En *Desnudez*, editado por Fabián Lebenglik, traducido por Cristina Sardoy, 1a ed., 17–30. Buenos Aires, Argentina: Adriana Hidalgo ed., 2011.

Alberti, Leon Battista. "Book Nine: Ornament to Private Buildings". En *The Art of Building in Ten Books*, editado y traducido por Joseph Rykwert, Neil Leach, y Robert Tavernor, 2a ed., 291–319. Cambridge, Massachusetts: MIT Press, 1988.

———. "Book One: Lineaments". En *The Art of Building in Ten Books*, editado y traducido por Joseph Rykwert, Neil Leach, y Robert Tavernor, 2a ed., 7–33. Cambridge: MIT Press, 1988.

———. "Book Two: The Picture". En *Leon Battista Alberti : On Painting : A New Translation and Critical Edition*, editado y traducido por Rocco Sinisgalli, 1a ed., 44–73. Cambridge, Massachusetts: Cambridge University Press, 2011.

———. "El trazado". En *De Re Aedificatoria*, traducido por Javier Fresnillo Nuñez, 2a ed., 61–93. Madrid, España: Ediciones Akal, 2007.

———. "Prologue". En *The Art of Building in Ten Books*, editado y traducido por Joseph Rykwert, Neil Leach, y Robert Tavernor, 2a ed., 2–6. Cambridge, Massachusetts: MIT Press, 1988.

———. "Prologue". En *The Art of Building in Ten Books*, editado por Joseph Rykwert, Neil Leach, y Robert Tavernor, 2a ed., 2–6. Cambridge, Massachusetts: MIT Press, 1988.

Argan, Giulio Carlo, y Bruno Contardi. *Michelangelo: Architect*. Editado y traducido por Marion L. Grayson. 1a ed. New York City, EE. UU.: Harry N. Abrams Publishers, 1993.

Aristóteles. "Sobre la fábula o la estructuración de los hechos". En *Poética*, editado por Valentín García Yebra, 3a ed., 152–55. Madrid, España: Gredos, 1974.

Arnau-Amo, Joaquín. "Disposición". En *72 voces para un diccionario de arquitectura teórica*, 1a ed., 49–52. Madrid, España: Celeste, 2000.

———. "Los 'lineamenta'". En *La teoría de la arquitectura en los tratados: Alberti*, 1a ed., 45–61. Madrid, España: Tebar Flores, 1987.

Bachelard, Gaston. "La dialéctica de lo de dentro y de lo de fuera". En *La poética del espacio*, traducido por Ernestina de Champourcin, 2a ed., 250–70. Ciudad de México: Fondo de Cultura Económica, 2016.

Barberá Pastor, Carlos. "Staircases in the wall house 2". *EAR: Theory, Art and Architecture Journal*, núm. 5 (2013): 4–27.

———. "Un dibujo de John Hejduk sobre La Tourette, entre la transformación de un cuadrado." *Massilia: anuario de estudios lecorbusierianos*, núm. 2005 (2005): 210–21.

———. "Una visita a la Wall House 2 construida en Groningen". En *Variaciones sobre la Bye House de John Hejduk*, 40–78, 2008.

Becket, Samuel. *The Unnamable*. Editado por Steven Connor. 2a ed. London: Faber and Faber Ltd, 2010.

Benévolo, Leonardo. *La captura del infinito*. Traducido por Margarita García Galán. 1a ed. Madrid: Celeste, 1994.

Blackwood, Michael. *John Hejduk: Builder of Worlds, a conversation with David Shapiro*. EE. UU.: Michael Blackwood Production, 1991.

Bois, Yve-Alan. "Mondrian and the Theory of Architecture". *Assemblage* 4, núm. Oct. 1987 (1987): 102–30.

Borsi, Franco. *Leon Battista Alberti: The Complete Works*. 1a ed. New York: Electa, Rizzoli, 1989.

———. "The Della Pittura and the De Statua". En *Leon Battista Alberti: The Complete Works*, traducido por Rudolf G. Carpanini, 3a ed., 199–212. New York City: Rizzoli International Publications, 1989.

Caragonne, Alexander. *The Texas Rangers: Notes from an Architectural Underground*. 1a ed. Cambridge, Massachusetts: MIT Press, 1995.

Choay, Françoise. "Introduction: The Choice of Words". En *The Rule and the Model: On the Theory of Architecture and Urbanism*, editado por Denise Bratton, 1a ed., 1–14. Cambridge, Massachusetts: MIT Press, 1997.

———. "Texts on Architecture and the City". En *The Rule and the Model: On the Theory of Architecture and Urbanism*, 1a ed., 15–32. Cambridge, Massachusetts: MIT Press, 1997.

———. "The De Re Aedificatoria: Alberti, or Desire and Time". En *The Rule and the Model: On the Theory of Architecture and Urbanism*, editado por Denise Bratton, 1a ed., 65–136. Cambridge, Massachusetts: MIT Press, 1997.

Colodenco, Daniel. *Génesis: el origen de las diferencias*. 1a ed. Buenos Aires, Argentina: Ediciones Lilmod, 2006.

Colodenco, Daniel, trad. *Génesis*. 1a ed. Buenos Aires, Argentina: Ediciones Lilmod, 2006.

———. "Glosario de términos bíblicos y afines". En *Génesis: el origen de las diferencias*, 1a ed., 419–66. Buenos Aires: Ediciones Lilmod, 2006.

Corbusier, Le. "Les Tracés Régulateurs". En *Vers une architecture*, 2a ed., 49–64. París: Les éditions G. Crès et C, 1925.

Damisch, Hubert. "Prólogo a la edición francesa: Ledoux con Kant". En *De Ledoux a Le Corbusier: origen y desarrollo de la arquitectura autónoma*, traducido por Reinald Bernet, 2a ed., 9–20. Barcelona: Gustavo Gili, 1982.

———. "Three Minus Two, Two plus One: Architecture and the Fabric of Time". En *Anytime*, editado por Cynthia Davidson, 1a ed., 84–90. Cambridge, Massachusetts: MIT Press, 1999.

Doesburg, Theo van. "L'evolution de l'architecture moderne en Hollande". *L'Architecture vivante*, núm. Otoó e Invierno (1925).

Eisenman, Peter, y Elisa Iturbe. "John Hejduk". En *Lateness*, 1a ed., 63–92. Princeton: Princeton University Press, 2020.

Eisenman, Peter, y Matt Roman. "Introduction". En *Palladio Virtuel*, 1a ed., 15–30. New Haven: Yale University Press, 2015.

Emmons, Paul. "Vitruvius: Follow the Footprints". *Drawingmatter.org*, 2020. https://drawingmatter.org/follow-the-footprints/.

Estrella Cobo, Lisseth Mireya. "Problema y ejemplo: Los nueve cuadrados y la transformación del edificio fundacional de la Cooper Union". *Estudios del Hábitat* 18, núm. Junio (2020).

Furnari, Michele. "Aspects of Formal Design in Renaissance Architecture". En *Formal Design in Renaissance Architecture*, 1a ed., 175–97. New York City: Rizzoli International Publications, 1995.

Fusco, Renato de. "Tipología lineal". En *El Quattrocento en Italia*, traducido por Beatriz López, 1a ed., 15–68. Madrid: Ediciones ISTMO, 1999.

Gerstein, David. *Two Talks on John Hejduk, Part 1 | Hejduk, Hamlet and the Ghost ...* EE. UU.: The Cooper Union, 2017. https://youtu.be/UH7zy3MpOH0?t=1200.

Giedion, Sigfried. *El Presente Eterno: los comienzos de la arquitectura*. Traducido por Joaquín Bernaldo de Quirós. 6a ed. Madrid, España: Alianza Editorial, 1964.

———. *La Arquitectura Fenómeno de Transición*. Traducido por Justo G. Beramendi. Primera ed. Barcelona, España: Gustavo Gili, 1971.

———. "La bóveda romana". En *La Arquitectura Fenómeno de Transición: las tres edades del espacio en arquitectura*, traducido por Justo Beramendi, 2a ed., 166–97. Barcelona, España: Gustavo Gili, 1971.

———. "La primera concepción espacial arquitectónica". En *El presente eterno: Los comienzos de la arquitectura*, traducido por Joaquín Bernaldo de Quirós, 6a ed., 465–96. Madrid, España: Alianza Editorial, 1981.

Grafton, Anthony. *Leon Battista Alberti: Master Builder of the Italian Renaissance*. 1a ed. Cambridge, Massachusetts, EE.UU.: Harvard University Press, 2000.

———. "Who Was Leon Battista Alberti?" En *Leon Battista Alberti: Master Builder of the Italian Renaissance*, 1a ed., 3–30. Cambridge, Massachusetts: Harvard University Press, 2000.

Graves, Robert. *The Greek Myths: The Complete and Definitive Edition*. 1a ed. London: Penguin Books Ltd., 2017.

Hays, K. Michael. *Sanctuaries: The Last Works of John Hejduk*. New York City, EE. UU.: Whitney Museum, 2003.

Hejduk, John. "Explosive Center". En *Mask of Medusa: Works 1947-1983*, editado por Kim Skapich, 1a ed., 50. New York City: Rizzoli International Publications, 1985.

———. "Frame 4: 1968-1974". En *Mask of Medusa: Works 1947-1983*, editado por Kim Skapich, 1a ed., 57–78. New York City: Rizzoli International Publications, 1985.

———. "Introduction to the Diamond Catalogue". En *Mask of Medusa: Works 1947-1983*, editado por Kim Skapich, 1a ed., 48–49. New York: Rizzoli International Publications, 1985.

———. "Introduction to the Texas Catalogue". En *Mask of Medusa: Works 1947-1983*, editado por Kim Skapich, 1a ed., 39–43. New York: Rizzoli International Publications, 1985.

———. *John Hejduk: Dos conferencias, Valencia, octubre, 1980*. 1a ed. Valencia, España: Ediciones Generales de la Construcción, 2001.

———. *Mask of Medusa: Works 1947-1983*. Editado por Kim Skapich. 1a ed. New York City: Rizzoli International Publications, 1985.

———. *Pewter Wings, Golden Horns, Stone Veils*. Editado por Kim Shkapich. 1a ed. New York City, EE. UU.: Monacelli Press, 1997.

———. *Such Places as Memory: Poems 1953-1996*. 1a ed. Cambridge, Massachusetts, EE. UU.: MIT Press, 1998.

———. "The Nine Square Problem". En *Mask of Medusa: Works 1947-1983*, editado por Kim Skapich, 1a ed., 37–38. New York: Rizzoli International Publications, 1985.

———. *Three Projects*. Editado por Galen Harley. 1a ed. New York: Cooper Union School of Art and Architecture, 1969.

———. "Wall House 1". En *Mask of Medusa: Works 1947-1983*, editado por Kim Skapich, 1a ed., 59. New York City: Rizzoli International Publications, 1985.

Hejduk, John, y Don Wall. "Interview with Don Wall". En *Mask of Medusa: Works 1947-1983*, editado por Kim Shkapich, 1a ed., 35–36. New York City: Rizzoli International Publications, 1985.

Heráclito. "Los Fragmentos de Heráclito: Texto griego y nueva versión al español". Traducido por Enrique Hülsz-Piconne. *Logos: Heráclito y los orígenes de la filosofía*. Universidad Autónoma de México, 2001.

Homero. *Ilíada*. Traducido por Fernando Gutiérrez. 1a ed. Bogotá, Colombia: Penguin Random House Grupo Editorial, 2015.

Iodice, Francesco. "Architecture of the limit. The limit as strong thickness, the limit as a thin layer (from meter to micron)". En *Cavity and Limit*, 1a ed., 56–87. Siracusa, Italia: LetteraVentidue Edizioni, 2015.

Jan van Pelt, Robert. "Philo of Alexandria and the Architecture of the Cosmos". *AA Files* 4, núm. July (1983): 3–15.

Juarroz, Roberto. "Segunda Poesía Vertical". En *Poesía Vertical: tomo 1*, 1a ed., 55–103. Buenos Aires, Argentina: Emecé Editores S. A., 2005.

Keizer, Heleen M. "AIΩN and Time in Aristotle". En *Le Temps Chez Aristote*, editado por Demetra Sfendoni-Mentzou, 1a ed., 131–56. Paris: Éditions Ousia, 2016.

Lajo, Rosina. "Presentación editorial". En *La arquitectura considerada en relación con el arte, las costumbre y la legislación*, 1a ed., 1–2. Madrid, España: Ediciones Akal, 1994.

Lavin, Sylvia. "Trees Make a Plan". *Drawingmatter.org*, 2020. https://drawingmatter.org/trees-make-a-plan/.

Lefas, Pavlos. "On the Fundamental Terms of Vitruvius´ Architectural Theory". *Bulletin of the Institute of Classical Studies* 44, núm. 2000 (2000): 179–97.

Leroi-Gourhan, André. "Memory and Rythms". En *Gesture and Speech*, traducido por Anna Bostock Berger, 1a ed., 219–68. Cambridge, Massachusetts: MIT Press, 1993.

Lucan, Jacques. "The Enclosure Breached: Space and Time". En *Composition, Non-Composition: Architecture and Theory in the Nineteenth and Twetieth Centuries*, traducido por Theo Hakola, 1a ed., 385–403. Lausanne, Switzerland: EPFLS Press, 2012.

McEwen, Indra. *Socrates' Ancestor: An Essay on Architectural Beginnings*. 1a ed. Cambridge, Massachusetts: MIT Press, 1993.

McEwen, Indra K. "Daedalus and the Discovery of Order". En *Socrates' Ancestor: An Essay on Architectural Beginnings*, 1a ed., 41–78. Cambridge, Massachusetts: MIT Press, 1993.

Mitrović, Branko. "Leon Battista Alberti and the Homogeneity of Space". *Journal of the Society of Architectural Historians* 54, núm. 2 (1995): 228–32. doi:10.2307/990969.

Ortiz & Sanz, Joseph. "Anotaciones al Libro III". En *Los diez libros de arquitectura*, editado por Joseph Ortiz & Sanz, 1787a ed., 58–62. Madrid, España: Imprenta Real, 1787.

———. "Anotaciones al Proemio del Libro VI". En *Los diez libros de arquitectura*, editado por Joseph Ortiz & Sanz, 1787a ed., 136–39. Madrid, España: Imprenta Real, 1787.

Ovidio. "Cartas de las heroínas". En *Textos mitológicos*, editado y traducido por Ana Pérez Vega y Bartolomé Segura Ramos, 2a ed., 7–180. Madrid: Editorial Gredos, 2016.

Pereira da Silva, Ana Sofia. La intimidad de la casa: El espacio individual en la arquitectura doméstica en el siglo XX. 1a ed. España: Diseño Editorial, 2015.

Pérez-Gómez, Alberto. "Eros and Limits". En *Built upon Love: Architectural Longing after Ethics and Aesthetics*, 1a ed., 31–68. Cambridge, Massachusetts: MIT Press, 2006.

———. "The Renovation of the Body: John Hejduk & the Cultural Relevance of Theoretical Projects". *AA Files* 13, núm. 13 (1986): 26–29.

Pfammatter, Ulrich. "Durand's Polytechnical Principles of Architectural Education". En *The Making of the Modern Architect and Engineer*, 1a ed., 53–67. Basel; Boston; Berlin: Birkhäuser- Publishers for Architecture, 2000.

Plotinus. "Enneade I, 11-12". En *Enneadi*, 100. Bari, 1947.

Portoghesi, Paolo. "L. B. Alberti y su libro 'De re aedificatoria'". En *El ángel de la historia*, editado por Luis Fernandez-Galiano, traducido por Jorge Sainz, 2a ed., 17–67. Madrid, España: Hermann Blume, 1985.

Preus, Anthony. *Historical Dictionary of Ancient Greek Philosophy*. 1a ed. Lanham, EE. UU.: Scarecrow Press, 2007.

Purini, Franco. "Una interpretación del concepto de área en arquitectura". En *La Arquitectura Didáctica*, traducido por Antonio Pizza, 1a ed., 67–84. Valencia, España: Casa del libro Editrice, 1980.

Quetglas, Josep. "Elogio de Ariadna". En *Pasado a limpio I*, editado por Inés de Rivera, 1a ed., 163–65. Valencia, España: Pre-Textos, 2002.

Reich, Steve. "Pendulum Music". En *Writings on Music, 1965-2000*, editado por Paul Hillier, 1a ed., 31–32. New York City: Oxford University Press, 2002.

———. "Second Interview with Michael Nyman (1976)". En *Writings on Music, 1965-2000*, editado por Paul Hillier, 1a ed., 91–96. New York City: Oxford University Press, 2002.

Rivera, Javier. "El tratado De Re Aedificatoria del genovés Leon Battista Alberti". En *De Re Aedificatoria*, 1a ed., 7–54. Madrid: Akal, 1990.

Rykwert, Joseph. *La casa de Adán en el paraíso*. Traducido por Justo G. Beramendi. Barcelona, España: Gustavo Gili, 1999.

———. "Una casa para el alma". En *La casa de Adán en el paraíso*, traducido por Justo G. Beramendi, 227–40. Barcelona: Gustavo Gili, 1999.

Rykwert, Joseph, Neil Leach, y Robert Tavernor. "Glossary". En *The Art of Building in Ten Books*, editado por Joseph Rykwert, Neil Leach, y Robert Tavernor, 2a ed., 420–28. Cambridge: MIT Press, 1988.

Scully, Vincent. *The Earth, the Temple, and the Gods: Greek Sacred Architecture*. San Antonio, EE.UU.: Trinity University Press, 2013.

Sedlmayr, Hans. *Art in Crisis: The Lost Center*. Traducido por Brian Battershaw. 3a ed. New York, EE.UU.: Routledge, 2017.

Serlio, Sebastiano. "Il Secondo Libro di Perspettiva". En *Tutte l'opere d'architettura et prospettiva*, 34. Paris: De l'imprimerie de Iehan Barbé, 1545.

Spyridaki, Georges. *Mort Lucide*. París, Francia: Seghers, 1953.

Story, Kevin. "Pedagogy of the Texas Houses: Exorcising Outlines". En *The Complexities of John Hejduk's Work: Exorcising Outlines, Apparitions and Angels*, 1a ed., 29–44. New York: Routledge, 2021.

Sverlij, Mariana. "La formulación de un hogar humano en la obra de Leon Battista Alberti". *Revista de historia intelectual* 20, núm. 1 (2016): 31–46.

Tafuri, Manfredo. "'El arquitecto loco': Giovanni Battista Piranesi, la heterotopía y el viaje". En *La Esfera y el Laberinto: Vanguardias y Arquitectura de Piranesi a los Años Setenta.*, traducido por Francesc Serra Cantarell, 1a ed., 31–88. Madrid: Gustavo Gili, 1984.

"Text and Drawings for an Italian Edition of Vitruvius's Ten Books on Architecture." *The Metropolitan Museum of Art*. "Drawings and Prints: Selections from the Permanent Collection," July 14, 2008–October 19, 2008. New York City, 2008. https://www.metmuseum.org/art/collection/search/383095.

Thomas, Edmund. "Chiasmus in art and text". *Greece and Rome* 60, núm. 1 (2013): 50–88. doi:10.1017/S0017383512000265.

Tzonis, Alexander, y Liane Lefaivre. "Architectural Scansion". En *The Poetics of Order*, 5a ed., 171–243. Cambridge, Massachusetts: MIT Press, 1986.

———. "Logos Opticos". En *The Poetics of Order*, 5a ed., 1–6. Cambridge, Massachusetts: MIT Press, 1986.

———. "Taxis: The Framework". En *The Poetics of Order*, 5a ed., 9–35. Cambridge, Massachusetts: MIT Press, 1986.

Vidler, Anthony. "Mannerist Modernism: Colin Rowe". En *Histories of the Immediate Present*, 1a ed., 61–107. Cambridge, Massachusetts: MIT Press, 2008.

Vitruvio Polión, Marco. "Libro I Capítulo II: de qué cosas consta la Arquitectura". En *Los diez libros de arquitectura*, traducido por Joseph Ortiz & Sanz, 8–13. Madrid, España: Imprenta Real, 1787.

———. "Libro II: Capítulo I, Del principio de los edificios". En *Los diez libros de arquitectura*, traducido por Joseph Ortiz & Sanz, 28–31. Madrid, España: Imprenta Real, 1787.

———. "Libro III: Capítulo I y II". En *Los diez libros de arquitectura*, editado y traducido por Joseph Ortiz & Sanz, 1787a ed., 58–68. Madrid, España: Imprenta Real, 1787.

———. "Libro VI: Proemio". En *Los diez libros de arquitectura*, traducido por Joseph Ortiz & Sanz, 136–39. Madrid, España: Imprenta Real, 1787.

Walker, Stephen. *Gordon Matta-Clark: Art, Architecture and the Attack on Modernism*. 1a ed. New York City: I. B. Tauris & Co. Ltd, 2009.

Ware, D., y B. Beatty. *Diccionario Manual ilustrado de arquitectura*. Editado y traducido por Joaquín Gili y Manuel Company. 9a ed. Barcelona, España: Gustavo Gili, 2014.

Welch, John W. "Chiasmus in Ancient Greek and Latin Literatures". En *Chiasmus in Antiquity: Structures, Analyses, Exegesis*, editado por John W Welch, 1a ed., 250–268. Neal A. Maxwell Institute for Religious Scholarship, 1998.

Wittkower, Rudolf. "Principles of Palladio's Architecture". En *Architectural Principles in the Age of Humanism*, 5a ed., 60–97. London: Academy Editions, 1998.

www.ingramcontent.com/pod-product-compliance
Lightning Source LLC
Chambersburg PA
CBHW020050170426
43199CB00009B/234